ROME

ET

LORETTE

PAR

LOUIS VEUILLOT

ROME ET LORETTE

2e SÉRIE GRAND IN-8e

La Scala Santa, à Rome.

ROME

ET

LORETTE

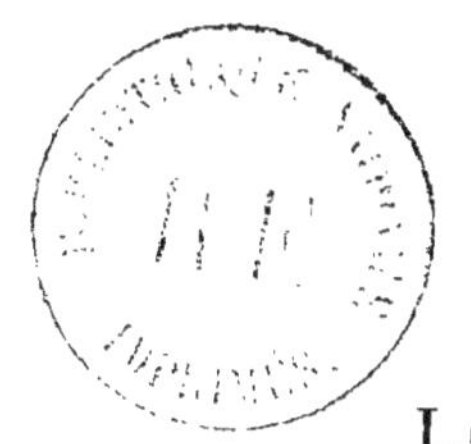

PAR

LOUIS VEUILLOT

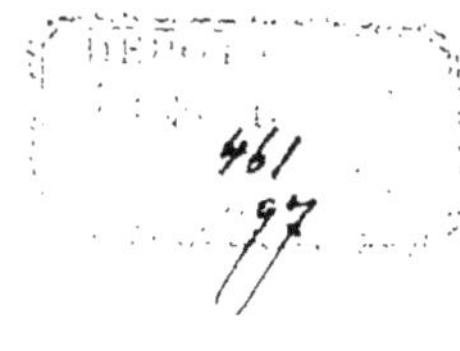

TOURS

ALFRED MAME ET FILS, ÉDITEURS

M DCCC XCVII

Domine, non secundum peccata nostra quæ fecimus nos, neque secundum iniquitates nostras, retribuas nobis. (Psalm. CXII.)

AVIS AU LECTEUR

SUR UNE PRÉCÉDENTE ÉDITION

Les encouragements que ce livre a obtenus semblaient m'imposer de le retravailler et corriger de mon mieux avant de le publier une seconde fois. J'en ai d'abord accepté l'obligation avec empressement, car je regrettais d'avoir offert au public un premier jet plutôt qu'un ouvrage régulier et fini, dans la mesure du moins où je puis finir. Mais il m'a fallu reconnaître que le désordre et une certaine négligence formaient en quelque sorte ici des caractères indispensables, et que mon ouvrage perdrait le plus clair de son mérite à paraître étudié. Des confidences de semblable nature, où il n'y aurait point d'abandon, deviendraient, en effet, suspectes : au lieu d'un chrétien qui veut simplement entretenir ses frères de leur salut en leur disant ce que Dieu a daigné faire pour le sien, on croirait voir un poète arrangeant, pour s'y ménager un personnage, des aventures et des émotions de fantaisie. Je manquerais mon but si je laissais à quelqu'un cette idée; je n'accomplirais pas le bien que je me propose, et j'autoriserais sur moi-même des jugements que je ne mérite pas. Que ce livre donc garde son cachet de sincérité, même aux dépens de la perfection relative que j'y pourrais mettre, avec un peu plus de métier que j'ai acquis maintenant. Je cherche l'approbation des chrétiens avant celle des gens de lettres. Si un seul homme, ayant parcouru ces pages, se sent porté à la prière, je m'en tiendrai plus heureux imcomparablement que des suffrages de vingt académies.

Toutefois je ne conteste pas, malgré d'assez nombreux exemples, que la langue, le goût, l'art d'écrire, n'aient leurs lois, leurs droits, qu'il faut absolument respecter lorsqu'on écrit; et si je pouvais désirer l'honneur d'être d'une école quelconque, ce ne serait point de celle où il est comme sous-entendu que la grammaire et la pensée ne sauraient marcher d'accord. Souhaitant, au contraire, n'offenser jamais grièvement ces vieilles puissances du Parnasse français, contre lesquelles la révolte se prolonge trop, je leur ai fait, par le conseil d'un ami plus versé que moi dans le secret de leurs délicatesses, tous les sacrifices que j'ai pu. Je cède au plaisir de le publier; car ces choses, qui se voient encore, grâce à Dieu, chez les chrétiens, sont rares dans notre république des lettres : un homme de foi, de science et de goût a consacré son temps dévoré de devoirs à reviser, — pour l'amour de Dieu et de son frère, — ces pages, dont la pensée lui a plu, et qu'il aurait voulu ramener aux belles traditions des maîtres, si violemment méprisées. Mainte phrase a été redressée, et dit à présent ce qu'elle voulait dire; plus d'un mot intrus, de fabrique récente et barbare, que j'avais trouvé dans des ouvrages applaudis, et naïvement accepté comme français, a été renvoyé sans miséricorde à son mauvais lieu; j'ai effacé enfin des passages, des chapitres entiers, qui offraient entre autres défauts celui, certainement assez considérable, de ne pas se rattacher au sujet. C'étaient là des améliorations permises, commandées, et elles ne pouvaient rien ôter à la franchise d'un livre qui doit, je le répète, rester ce qu'il est : une religieuse effusion de cœur. Mais en quel pays plus qu'en France la religion et le cœur ont-ils parlé un noble, simple et correct langage? Les hauts sentiments de la piété, les vives expansions d'une tendresse légitime, s'accordaient même si bien avec le génie des lettres nationales, qu'ils semblaient en faire seuls la force et l'éclat, et que notre littérature est tombée de toute sa hauteur depuis qu'elle ne leur demande plus ses inspirations. Lors donc que Dieu nous permet de retourner à ces beaux sentiments, ne devons-nous pas nous efforcer de retourner à ce beau style, et soigneusement, dans ce but, écarter les termes bas, les pensées trop communes, et tout ce sans-façon du style d'aujourd'hui, qui est aussi loin d'une honnête négligence que la mauvaise familiarité des théâtres et des cafés ressemble peu au doux abandon du foyer de famille?

Resserrée par des suppressions, cette nouvelle édition présente en revanche un certain nombre de chapitres nouveaux. Une lecture attentive de ces récits a rafraîchi nos souvenirs;

des émotions me sont revenues que j'avais négligé de peindre et que je croyais oubliées. J'ai pensé ainsi que je n'aurais pas tort d'imprimer deux ou trois morceaux plus récents, qui sont comme le travail humble et pressé de l'ouvrier de la dixième heure. La vie du chrétien doit n'être qu'un effort continuel de conversion sur lui-même et sur les autres : en se convertissant, il prêche ; en prêchant, il se convertit. C'est la pensée que nous avons tous, et que j'exprime. Puissé-je en profiter dans la pratique, et ceux qui me liront m'accorder à cette fin le secours de leurs prières !

Malgré mon travail, et peut-être à cause de ce travail, bien des contradictions resteront dans ce livre pour lesquelles je demande grâce au lecteur. Elles tiennent à ce parti pris de franchise et de sincérité dont je serais coupable de m'écarter. Montrant l'âme humaine, j'y fais voir du désordre : la contradiction est dans l'homme comme la logique est en Dieu.

Un critique anonyme, que je remercie sans avoir l'honneur de le connaître, m'a demandé, dans un article trop bienveillant publié par le journal *l'Univers*, de supprimer le chapitre intitulé *les Amis de saint François*. Il se fondait sur ce que les miracles qu'on y rapporte, et qui ne sont que de tradition, non de foi, pourraient décourager la croyance dans les âmes où elle voudrait naître. Certainement cette raison est respectable ; mais, après l'avoir pesée, j'ai le regret de ne m'y rendre pas. N'ayant qu'à peine éprouvé par moi-même autrefois l'inconvénient qui m'est signalé, je suis moins sensible aux effets qu'il peut avoir sur autrui. Et puis enfin, s'il faut que je l'avoue, j'aurais beau m'y essayer, tout ménagement me répugne, et je ne sais point dire à demi ce que je sens tout à fait. Je crois tout dans la religion ; il m'est aisé de tout croire, et ce que je m'explique, et plus encore peut-être ce que je ne comprends pas. A l'égard des choses surnaturelles, j'use toujours, pour accepter, de la liberté que l'Église me donne, jamais pour rejeter ; c'est seulement sur les nouveautés de doctrine que je me sens prudent jusqu'au scrupule et soupçonneux jusqu'à la prévention. Cela est ainsi dans ma conscience, et sur ce point je ne puis me sentir la moindre envie d'y rien réformer, persuadé qu'en cela Dieu me traite encore selon ma faiblesse, et me prémunit en vue de mes nécessités. Que le plus séduisant des docteurs soit mis en suspicion par son évêque, — à l'instant je relègue sa doctrine au lazaret, m'eût-elle plu de toutes les manières, et je l'y laisse jusqu'à ce que Rome ait prononcé; et, si Rome l'y laisse aussi, certes je n'irai point l'y reprendre. Mais qu'une bonne femme, naïvement, me vienne raconter un miracle nouveau de la médaille miraculeuse, je ne ferai nulle difficulté d'en croire sa reconnaissance et sa piété; de même que, sans aucune difficulté, sans vergogne aucune, à n'importe quel philosophe ou savant, fût-il de toutes les académies du monde et de Paris, qui voudrait croire et qui me ferait l'honneur de me consulter, je conseillerais de porter cette chère médaille, que nous portons tous, sans nous en cacher, je pense, et de répéter encore avec nous : « Marie, conçue sans péché, priez pour nous, qui avons recours à vous ! »

J'ai laissé intact le chapitre des *Amis de saint François,* car, pour moi, je crois aux choses dont j'y parle, comme je crois aux stigmates que portait le séraphin ; comme je crois à l'efficacité de ma prière, quand je dis en mon cœur et sans même remuer les lèvres : « Saint François, priez pour nous ! » comme je crois aux bénédictions attachées à mon chapelet, comme je crois aux indulgences attachées à mon scapulaire. — N'ayons donc point de ces timidités qui nous font retrancher, cacher mille choses, et nous priver de mille grâces ! Ne les ayons ni en pratique personnelle, ni en manifestations extérieures, ni en littérature. Ne rougissons pas plus des saints que nous ne rougissons de Jésus-Christ ; pas plus de ce que la croyance a de doux, de simple, d'humble, que nous ne rougissons de ce qu'elle a de grand et de terrible. Mais, au contraire, dans ces temps d'indulgence, où nous avons besoin que la religion nous donne tout en toutes choses, prenons tout ce qu'elle veut nous donner, et demandons encore ! — Gloire à Dieu ! gloire aux saints ! paix et bénédiction sur la foi et sur la bonne volonté des hommes ! Il faut croire jusqu'à mourir pour la moindre des saintes croyances ! et que la dernière parole, et que le dernier souffle, et que le dernier regard, et que le dernier frémissement du corps qui retourne à la poussière, dise encore : Je crois !

Paris, 6 octobre 1841, jour de saint Bruno.

INTRODUCTION

Il y avait une fois, non pas un roi et une reine, mais un ouvrier tonnelier, qui ne possédait au monde que ses outils, et qui, les portant sur son dos, l'hiver à travers la boue, l'été sous l'ardeur du soleil, s'en allait à pied de ville en ville et de campagne en campagne, fabricant et réparant tonneaux, brocs et cuviers; s'arrêtant partout où il rencontrait de l'ouvrage, repartant aussitôt qu'il n'y en avait plus; heureux s'il emportait de quoi vivre jusqu'au terme de sa course nouvelle, mais sûr de laisser derrière lui bonne renommée, et de trouver, lorsqu'il reviendrait, bon accueil. Il se nommait François, il était né dans la Bourgogne; il ne savait pas lire; il ne connaissait que son métier, — qu'il avait appris par des efforts prodigieux d'intelligence et de courage, étant le septième ou huitième orphelin d'un cultivateur, obligé depuis sa tendre enfance de gagner sa vie au jour le jour, plus souvent appelé à donner aux siens qu'à en recevoir, n'ayant eu pour l'instruire que sa persévérante adversité. D'ailleurs, garçon de force et de mine; pacifique d'esprit, ferme de cœur; en querelle seulement avec la mauvaise fortune, à laquelle il tenait tête sans sourciller; plus prompt à user de ses robustes mains pour le travail que pour le combat, sachant toujours faire à l'aumône, sur le prix de ses sueurs, la part qu'il ne songeait point à faire au plaisir : son plaisir était la paix d'une âme innocente et la joie de ses vingt-cinq ans, qui jetaient un brave défi à toutes les rigueurs du travail et de la pauvreté. Un jour, traversant une bourgade du Gâtinais, il vit, à la fenêtre encadrée de chèvrefeuille d'une humble maison, une belle robuste jeune fille qui travaillait en chantant; il ralentit sa marche, il tourna la tête, et ne poussa pas sa route plus loin. La fille était vertueuse autant qu'agréable; elle aimait le travail; l'honneur brillait sur son front parmi les fleurs de la santé et de la jeunesse, un sens droit et ferme réglait ses discours; les fortunes étaient égales, les cœurs allaient de pair; le mariage se fit. Riche désormais d'une bonne et fidèle compagne, le pauvre ouvrier nomade fixa sa tente aux lieux où la Providence avait permis qu'il trouvât ce trésor, persuadé que là aussi se trouverait le pain, jadis errant, de chaque jour. Un enfant naquit. Des ambitions jusqu'alors inconnues entrèrent avec lui dans la pauvre demeure; mais le plus arrêté de tous les grands projets formés autour de son berceau fut de lui apprendre à lire, — afin sans doute que, quand l'âge serait venu, pour lui aussi, d'aller chercher son pain par le monde, le père et la mère, informés des vicissitudes de sa destinée, ne le perdissent pas tout à fait.

Si je suis le premier de mon nom et du nom de ma mère qui ait su lire, ou tout au moins qui ait su un peu d'orthographe, c'est probablement, après Dieu, à ce craintif instinct de l'amour paternel et de la pauvreté que je le dois.

Mon père n'arriva pas à l'accomplissement de ses vœux par le chemin qu'il avait choisi. Dieu ne voulait point refuser ses récompenses aux efforts d'une tendresse si généreuse; seulement il se réservait le temps et les moyens. Le premier moyen choisi par ce bon maître, ce fut l'adversité encore. Un négociant frustra mon père du prix de plusieurs années de travail. Ruiné de fond en comble par une perte de quelques centaines de francs, il quitta le pays, sur les instances de ma mère, qui avait l'âme fière et hautaine, et partit avec elle, emmenant mon frère encore dans ses langes, et moi qui sortais du berceau, pour venir chercher de nouvelles ressources, mais surtout pour cacher sa misère au sein de Paris. Ce qu'ils déployèrent de résignation stoïque et d'héroïsme indomptable ne se peut décrire. Des récits d'un instant, qui se poursuivent à l'aise dans les loisirs d'un sort moins rude, embellissent jusqu'à la détresse, et la Providence, adoucissant au cœur de l'homme toutes les douleurs passées pour lui donner la force de contempler l'avenir, a formé du souvenir un arbre où fleurit l'espoir. Dans le fait, cette détresse dura six ans. Je n'en vis rien. Quand je la connus, elle avait cessé.

Mon père et ma mère se conduisaient d'après les règles d'une probité rigide; ils élevaient à la sueur de leurs fronts quatre enfants, car après les deux garçons étaient venues deux filles; ils travaillaient sans cesse; pas de fête, pas de repos, pas de nuit, en quelque façon, pour eux; ils ne cessaient de travailler que quand l'excès des fatigues et des privations amenait une maladie; ils nourrissaient de leur sang et de leurs jours cette nombreuse famille, qui avait toujours faim; ils venaient, avec une générosité sublime, au secours de leurs parents, encore plus misérables qu'eux. Hélas! ils remplissaient de la religion tous les devoirs, moins ceux qui consolent et qui font espérer. En nous épargnant tout ce qu'ils pouvaient nous sauver de leurs souffrances, ils ne savaient que nous dire : « Habituez-vous à la peine, vous en aurez! » Et pas un mot de Dieu. Je le dis à la honte de mon temps, non à la leur, ils ne connaissaient pas Dieu. Enfants tous deux à l'époque où l'on massacrait les prêtres, ils n'en avaient point trouvé dans leurs villages pour les élever, et tout ce qu'en vieillissant ils avaient entendu dire aux plus habiles qu'eux de l'Église et des ministres de la religion leur en inspirait l'horreur. Seulement ma mère, par un reste des traditions de sa mère, voulait que j'allasse le dimanche à la messe, où elle venait elle-même aux grandes fêtes, et m'avait appris quelques bribes de l'*Ave Maria,* que je récitais le soir au pied de mon lit.

Partageant le sort des enfants du pauvre dans ce qu'il a de plus mauvais, je n'eus point le bonheur d'aller à l'école des frères. Ma mère nourrissait contre ces bons religieux les préventions que l'on répand dans le peuple aveuglé et trahi jusqu'à ne plus comprendre la charité. D'ailleurs, le conseil municipal du lieu que nous habitions avait, dans l'idiotisme de sa tyrannie subalterne, pris des mesures pour que les frères n'y vinssent pas faire concurrence à l'école mutuelle, qu'il protégeait. Je fus donc jeté dans cette infâme école mutuelle, et il fallait tous les mois deux journées de travail de mon pauvre père (je n'y pense que la sueur au front, mon père en est mort à la peine!) il fallait deux journées de travail sacré pour payer les leçons de corruption que je recevais de mes camarades, et d'un maître qui était ivre les trois quarts du temps.

Cet élu du conseil municipal, n'ayant pas assez pour sa soif de sa classe et de son monopole, tenait encore abonnement de lecture, et nous faisait porter aux dames et aux puissants de l'endroit les romans de Paul de Kock, de Lamothe-Langon, de tous les auteurs enfin qui pouvaient plaire à des conseillers municipaux de la banlieue, en 1824, après qu'il avait fait l'éloge de ces *productions charmantes* (c'était son mot) par des circulaires par nous écrites sous sa dictée. On pense si nous nous privions de lire ces beaux ouvrages en les colportant ainsi. Je n'y manquais pas pour ma part, et il est telle de ces lectures maudites dont mon âme portera toujours les odieuses plaies. Cependant l'école était *religieuse :* nous avions régulièrement congé aux moindres fêtes, jours où, non moins régulièrement, notre vénérable instituteur se couchait mort ivre; et l'on nous faisait le catéchisme! Ce fut, souvenir abominable, à la suite de cet enseignement que je fis ma première communion. Que le crime en retombe sur d'autres têtes! je n'ai pas à le porter tout entier. Ils sont heureux ceux qui marchent dans la vie sous la protection des souvenirs et des grâces de ce beau jour! On m'enleva à ce bonheur. Poussé à la table sainte par des mains ignorantes ou tout à fait impies, je m'en approchai sans savoir à quel redoutable et saint banquet je prenais part; j'en revins avec mes souillures, je n'y retournai plus. Pardonnez-moi, mon Dieu, et pardonnez-leur! Je ne confesse que pour la gloire de vos miséricordes un crime dont vous avez daigné m'absoudre; et, tandis que je tremble devant l'immensité des faveurs que j'ai reçues avec si peu de mérite, vos enfants les plus chers s'étonneront avec moi du miracle de cette clémence qui, malgré tant d'oublis, m'a voulu rappeler plus tard à la participation de vos saints mystères profanés. — Prions.

Ma première communion faite, j'eus à gagner ma vie. A la maison, l'appétit allait croissant, en même temps que décroissaient, usées par un rude travail, les forces de mon père. Ma plus jeune sœur marchait seule; son premier pas, rendant ma surveillance moins nécessaire, avait, par le fait, supprimé le seul emploi qu'il me fût possible de remplir au profit de la communauté. Je n'étais plus qu'un consommateur inutile, il fallait songer à me donner un état.

Mais quel état choisir? Ici se présentaient des difficultés sans nombre. Le petit bourgeois a pour son fils un avenir tout trouvé : il le fera médecin ou avocat; ou, le député aidant par la force du cens électoral, il le poussera dans l'administration; il lui cédera son commerce; il lui laissera son champ; ou enfin, soit par une place de faveur dans les écoles spéciales, soit au moyen d'une pension facile à payer, l'enfant apprendra sans peine et sans privations quelque noble ou lucratif métier. Mais le pauvre ouvrier chargé de famille, qui ne suffit que par miracle au besoin du moment, comment avec le salaire de chaque jour payera-t-il un apprentissage? Si faibles qu'en soient les frais, ils dépassent pour lui la limite du possible. Il cherche alors avec inquiétude, avec effroi, quelle est la profession la plus facile à apprendre pour la donner à son enfant, ou plutôt pour livrer son enfant à cette profession; car elle est presque toujours pénible, et toujours elle rapporte peu. Son expérience et sa tendresse s'unissent pour lui déchirer le cœur. Il lit dans son propre passé l'avenir du pauvre petit dont il va décider le sort; il prévoit toutes les souffrances qui vont pleuvoir sur cette jeune tête, jusque-là si insouciante et si gaie sous l'abri du dévouement paternel : la servitude d'abord, et quelle servitude! sous quels maîtres avides, grossiers, sans bonne foi, sans entrailles! Puis, après la servitude, le travail et la gêne; puis les soucis rongeurs qu'à son tour lui coûtera le bonheur d'être père; puis la misère enfin! Il n'y a plus de ces pieuses corporations d'artisans qui recevaient le fils après le père; protégeaient les derniers jours de l'un, les commencements de l'autre; donnaient à l'enfant des maîtres paternels, au vieil ouvrier des amis solides, et l'embrassaient, du berceau à la tombe, dans une confraternité qui ne veillait pas moins sur l'honnêteté de son cœur que sur les besoins de sa vie.

Le soir donc, au coin de l'âtre où fumait un avare tison, l'on tenait conseil; et, comme le petit Poucet, j'écoutais en feignant de dormir. « Que ferons-nous de lui? disait mon père. — Eh! mon Dieu, reprenait sa femme, un malheureux! et elle essuyait une larme. — Il serait bon horloger, continuait le digne homme. — L'apprentissage, reprenait-elle, coûte cher. — Ébéniste? — C'est trop long! — Maçon? — C'est trop pénible! — Cordonnier? — C'est trop sale! »

Puis les rôles changeaient. — Ma mère faisait les propositions, mon père objectait. « Plaçons-le chez notre tailleur, disait ma mère; c'est un ami, il en aura soin, et ne nous prendra pas grand'chose. — Bah! s'écriait mon père; tailleur! un métier de femme et d'estropié! — Eh bien! mettons-le chez un épicier. — Un état de bête! D'ailleurs, il ne pourra jamais acheter un fonds. — Tenez! François, reprenait alors ma mère, c'est grand dommage que nous ne puissions pas le pousser dans l'éducation; il aime la lecture, il deviendrait jurisconsulte. »

Me voir jurisconsulte, c'était la suprême ambition de ma mère, et l'idéal des grandeurs qu'elle rêvait pour moi, pour elle par conséquent.

« Jurisconsulte! faisait mon père surpris, qu'est-ce que c'est que cela?

— Jurisconsulte, reprenait-elle, c'est comme notaire, mais plus fort.

— Ma pauvre Marianne, disait-il doucement, tu es folle. Est-ce qu'on a jamais vu des enfants d'ouvriers comme nous devenir notaires?

— Pourquoi pas? Napoléon était caporal, il est bien devenu empereur!

— Oh! caporal, je crois bien que l'enfant pourra l'être, et j'en ai plus de peur que d'envie. Mais ce n'est pas une raison pour qu'il passe empereur ou jurisconsulte.

— Il faut pourtant bien arrêter quelque chose. Le voilà grand; dans son intérêt, nous ne pouvons pas le garder à rien faire; il s'adonnerait à la paresse, et il en souffrirait plus que nous. D'autant plus que ça mange et que ça use pour deux. Vous avez beau travailler, mon pauvre homme, nous n'y résisterions pas. De jour en jour j'ai plus de peine à joindre les deux bouts.

— Que ferons-nous donc? »

Et les recherches, les doutes, les angoisses recommençaient. Ah! philosophes, hommes d'État et amis du peuple, combien peu, dans les mansardes, on s'aperçoit des belles choses que vous croyez faire, et des belles choses que vous promettez! Allez donc voir quel joug de fer y fait peser l'égoïsme que vous avez institué dans la société; allez y apprendre quels abominables mensonges sont toutes vos œuvres; et sachez une bonne fois que, si vous ne cherchez à rendre les hommes meilleurs et plus charitables, vous n'arriverez jamais à les rendre moins malheureux. Mon père et ma mère ne voyaient partout que des cœurs durs et fermés; ils n'avaient point d'espérance. Mais, résignés comme des sauvages, ils n'accusaient ni Dieu ni les hommes; ils croyaient qu'ainsi avaient été toujours et partout le monde et la vie!...

Au milieu de ces incertitudes, une maladie de mon père vint tout précipiter. Il fallait absolument vivre. Des amis qui le savaient me cherchèrent une place; il ne s'agissait déjà plus d'apprendre un métier. Vingt francs par mois me furent offerts dans une étude; on m'y plaça. Informée de ce que j'aurais à faire, ma mère y vit un commencement pour devenir jurisconsulte : c'était un bien petit commencement. Mais la main du Seigneur dirigeait cela.

J'allai demeurer hors de la maison paternelle; j'avais treize ans.

Abandonné dans le monde, sans guide, sans conseils, sans amis, pour ainsi dire sans maître, à treize ans, sans Dieu! O destinée amère! Je rencontrai de bons cœurs; on ne manqua pour moi ni de générosité ni d'indulgence; mais personne ne s'occupa de mon âme, personne ne me fit boire à la source sacrée du devoir. Les rues de Paris faisaient l'éducation de mon intelligence; les propos de quelques jeunes gens au milieu desquels j'avais à vivre, celle de mon cœur. Hors un, qui vint trop tard et s'en alla trop tôt, ils n'imaginaient point qu'il y eût quelque retenue à s'imposer devant l'enfance. C'étaient d'honnêtes jeunes gens; mais ils sortaient du collège, ils faisaient leur droit, et, selon la mode du temps, ils étaient libéraux. Ceux qui m'aimaient le plus me menaient au spectacle;. ceux qui me trouvaient de l'intelligence me prêtaient des livres, et je continuais par moi-même, en pleine liberté, les études que j'avais si bien commencées sur M. Paul de Kock et sur M. Lamothe-Langon. Au moins, dans la pauvre maison de mon père, on disait parfois : « Que Dieu ait pitié de nous! » Mais maintenant je n'entendais plus que des impiétés railleuses; là le *Constitutionnel* et le *Courrier français* étaient encore prophètes; là personne, si ce n'est moi peut-être, ne manquait de pain, et quand, dans ma misère, dans mon isolement, dans ma servitude, j'avais tant besoin de savoir une prière, c'était le blasphème que l'on m'apprenait, le blasphème que je voyais partout, que j'entendais dans tous les discours, que je lisais dans tous les livres, que j'admirais dans tous les spectacles où s'arrêtaient mes yeux. Ni en bas, ni en haut de l'échelle, autour de moi, ni au-dessus de moi, je ne voyais rien qui m'enseignât à prier. En prenant de l'âge, je ne découvrais dans la vie que d'injustes oppressions, que des distances iniques et injurieuses, qu'un hasard de naissance, heureux pour d'autres, insupportable pour moi; hasard qu'il m'était permis de forcer sans doute, mais enfin que je ne pouvais forcer qu'avec mon seul concours, ce qui rendait permis tous les moyens. Voilà le peuple tel qu'on le fait, voilà le cannibale que l'on affame, et que l'on dégage de tout scrupule en l'abandonnant à l'aiguillon de ses besoins! Je plains ceux que la bête féroce dévorera; mais, sous les souvenirs de mon passé, ce n'est pas elle que je puis accuser; non, en vérité, je ne le puis.

J'avais dix-sept ans quand je vis les médiocres enfants de la bourgeoisie qui m'entouraient s'applaudir d'avoir démoli l'autel et le trône; j'avais dix-huit ans quand je vis la bête féroce abattre les croix : déjà mes anciens compagnons se félicitaient moins; mais j'applaudissais à mon tour. Eux ni moi ne pensions à voir dans la croix le signe du salut, le signe de la liberté, les deux bras divins étendus pour protéger le monde; mais, comme le pouvoir d'alors, ils contemplaient avec une inquiétude lâche cet acte d'affreuse audace. Tout ce qui tombait excitait leurs craintes, ils avaient quelque part une demeure. Tout ce qui tombait excitait ma joie; je me voyais condamné à n'habiter partout que la poudre des grands chemins, et déjà je disais des choses qui allaient les épouvanter. J'avais raison dans ma joie sauvage : la place que je cherchais m'était préparée.

Débordés aussitôt que vainqueurs, et se voyant près d'être écrasés par l'édifice qui croulait sous leurs coups, les bourgeois effarés appelèrent de toutes parts au secours; ils fondèrent partout des journaux pour combattre la liberté de la presse, dont ils s'étaient servis pour dévorer une dynastie, et qui les dévorait. N'ayant sans doute ni assez de tête ni assez de cœur pour se défendre eux-mêmes, ils prirent des journalistes où ils en purent trouver; il leur fallut accepter des enfants comme défenseurs de l'étrange ordre social qu'ils venaient d'établir. Oui, ces ogres d'une monarchie et d'une religion se laissèrent en plus d'un lieu guider par des enfants, dans le pêle-mêle qui suivit leur triomphe. Du reste, attaquants, attaqués se valaient bien : la justice divine fut impitoyable dans le jeu vengeur qu'elle fit de tout cela. Pour moi, j'avais eu la foi de mes besoins, j'eus aisément celle de mes intérêts. Sans autre préparation, je devins journaliste. Je me trouvai de la résistance : j'aurais été tout aussi volontiers du mouvement, et même plus volontiers. C'est un aveu dont je ne refuse pas l'ignominie; je veux bien publier que c'est la religion seule qui m'a fait comprendre le véritable honneur, et qui m'a rétabli dans ma dignité. Je dirai encore que j'ai peu d'estime pour ce que l'on appelle une conviction. Toute conviction, à moins qu'elle ne soit religieuse, — et, dans ce cas, la conviction s'appelle certitude, ou bien la religion n'est pas une religion; — toute conviction qui n'est pas religieuse est le sophisme spécieux de la passion, de l'entêtement et de l'intérêt. On peut être, il est vrai, de bonne foi sous l'empire de ce sophisme; il y a dans presque toutes les maisons de fous un individu qui, de bonne foi, croit être le soleil.

Dans la nouvelle société où je me trouvais, il était donc grandement question de foudroyer l'anarchie, de consolider l'ordre, de rétablir les saines doctrines. Je fréquentais les plus excellents pères de famille du monde, les plus sages propriétaires, les plus honorables citoyens; ils avaient un dieu : c'était l'Ordre public; ils me suppliaient de le bien défendre; ils y contribuaient eux-mêmes, quelques-uns avec autant de dévouement que de courage, le grand nombre sans s'exposer. Et moi, de très grand cœur, avec beaucoup de conviction (car, chose particulière, on a toujours la conviction que l'on veut avoir), je défendais l'Ordre, qui était aussi mon dieu, et qui avait vraiment d'assez tristes adversaires pour qu'on le défendît avec plaisir; je rétablissais les saines doctrines, que je ne connaissais pas; je foudroyais bien fort l'anarchie, quelquefois même je m'opposais aux « empiétements du clergé », ce que l'on n'eût pas été fâché de me voir plus souvent entreprendre; mais bientôt (mon bon sens mérite cet éloge), j'y sentis de la répugnance. L'estime que j'avais pour mon parti ne m'empêchait pas de remarquer beaucoup de différence entre nous et le clergé.

Et j'étais riche. Hélas! en déduisant ce qu'il donnait aux pauvres inconnus de moi comme je l'étais d'eux, j'avais plus d'appointements que mon évêque, sur les maigres chevaux duquel plus d'un de mes honnêtes gens trouvait à gloser. Je possédais ce que j'avais cru naguère en vain rêver toute ma vie; j'étais entré dans un monde que ma pauvre mère trouvait bien beau; j'avais fait moi-même la brèche par où j'y étais entré; les égaux de mes supérieurs de la veille n'étaient plus auprès de moi que de petites gens. Tant de ruines faites de tous côtés paraissaient me grandir. Ces vainqueurs, ces maîtres de la société par la grâce d'un impôt de deux cents francs, ne comprenant ni qu'ils s'étaient donné des maîtres, ni quels maîtres ils s'étaient donnés, s'extasiaient sur ce qu'ils appelaient ma fortune, et disaient que c'était un temps heureux celui où avec du talent (ce sont eux qui parlent, et qui parlent de ce qu'ils ne connaissent pas) on arrivait si vite à l'influence, à la fortune, à la considération. Je ne savais que répondre, je ne pouvais que penser comme eux, et pourtant je soupirais en silence. Oui, sans doute, ils m'avaient fait la voie belle, ils me l'ont faite plus belle que pour eux-mêmes, qui marchent, qui roulent, qui courent et qui arrivent sans avoir besoin de ce véhicule du talent, qu'ils voulaient bien m'attribuer. Mais leurs dons magnifiques me laissaient le cœur vide. Ah ! je le sais maintenant, pourquoi j'ai tant souffert ! Que ne peuvent-ils me reprendre ces vains avantages, et rendre à tous mes frères les pauvres ce qu'ils avaient jadis, ce qui leur a été enlevé, ce qu'il me faudra déplorer toute ma vie de n'avoir pas eu plus tôt : la connaissance de Dieu, ce pain de chaque jour ; l'amour de Dieu, ce repos de toutes les heures ; la prière enfin, cette espérance de tous les instants, cette inépuisable richesse, ce secours infaillible ! C'est là le trésor du pauvre ; c'est là l'égalité ; c'est là l'ordre, la fortune, la joie ! C'est là tout ce qu'il lui faut, et tout ce que votre Charte (que je ne méprise point d'ailleurs) ne donnera jamais ! Si, grâce à une éducation chrétienne, véritable apanage que la société doit à tout homme naissant en pays chrétien, il y avait eu pour moi un seul souvenir d'innocence, de candeur et de foi dans le son des cloches du dimanche..., combien je vous en serais plus reconnaissant, ô bourgeois ! que de la place que vous m'avez prétendu faire, — et que vous ne faites en réalité qu'à ceux qui sauraient mieux se la faire sans vous !

Mais je n'en étais point à ces solutions, à ces lumières, j'avais du chemin avant d'y arriver ; j'avais à poursuivre dans toutes les obscurités de ma raison, de mon éducation et de mon cœur, ces deux choses que l'homme cherche sans cesse et qu'il ne peut trouver qu'en Dieu : une certitude, un amour ; ou plutôt, croyant les chercher, j'allais les fuir longtemps.

Comment la vérité m'a-t-elle enfin saisi ? C'est ce que je voudrais exposer dans ce livre, non par un puéril désir de parler de moi, mais parce que beaucoup d'amis, beaucoup d'esprits inquiets, beaucoup de cœurs tourmentés comme je le fus, me l'ont demandé au nom tout-puissant de mes croyances et de ma tendresse pour eux. — Nous voyons bien, m'ont-ils dit, que vous êtes parvenu à la foi. On ne peut méconnaître, dans ce que vous avez écrit, un accent de croyance et d'amour. Mais de votre état au nôtre la distance est grande ; et, pour bien comprendre où vous êtes, nous avons besoin de savoir par où vous avez passé.

J'ai cherché comment je pourrais les satisfaire. En y songeant, il m'a paru d'abord assez difficile de peindre cette longue suite de faits, de pensées, de sentiments, qui se mêlent, qui s'engendrent, pour aboutir d'un abîme orageux de ténèbres et d'incertitudes aux tranquilles splendeurs de la foi. Puis enfin, laissant de côté toute préoccupation personnelle, me fiant à ce désir chrétien d'être utile, si ordinairement agréable au Seigneur, j'ai résolu de tout conter naïvement : les faits, les désirs, les tentatives, les avortements, les résolutions, les triomphes, comme je me les rappelle; de donner, en un mot, le commencement de l'histoire intellectuelle dont j'avais pensé ne devoir écrire que la fin. Ce sera, je l'espère, moins la peinture d'un individu que la peinture d'une âme telle qu'il y en a un grand nombre en ce temps. Mon goût, le goût du public, eût été que je laissasse entièrement de côté l'individu ; mais j'avais besoin d'un fil conducteur de cette exploration de confuses pensées. Avec les ailes de la science et du génie, on vole, on plane, on se soutient dans le monde aérien des idées; je n'ai point ces ailes; il me faut un guide et un bâton.

Voilà pourquoi j'ai dit ce que j'étais, d'où je venais, par quels mauvais chemins de la vie temporelle il m'a fallu passer; quels secours j'ai trouvés dans le monde, et comment, malgré des faveurs et des facilités d'existence que je ne pouvais espérer, je demandais encore à ce monde prodigue je ne savais quels biens qu'il ne me donnait plus. Je continuerai de même, ne sachant pas autrement ni mieux faire. Et comme c'est en Italie que successivement me sont venus les fermes désirs, la foi, la pratique, les habitudes chrétiennes, au récit des faits et des pensées je mêlerai encore parfois la peinture des lieux que ces événements, si simples, mais si grands pour moi, m'ont rendus chers, et dont le souvenir me représente toujours l'image, comme le parfum rappelle la fleur.

Puisse le travail n'être pas trop au-dessous du dessein! J'ai tout ensemble à louer Dieu, à encourager mes frères par le spectacle de ses bontés envers un pauvre et ignorant pécheur, montrer comment il a fait d'une âme déroutée, incertaine, aux trois quarts perdue, une âme éclairée, souvent heureuse, sûre de son but, instruite de sa destinée. J'ai à dire par quelles voies adorables il a mis dans cette âme, en proie à beaucoup de troubles et de haines, parce qu'elle renfermait beaucoup d'erreurs, des intentions plus droites, un ferme et vrai sentiment de la dignité humaine, des affections épurées, des volontés meilleures, et autant d'espérances inébranlables qu'elle ressentait naguère de misérables convoitises et d'envieux désespoirs.

Hélas! la force me manquera. Je sens que j'exprime mal ce que je pense; mon esprit va plus loin que ce froid langage; il y a dans mon cœur une certitude éclatante, un désir d'aimer Dieu, une adoration de sa puissance, une reconnaissance de son amour, dont mes vaines paroles ne donnent pas l'idée. A peine si, d'un crayon inexpérimenté, j'ébauche quelques traits du tableau plein de vie, plein d'éclat, que je contemple avec ravissement.

Je voudrais, en terminant ces préliminaires, qu'il me fût permis d'excuser auprès du public un travail que je juge moi-même si imparfait: c'est que je ne dispose que de loisirs rares et interrompus. Ce n'est pas comme l'oiseau que je chante, mais comme le laboureur, en creusant mon sillon, l'esprit troublé de soins divers, la main à la charrue. Ferais-je mieux si j'avais plus de temps? Je l'ignore, je sais seulement que j'essayerais. J'essayerais pour deux raisons: la première, par respect pour les matières que je traite; la seconde, par respect pour mes lecteurs. Forcé d'agir autrement, ne pouvant polir mon langage, et cependant poussé par un instinct irrésistible à élever la voix, je m'en remets à Dieu sur la hâte et la grossièreté de mes hymnes en son honneur; je le prie de les accepter comme le bruissement de la feuille et le cri du grillon. Je demande à ceux qui me liront de ne m'écouter que comme on écoute en passant dans la plaine le champ rustique des travailleurs, ou tout au plus comme un ami, qui vient sans prétention, sans dogmatisme et sans gêne, causer le soir au coin du foyer.

Paris, 25 janvier 1841, fête de la Conversion de saint Paul.

ROME ET LORETTE

I

LE GUIDE

A quatorze ans, au plus fort de mon ignorance et de mon infortune, Dieu, préparant l'œuvre de sa miséricorde, m'avait envoyé un ami, ou plutôt un protecteur; car Gustave n'était ni de mon âge ni de ma condition. Mais nos existences et nos cœurs se trouvèrent bientôt si complètement mêlés, qu'il n'y eut plus de distance entre nous. C'était alors un garçon de vingt ans, très épris des lettres, des sciences, des arts, et qui avait la généreuse passion de donner ses goûts, c'est-à-dire ses plaisirs, à ceux qu'il rencontrait. J'étais, moi, dans un abandon qui l'émut. Sous prétexte de m'apprendre je ne sais plus quoi (car son esprit, affamé de savoir, touchait à tout, même au chinois), il m'apprit ce dont j'avais avant toute chose besoin : que je pouvais être aimé. Par-dessus le marché, nous nous occupions de littérature. Je lui montrais bravement mes chefs-d'œuvre; son amitié lui inspirait la patience nécessaire en ces occasions; il me donnait des conseils; enfin il me mit en état d'habiller vaille que vaille une idée. Du reste, véritable jeune homme, véritable Français, et véritable Parisien de ce temps-là. S'il avait une religion, c'était celle des Scandinaves, peuple pour lequel il professait une grande tendresse. Les années et les événements s'écoulèrent sans nous désunir. Après la révolution de Juillet, un concours de circonstances qui recevaient de notre affection mutuelle quelque chose de touchant, nous fit journalistes tous deux, l'un par l'autre en quelque sorte, et l'un avec l'autre. — Comme il avait guidé mes premiers pas dans la voie de la grammaire, il me donna les premières leçons dans ce redoutable métier de la presse, auquel il était propre par la variété de ses connaissances et la promptitude de son esprit, mais qu'il exerça peu de temps. Combattant ensemble, ensemble combattus, se soutenant de la plume, se soutenant, hélas ! de l'épée, le maître et le disciple, devenus compagnons de guerre et d'aventures, pouvaient se croire attachés l'un à l'autre par ce sentiment d'amitié que le temps ne détruit pas... On ne s'aime bien qu'en Dieu : l'amitié vraiment sainte et durable est un don que Dieu fait aux chrétiens, et nous n'étions pas chrétiens.

Nous nous séparâmes non sans regrets, non sans promesses répétées et sincères de bon souvenir. Pourtant, bientôt je sentis que l'image de cet ami si cher devenait moins resplendissante dans ma mémoire, et je commençais d'apprendre aussi de tristes choses sur mon propre cœur. Je m'étais cru les vertus dont on parle dans l'histoire ancienne ; j'avais pensé que je saurais me conduire toute ma vie en héros de roman : on perd vite ces illusions-là.

La politique me préoccupait beaucoup : j'en avais épousé les passions et les fureurs ; c'est naturel à l'ignorance. Planté dans mon système, je ne voyais rien hors de son horizon, borné encore par la faiblesse de mes regards. J'étais dévoué : la jeunesse a besoin de se dévouer. Quant aux nécessités véritables de la société, quant aux bases de l'ordre, aux droits et aux devoirs, inhérents par le fait au titre de citoyen, ni moi, ni la presque totalité de mes lecteurs, — ni mes adversaires, c'est une justice que j'ai à nous rendre, — n'en savions un mot. Nous étions, dans un petit chef-lieu de Gascogne, trois journalistes en dispute réglée pour peu de chose. Si je crois aujourd'hui que ma thèse était la meilleure, je le crois pour des raisons qu'alors je ne soupçonnais pas, et je ne crois pas du tout que je l'aie bien défendue. De ces querelles mesquines, de ce dévouement fourvoyé, de ces passions ignorantes, j'essayais de remplir une âme où chaque jour mouraient les fragiles fleurs du printemps ; mais plus j'allais, plus il s'y trouvait de places vides, et dans ces landes désolées germaient bien des remords.

Souvent ému sur ce point, seul avec moi-même, je cherchais à pénétrer les mystères de l'homme intérieur. J'y trouvais de l'ennui ; l'ennui me semblait légitimer le goût du plaisir. Mais le goût du plaisir blessait la conscience, jetait mille troubles dans l'âme, enfantait d'odieuses douleurs. Pourquoi cela ? Qu'est-ce que la conscience ? Je ne comprenais pas.

Je me disais : Vivons en stoïques ; ce sont les mécomptes qui font la tristesse... — Tous les jeunes gens, dans l'agonie de leur grandeur, ont formé de ces résolutions : ils savent ce qu'elles durent. L'ennui était toujours là ; je me retournais toujours vers les plaisirs.

Je me disais : Suivons le torrent, puisque l'homme est ainsi fait, puisqu'il vire et roule à tout vent qui passe, étouffons dans les chants, dans les ivresses, tous ces importuns murmures : c'est la lutte qui fait le trouble et l'ennui... — Mais la conscience criait toujours.

Je concluais que l'homme était le jouet d'une puissance mauvaise et railleuse, qu'il était marié à la destinée comme à une femme acariâtre, que cette affreuse union ne se pouvait dissoudre qu'à la mort..., et, ainsi que daignait me l'exposer un vieux dignitaire avec qui je causais souvent, qu'il n'y avait de joie certaine que de bien boire et de bien manger. Je voulais le croire; par malheur, je n'étais pas, comme le vieux dignitaire, maître de m'en tenir content.

J'essayais d'étudier: je manquais d'énergie pour l'étude, et l'étude m'apportait des troubles nouveaux. Je lui demandais le dernier mot des choses; elle ne faisait qu'ouvrir à toutes mes perplexités des routes multiples, infinies, des horizons par delà les horizons.

Je me rejetais dans la politique; là tout me semblait clair; je me sentais dans le vrai; je partais d'un point, j'allais à un but: je ne m'apercevais pas que j'appelais lumière l'ignorance ou l'esprit de système qui m'empêchait de rien voir. Mais, avec l'âge, ma raison s'élevait; et un jour enfin, par cette porte encore, le doute entra dans mon esprit. Ceux qui ne pensaient point comme moi ne pouvaient pas tous avoir tort. Mes adversaires niaient chez nous des probités évidentes: ne commettais-je pas aussi cette faute? L'histoire me montrait des luttes où tout le monde avait un peu raison, d'autres où tout le monde était presque d'accord: il y avait quelque part une vérité; cette vérité n'était pas tout entière avec nous.

O rêves de ma faiblesse et de mes ténèbres, dans quels délires vous m'avez jeté! quelles angoisses ne vous dois-je pas! et cependant que Dieu soit béni! Quand j'étais l'enfant nu, seul et affamé, la Providence veillait à me vêtir, me donnait du pain, et, m'imposant le travail, pourvoyait encore aux nécessités à venir de ma vie. Maintenant que mon esprit, comme un terrain ensemencé durant l'hiver, me donnait l'abondance de sa moisson, cette même Providence, soigneuse de mon âme parmi les facilités de la vie matérielle, me tourmentait de la soif et de la faim des solides vérités.

Que n'allais-je tout de suite à Dieu! Faut-il le dire? je pensais n'avoir rien à faire de ce côté; je me croyais de la religion. J'avais, en effet, la religion de la lyre, cette piété des rimeurs de notre temps qui consiste à remplacer Jupiter par Jéhovah, l'amour par un ange, et à faire intervenir, par une profanation détestable, le nom virginal de la Reine du ciel dans les élégies que l'on adresse aux Philis et aux Chloés. Sans nier l'existence de Dieu, je ne connaissais rien, absolument rien, de la loi chrétienne. Je lisais dans les écrits des penseurs de nos jours les plus profonds, les plus écoutés, les plus applaudis, que le christianisme avait été beau, utile, mais qu'il était mort, et je croyais très volontiers qu'en effet le christianisme était mort.

Rien autour de moi ne me disait qu'il vécût. Dans la ville que j'habitais il y avait sans doute d'honnêtes gens; il n'y avait pas un homme à ma connaissance (pas un!), ni fonctionnaire, ni professeur, ni magistrat, ni vieux, ni jeune, qui remplît ses devoirs religieux; pas une mère de famille qui eût une fois parlé en ma présence à ses enfants de Dieu, de l'Église, ou de quoi que ce soit qui eût le moins du monde rapport à la religion. C'était certainement une société gracieuse, polie, bienveillante, spirituelle; et, pour tout dire, elle ne me plaisait que trop; ce n'était pas une société chrétienne. Chacun s'y faisait en liberté, sans rien dire, non pas son évangile, mais son petit coran. Pauvre société, que je regrette d'accuser, et qui a nourri un serpent dans son sein ! Puisse au moins la morsure de ce serpent te sembler amère, et quelque généreux accent sorti de tes entrailles s'élever devant Dieu pour dire que je me suis trompé ! L'évêque était un saint vieillard, j'espère qu'il prie là-haut aujourd'hui pour son diocèse : il ne manquait pas de zèle. Pourtant, dans sa ville épiscopale, il se tenait coi. Ancien émigré, il devait s'estimer heureux qu'on ne lui demandât point, ainsi que le voulaient beaucoup d'avocats populaires, de chanter la *Marseillaise* au prône du dimanche ; et la *Marseillaise* n'aurait peut-être pas suffi.

J'en étais là quand je reçus une lettre de Gustave. Il m'annonçait qu'il était chrétien, ajoutant, pour se faire mieux comprendre, qu'il avait un confesseur et qu'il communiait. Ma pensée fut que quelque malheur effroyable venait sans doute de frapper mon ami. J'allai lire sa lettre à l'homme le plus éclairé que je connusse autour de moi. « Qu'en pensez-vous ? lui demandai-je. — Notre ami, me répondit-il, est fou. »

Or Gustave ne s'était point laissé entraîner à un de ces hymnes de reconnaissance qui jaillissent du cœur des nouveaux chrétiens, comme l'eau jaillit du rocher touché par Moïse : mieux inspiré sur ce qu'il fallait me dire, il m'avait tracé avec calme un exposé clair et rapide des consolations que la religion apporte et des devoirs qu'elle prescrit, Il est fou ! Voilà le premier jugement que j'entendis porter sur l'Évangile et sur les cœurs qu'il se soumet.

Inquiet, je fis cent vingt lieues ; je vins voir Gustave, je ne le trouvai ni malade ni fou, mais joyeux, quoique dans une situation de fortune assez pénible ; plein d'espoir, surabondant de confiance, m'aimant d'une tendresse plus vive que jamais, enfin un chrétien. Il me fit le récit de ses combats : c'étaient les miens ; il me pressa de l'imiter dans le dernier effort qui lui avait donné la victoire. Hélas ! le prix même du triomphe me fit peur. Fuyant la lumière après l'avoir entrevue, je revins plus troublé que je ne l'étais en partant. Ce que j'avais compris, sans dissiper mes doutes, y mêlait des terreurs. Aux clartés incertaines du crépuscule, nous croyons voir sur le chemin de menaçants fantômes là où le plein éclat du soleil ne nous montrerait que des objets utiles et charmants.

Chose étrange ! ces terreurs durèrent peu, les doutes même cessèrent, et pourtant le plein jour n'était pas venu : c'est que j'avais méprisé la grâce. Dieu me laissa dormir un temps dans la fange de mes iniquités. Vous qui dormez dans le même lit, du même sommeil, ne vous hâtez point de me trouver heureux ; luttez contre ce sommeil funeste, sortez-en ! j'en ai porté, j'en porte encore la peine. Ce sont des plaies que je ne montre qu'à Dieu. Si je pouvais avoir des ennemis, je n'en aurais pas à qui ma haine voulût souhaiter l'horreur d'un semblable repos.

Gustave cependant priait pour moi ; il songeait aussi à mon avenir temporel, que j'avais toujours abandonné à tous les vents de la terre, et par ses soins je vins à Paris. C'était une grande chose qu'il osait là. Jamais, au temps le plus dur de mon isolement, de ma misère, quand j'étais tout à la fois dans l'enfance, dans l'ignorance et dans l'abandon, Paris n'avait menacé de m'être si rude et si dangereux : j'allais y affronter bien d'autres précipices, y subir bien d'autres combats. J'avais vingt-trois ans, je n'étais plus pauvre, je n'étais plus timide, et sur la route, au milieu des rêveries du voyage, l'ambition m'était venue.

Je serai sincère : j'entrais dans Paris avec les idées de conquête, bien décidé à devenir ministre aussitôt qu'il se pourrait. Ce n'est pas tout à fait ma faute si je me gonflais de ces visées. Est-il un garçon de vingt ans dans la tête duquel, pourvu qu'il sache lire, nos mœurs politiques n'aient ancré de semblables projets? J'y mettais même, par suite de mes opinions constitutionnelles, une retenue que tous n'ont pas. Je ne voulais qu'être ministre : combien se seraient installés connétables, consuls ou dictateurs!

Mes premières observations ne brisèrent point ce rameau d'orgueil si soudainement poussé. Les allures de la France, à Paris, sont d'une fille perdue, prête à se donner à qui veut la prendre. Ces théâtres, ces rues où la licence déborde; ces places publiques ornées de statues qui feraient rougir les païens, ces noms célèbres auxquels s'attachent tant d'histoires honteuses; ces caquets de la grande ville, où l'on échange froidement tant de honteux récits; ces marchés de conscience, qui se font plus qu'ailleurs là où l'on dit le moins qu'ils se font; ces incorruptibles qui sont de tant de manières, par tant de moyens et si vite corrompus; ces railleries de toutes choses, et ce cynique langage des coulisses de l'opinion; ces femmes d'affaires, ces littérateurs qui vivent de leurs scandales, qui en veulent vivre, et qui sont contents d'en vivre; ce mépris de la réputation et cette soif de la célébrité, mère de tant d'ignominies; ce trafic des louanges; ces mains impures qui achètent l'honneur, et ces voix plus impures qui le distribuent; ces forfaits de la vie privée, ces trahisons de la vie politique, dont on s'amuse; ce bruit dont on s'enivre, cette boue dans laquelle on se complaît, c'est le triste spectacle de toutes les heures, durant ces journées de Paris, qui ne finissent point. Et quelles promesses ne semble-t-il pas faire à l'audace, à l'intrigue, au désir d'arriver!

Et puis il y a toujours au sein de Paris tant d'hommes d'État qui sont forcés de se laisser voir de trop près!

Toutefois je n'étais ni assez fort, ni, grâce à Dieu, assez sot pour songer longtemps à devenir un personnage. Je n'avais point cette fermeté d'âme qui fait poursuivre un but honorable; je n'avais point cette âpreté de convoitise qui tient lieu de courage, qui fait supporter les privations, et qui ne recule devant aucun moyen ténébreux et servile d'atteindre la proie qu'elle s'est choisie. Je renonçai au pouvoir; j'allai où m'entrainaient d'inquiets désirs et mes vieux ennuis, qui renaissaient plus pressants. Mais j'avais beau porter partout mes lèvres, je ne buvais qu'à des coupes troublées. J'étais plein de jugements sévères contre tout homme et tout nom qui passaient sous mes regards, puis, quand j'avais donné cours à mon mépris, je baissais la tête, j'écoutais mon cœur, mon cœur plaidait pour tout ce que je venais de condamner. Je me disais avec accablement : Je ne vaux pas mieux. Hélas! souvent, trop souvent j'ai à le dire encore. Pourtant, vous le savez, mon Dieu, ce n'est plus du même accent que je le dis.

J'évitais Gustave; non qu'il fût importun et censeur : je le craignais comme l'enfant malade craint le médecin. Quand je le rencontrais, je ne pouvais m'empêcher de lui conter ma peine. Il voulait alors m'instruire; ordinairement je ne voulais pas l'écouter. D'autres fois nous discutions : c'étaient de ma part des brutalités, des colères; de la sienne, la fermeté des enseignements catholiques, exposés avec tendresse. Parfois je voulais bien être chrétien; mais j'exigeais beaucoup de modifications dans les dogmes. Il me répondait gaiement qu'on avait refusé cela à Calvin, à Luther, à beaucoup d'autres; qu'il ne pouvait me l'accorder. Nous nous séparions, lui affligé de mon endurcissement, moi furieux des barbaries de l'Église, et jurant que je ne serais jamais chrétien.

Cependant ces conversations m'apprenaient beaucoup de choses, dissipaient beaucoup de préjugés. Non pas, il est vrai, sur l'heure, mais au bout de quelques mois je me surprenais à défendre la religion catholique contre quelques-uns de mes anciens arguments. C'est pourquoi nous ne devons pas nous décourager, mes frères, reculer devant les choses qu'il nous est ordonné de proclamer. Il faut fendre la terre avec le soc de la charrue pour y déposer le grain. Ce grain qu'elle repousse, qu'elle ensevelit dédaigneusement, qu'elle paraît oublier, germera plus tard, et sera sa richesse et sa gloire.

Soyons fermes, soyons patients aussi. Malgré mes cris et mes colères, la douceur de Gustave me touchait souvent plus que ses raisons.

Je veux vous dire encore de veiller constamment sur vous-mêmes, pour ne point scandaliser ceux que vous essayez de ramener; car jamais juge n'étudia un criminel avec plus de soin que je n'étudiais ce bon Gustave, pour le surprendre en désaccord avec ses préceptes et me faire de sa conduite un argument contre la loi de Dieu. Attribuant au *Credo* le pouvoir qu'ils refusent au Seigneur, les impies affectent volontiers de croire que la profession de foi chrétienne doit entraîner non seulement l'horreur du péché, mais l'impeccabilité même; et lorsqu'un chrétien ne leur paraît pas être sans reproche, ils se font de ses fautes une arme qu'ils tournent contre l'Évangile : « Ah! vous êtes dévot, et vous vous emportez! » Soyons patients; essayons de répondre à l'idée de perfection qu'on se forme de nous; et tout au moins, quand les impies nous regardent, tâchons de satisfaire et l'impie, et Dieu, qui nous regarde également.

A cette époque, Dieu encore m'envoya le secours de deux bons livres. Des personnes aussi éloignées de la foi qu'on peut l'être, sans que je leur eusse rien dit de mes préoccupations, dont elles auraient ri, me mirent dans les mains ces ouvrages qu'un prêtre et qu'un confesseur n'aurait pas choisis plus à propos; c'était l'Introduction à l'*Histoire de sainte Élisabeth*, de M. de Montalembert, et le beau travail sur l'*Action du clergé dans les sociétés modernes*, de M. Rubichon. Quelques articles de M. de Carné me passèrent aussi sous les yeux. Je veux remercier ici ces pieux et savants auteurs du bien qu'ils m'ont fait. M. de Montalembert au point de vue de l'histoire, M. Rubichon au point de vue de l'organisation sociale, M. de Carné sur les problèmes du temps actuel, éclairèrent puissamment mon esprit, et le forcèrent au moins d'admirer la haute intelligence et la haute vertu de l'Église, à défaut de sa divinité, que je niais toujours. Oui, je vous voyais sage, prévoyante, courageuse, toujours forte et toujours charitable, et je vous admirais, ô Mère! mais sans vous aimer, c'est-à-dire sans vous comprendre; et n'est-ce pas vous outrager encore que de vous honorer ainsi?

Savoir, intelligence, raison : choses vaines sans l'obéissance et l'amour! Pour y voir plus clair, je ne m'en conduisais pas mieux. Je repoussais l'enseignement de cette Église qui m'apparaissait surnaturelle en ses œuvres, et, parce que je le repoussais, la magnificence de tant de force, la merveille de tant de choses accomplies, de tant d'ennemis vaincus, ne m'apprenaient à remplir aucun devoir et ne m'aidaient à vaincre aucune passion.

Et j'étais toujours dans le combat; j'avais toujours sur le cœur l'arrière-garde d'un plaisir empoisonné. Mécontent et sombre au fond de toutes les ivresses, rongé de soucis dans le sein de l'abondance, tantôt je voulais à tout prix agrandir ma fortune, tantôt je regrettais amèrement ma misère passée. J'étais honteux des brèches faites à ma conscience; j'étais las des débris d'honnêteté qui restaient.

Je n'avais plus du tout de foi politique. Une année de polémique avait brisé, broyé, pulvérisé des convictions qui ne reposaient sur aucune base stable dans le passé, que je ne voyais aboutir à rien dans l'avenir. Sous l'action continuelle des railleries et des mauvais exemples, le vernis de frêle morale qui les enveloppait s'était dissous.

De tant d'hommes politiques autrefois vénérés, je n'en estimais plus que deux. Je les aimais pour eux-mêmes, pour ce que je leur voyais de probité, de courage, pour ce qu'ils souffraient d'injures; quant à leur pensée, elle n'avait plus d'échos dans ma pensée.

Seul avec moi-même, je ne pouvais réunir, ni en politique ni en morale, deux idées qui ne fussent en désaccord, et entre lesquelles je ne me sentisse indifférent. Je perdais le sens du juste et de l'honnête; je perdais jusqu'à la volonté du combat, jusqu'au désir de la force.

Et je ne me donnais pas deux mois pour n'être plus qu'un de ces condottieri de la plume qui vont d'un camp dans l'autre pour vendre moins encore leur bravoure que leur inactivité.

Illusion de ma jeunesse, généreux désirs et généreuse fierté de mon âme, orgueil de l'honneur, orgueil du devoir, dévouement, amitié, amour, tout était souillé, tout expirait, tout allait être anéanti.

J'avais jeté vers le ciel ma dernière plainte, et je consentais à tout. Ma situation n'était plus la fatigue, c'était le râle; l'état où j'allais tomber n'était plus le sommeil, mais la mort.

Certes, Dieu m'a sauvé, et m'a bien sauvé! il m'a pris au fond de l'abîme et m'a emporté entre ses bras. Je ne pouvais plus me sauver moi-même.

Je ne sais quelle pensée me mena chez Gustave. Je le vis entouré de cartes, de paquets, d'objets de toutes sortes, se préparant à partir pour un long voyage.

« Viens avec moi, dit-il; sors de Paris, sors de la France; emploie une année à courir le monde; peut-être tu t'en trouveras bien. »

Jamais pareil projet ne m'était venu; je n'avais pas les moyens de faire ce voyage; par mille raisons c'était une folie.

Huit jours après cependant j'avais quitté Paris, et, le cœur déjà plus léger, je courais sur la route de Marseille. Je croyais aller à Constantinople : j'allais plus loin. J'allais à Rome, j'allais au baptême!

II

EN MER

Je désirais ardemment de ne plus revoir la France; j'éprouvais ce sentiment étrange, la haine de mon pays! Mais que n'étais-je point disposé à haïr! La langue que l'on parlait sur le bateau, le drapeau qui flottait à la proue, les propos peu littéraires des matelots et des officiers, je ne sais quelles figures de chevaliers d'industrie qui s'étalaient sur le pont avec cette espèce d'impertinence particulière à une classe fort nombreuse des produits de notre civilisation, tout cela s'ajoutait à la rancune des tourments que j'emportais dans mon cœur.

Je me disais : « Cette terre de France est livrée à la folie; on ne sait plus ce qu'on y fait : impossible d'y rien aimer, d'y rien croire et d'y respecter rien. De vieux bateleurs s'y partagent le soin d'inculquer à la jeunesse tous les vices qu'ils ont eus, et, chose plus triste! la jeunesse elle-même, frappée au cœur, elle ne sait comment, avant d'avoir senti, se dégoûte; avant d'avoir connu, méprise, et nous sommes, nous autres jeunes gens, dans cette atmosphère de doute et de raillerie, comme des arbres qui tout d'abord auraient poussé des feuilles fanées. D'un printemps froid et sombre, sans transition, sans beaux jours, nons passons à l'hiver. Sous prétexte de nous instruire, on arrache de nos cœurs toutes les fleurs de la jeunesse, toutes les illusions avant qu'elles soient nées, tous les amours avant qu'ils soient éclos; on y rend stérile la place où germent les croyances. Oui, nous ne portons que des feuilles fanées, qui n'ont point eu de doux ombrages, sous l'abri desquelles aucun oiseau du ciel n'a chanté, parmi lesquelles aucun fruit ne mûrira. Ce que l'on nous raconte des choses passées, de la foi qui s'emparait des âmes, des élans de dévouement pour une idée, pour une chose, pour une passion, n'éveille en nous que des regrets étonnés, et pas un souvenir. A vingt-quatre ans nous n'avons ni Dieu, ni roi, ni dame, et nous n'avons pas même de patrie ; il n'y a que des autels vides, un trône abaissé, des amours injurieux ; la patrie est un bazar où tout se vend à l'encan des tromperies, où l'on s'injurie, où l'on se pille, où les gloires même, partagées en camps ennemis, sont exposées à l'outrage, et n'ont pas un laurier qu'on ne voie haïr.

« Va donc, cours plus vite sur la vague, arrive plus vite au rivage que je vais chercher, lente machine, noire et bruyante parcelle détachée du sol où j'ai souffert. Le langage qu'on parle ici me déplaît ; il fut l'instrument de ma perte. J'ai hâte de me trouver dans la solitude d'une langue que je ne comprendrai pas, de ne plus entendre que des sons qui ne m'auront jamais servi pour blasphémer contre rien de ce que je voudrais chérir, et de n'arrêter mes yeux que sur des livres fermés pour ma pensée, où je ne puiserai le poison d'aucun sophisme nouveau, d'aucune vérité douloureuse qui ne me soit pas encore connue.

« Mais avant de perdre de vue le rivage et de quitter ce navire, qui est encore la France, j'y laisserai une malédiction ; je jetterai une pierre sur toutes ces pierres de colère, dont l'amas figure l'anathème prononcé au fond de tant de cœurs ulcérés sans retour. Je n'étais point né pour douter, pour haïr, et pour me croiser les bras dans le choc des idées qui partagent le monde, sans savoir à quel drapeau porter mon épée. J'avais une conscience pour discerner le bien du mal, un cœur pour aimer, une âme pour croire, tout cela pour me dévouer. N'ai-je pas essayé de le faire ? ne me suis-je pas dévoué en effet ? Mais à qui ? à des cœurs dont mon ignorance faisait toute la candeur, à des hommes que je n'ai pu respecter quand je les ai connus, et qui me parurent trop petits dès que ma jeune et faible raison les eut mesurés. Ils me demandaient la colère et l'injure contre tout ce qu'ils n'aimaient pas ; ils guidaient ma main sacrilège contre de vieilles et vénérables, contre de saintes vérités peut-être que, dans la liberté de ma raison, j'aurais probablement défendues, et que je sais bien aujourd'hui valoir mieux que leurs misérables inventions. Oh ! regret amer, oh ! sujet de honte et de poignante dérision, de s'être rué comme un furieux contre l'œuvre abattue, mais imposante encore, de tant de siècles plus sages et meilleurs que nous ; de n'avoir pas soupçonné, à peine entré dans la vie, que le monde pouvait posséder quelques lumières avant que nous vinssions ! Oh ! déplorable et navrant spectacle, de voir tant d'enfants débiles gâter, ravager de plein droit tout ce qu'il leur plaît de détruire autour d'eux..., et porter, sans qu'on les chasse avec des verges, la torche dans le comble des nobles monuments ! »

Ainsi, malades, mais ne connaissant pas bien mon mal, éclairé faiblement par l'incendie même où j'avais jeté aussi mon brandon, et qui me laissait deviner l'imposante beauté des choses que j'avais voulu contribuer à détruire ; inquiet, troublé, injuste même, nourrissant de vagues repentirs, secrètement attiré vers un but entièrement inconnu, mais arrêté par des obstacles que je ne voyais pas et que je craignais de voir, je me lamentais, trouvant dans ma plainte cependant je ne sais quelle douceur et je ne sais quel avant-goût de sécurité jusqu'alors ignorés même de mes jours les plus heureux. C'est que, tout dégoûté que j'étais, j'avais cependant à boire le calice du renoncement, et Dieu, dans sa bonté, enduisait de miel les bords du vase, où, m'abreuvant de l'âcre douleur de mes fautes, je devais en même temps puiser la vie. Grâce à cette adorable miséricorde, qui me prévenait, qui ne voulait pas me décourager ni m'épouvanter, je ne devais savoir combien l'obstacle était grand qu'après que je l'aurais franchi; combien j'étais malade, qu'après ma guérison; combien j'étais coupable, qu'après que l'assurance du pardon m'aurait été donnée.

Ces pensées m'occupaient surtout la nuit, lorsque, enfermé dans l'étroite case de ma cabine comme dans un cercueil, j'entendais les flots, qui secouaient le navire, battre avec violence la mince cloison qui me séparait d'eux. Je sentais combien j'étais peu de chose au point de vue de ma pauvre personne, et parfois j'avais l'instinct des grandes vérités qui nous relèvent tant. Gustave chantait une prière que de pures et pieuses âmes avaient dites pour nous le jour du départ : *Ave, maris stella.* — Quelle était donc cette étoile de la mer dont les rayons protégeaient au milieu des flots le faible et tremblant voyageur? Je l'ignorais encore; mais j'avais beau être incroyant, j'avais aussi besoin d'être aimé, et je me sentais plus calme sous cette protection mystérieuse. Non, nous ne devons jamais douter de l'amour de Marie! Donnons-lui pour enfants tous ceux qui ne la veulent pas pour mère : elle leur fera sentir sa tendresse, et dans l'orage et la tempête, en dépit d'eux-mêmes, par instinct, ils suivront cette étoile qui mène à Dieu.

III

CIVITA-VECCHIA

Malgré ce que j'avais pensé sur le bateau de désobligeant pour la France, je ne pus, en mettant pied à terre, m'empêcher de regarder avec un certain sentiment de nationalité dédaigneuse les pauvres fortifications et l'aspect délabré de la ville pontificale que je contemplais. Il me sembla qu'il n'y avait que les Français au monde pour avoir de belles murailles, de beaux soldats, de beaux canons, et même (ce n'était pas se marchander les satisfactions patriotiques) de beaux douaniers. Je me trouvais, à moi seul, un tout autre peuple que ce troupeau de Romains dégénérés qui m'entouraient; enfin je poussais cette folie si loin, en me carrant sur le môle, que la réflexion m'en fit honte : c'était un feuillet du *Constitutionnel* que je venais de lire dans mon propre esprit, et j'admire maintenant ce que je me prenais à glorifier dans la patrie de saint Louis et de saint Bernard. Ah! si jamais je me retrouve à Civita-Vecchia, combien je verrai d'un autre œil cette pauvreté qui paraît tout d'abord dans les États du pape, *du roi mon père!* Le tableau qu'en garde mon souvenir a je ne sais quoi de digne et de touchant qui m'attendrit, et je ne me scandalise plus que l'Église ait un manteau troué. Mieux que Cornélie, cette mère auguste peut dire, en montrant ses enfants : Voilà mes joyaux et mes trésors! Mais en ce temps-là je ne faisais point de difficulté de croire que Rome mettait le monde à contribution, et que, sans pitié pour le pauvre peuple, les cardinaux dévoraient tout.

Un douanier, en me priant d'ouvrir ma malle, me fit faire trêve à ces grandes considérations; il me demanda si je n'avais point de mauvais livres. Cette question me parut étrange et jeta beaucoup d'eau sur l'enthousiasme que m'inspirait le souvenir de nos places fortes et de notre artillerie. Je ne trouvai plus que le pape gouvernât si mal, ni qu'il fût si faible, puisqu'il voulait et pouvait prendre, pour la santé morale de son peuple, de si sages précautions. Un gouvernement, pensais-je, qui ne laisse pas entrer de mauvais livres n'en laisse pas sans doute fabriquer. J'allai sur cette idée faire un tour dans la ville. J'y trouvai nombre de masures, et les mendiants n'y manquaient point; mais les yeux d'une vierge pouvaient en sécurité s'ouvrir sur toutes les boutiques, se promener sur toutes les murailles, et je ne lus au coin d'aucune ruelle l'annonce d'un spectacle obscène pour le soir. Cette promenade dissipa la bouffée de tendresse qui m'était revenue pour les splendeurs de la civilisation constitutionnelle.

Je veux donner un bon avis à tous les futurs pèlerins qui, se rendant à Rome par Marseille et la mer, auront à s'arrêter à Civita : on les retiendra par mille petites formalités ennuyeuses; on mettra autour de leur malle une ficelle, un petit plomb; un homme leur demandera leur passeport pour le faire viser; un autre le leur rapportera; on les forcera d'attendre à deux ou trois barrières successives, etc., et il faudra qu'ils donnent à tout moment des baïoques. Tant de baïoques pour la ficelle, tant pour le petit plomb, tant pour l'homme qui prend le passeport, tant pour l'homme qui le rapporte, tant pour la première barrière, tant pour la seconde et tant pour les etc. Ce qui prend bien en tout deux heures quand on se hâte, et deux francs quand on est généreux. Qu'ils considèrent cela comme un petit désagrément dont on achète d'avance un beau spectacle; tout à l'heure la toile sera levée; et ils croiront ne pas avoir payé trop cher le doux plaisir de leurs yeux.

Enfin la dernière porte est franchie, le postillon fait claquer son fouet, quatre chevaux nous entraînent rapidement sur un pavé plus uni que la dalle de nos trottoirs; déjà la douceur de l'air nous captive. Il y a quelques jours nous avions tristement affaire aux chemins liquides de la Champagne : les pieds dans la boue, le nez dans la neige, nous avions froid, nous n'avancions pas, les jours n'étaient que des nuits sans lune; mais voici maintenant le soleil, la poussière, toutes les fleurs, toutes les senteurs du printemps; des marguerites dans l'herbe, de l'aubépine dans les haies, de jeunes feuilles aux arbres, de beaux troupeaux dans les pâturages verts, la mer est à nos côtés : elle est d'émeraude, elle est d'azur, elle est immense, harmonieuse; et nous avons vingt-cinq ans, et cette terre est l'Italie, et c'est à Rome que nous allons!

Sur ce discours, au premier relais, casquettes jetées en l'air, gambades, chants de triomphe, fleurs cueillies pour être envoyées dans la prochaine lettre à ces pauvres amis de France qui se promènent à la lueur de réverbères sous un parapluie. Pauvres amis! leur souvenir rehausse d'un grain de mélancolie l'épanouissement de nos joies : c'est un seul souci dans notre couronne de fête; c'est une goutte de citron dans un doux breuvage, c'est peu de chose... Nous repartons à toute bride; voici de nouveaux aspects de mer, et les pauvres amis sont restés au relais.

Et nous allons, et nous allons! Et toujours les paysages se déroulent et près de nous passent de beaux et pittoresques attelages de taureaux conduits par ces paysans des campagnes italiennes dont Schnetz et Léopold Robert nous ont fait connaître la rêveuse allure et la grande physionomie. Tout à coup, du sommet d'une petite hauteur, quelque chose se montre au fond perdu de l'horizon : « C'est Saint-Pierre! s'écrie Gustave avec une expression de religieuse tendresse. — C'est Rome! » dis-je en même temps avec une joie de collégien.

Deux heures après, à la nuit tombante, nous entrions dans Rome par la porte Cavaligiera. Comme nous longions la colonnade de la place Saint-Pierre : « Quel beau spectacle! me dit Gustave en me serrant la main. — En vérité! » répondis-je.

Mais je ne savais pas encore combien ce jour était heureux pour moi. C'était le 15 mars 1838. Le public à qui je m'adresse ne me blâmera pas de consacrer ici une date qui n'a d'intérêt que pour le narrateur.

IV

LES QUARANTE HEURES

Nous avions des amis à Rome : Adolphe et sa femme, deux époux de la veille, deux cœurs que nous aimions; car depuis longtemps nous connaissions Adolphe, et c'était assez pour nous assurer que nous aimerions Élisabeth aussi. « Vois-tu, me disait Gustave, Adolphe a demandé sa femme à la sainte Vierge, et c'est la sainte Vierge qui la lui a donné : je ne doute pas qu'Élisabeth ne soit douce et simple, et sans la connaître encore, parce que je sais qu'elle est chrétienne, je compterais d'avance tout ce qu'elle a d'aimables vertus. » Moi, je ne me serais pas avisé de cette raison, pourtant je la trouvais bonne.

Nous entrons dans une grande maison, et nous voilà, parmi les dédales d'un escalier noir, à chercher nos amis. Des éclats de rire nous guidèrent ; nous reconnûmes cette joie. Adolphe nous reçut avec un

L'arc de Titus.

plaisir extrême : il ne nous attendait pas. Aussitôt après son mariage, il était parti, peut-être pour s'acquitter de quelque vœu à l'une de ces madones d'Italie qu'il avait souvent visitées et plus souvent priées ; et nous ne savions pas que nous allions le suivre de si près. Dieu seul connaît l'avenir, seul il sait ce qui se fera demain. Certes, je ne pensais guère, lorsqu'un mois auparavant j'avais vu pour la première fois cette jeune dame, que j'allais la revoir à Rome, et qu'elle serait marraine, en quelque sorte, au nouveau baptême qui s'apprêtait pour moi. Plongé alors dans toutes sortes de dégoûts et de tristesses, je ne savais croire à rien de consolant et de doux : je comprenais à peine qu'il y eût des amitiés saintes et des vertus qui ne fussent point farouches ; j'imaginais que la piété n'était qu'une sorte de passagère folie, ou qu'une habitude imposée de jeunesse, incapable de tenir devant la raison et devant la liberté. Dans ces pensées, la vie, comme je l'ai dit, m'était pénible, le devoir incertain ; je sentais tous les jours mon cœur se dessécher, mon intelligence s'appesantir; mes meilleurs moments étaient ceux où je me répandais en plaintes hautaines; je ne pensais à Dieu que pour l'accuser. Et cependant j'étais là près de ceux qui un mois plus tard me montreraient sans emphase, naturellement, toutes les vertus que je méconnaissais, produiraient dans mon esprit et dans mon cœur par ce doux spectacle des émotions ignorées, et feraient enfin à mes côtés la veille des armes, durant ce moment si terrible et si beau, si désirable et si redouté, ou l'ennemi des âmes livre ses derniers combats à l'heureux déserteur du monde prêt à passer dans le camp de la croix.

Adolphe, vieil habitué de Rome, où les aspirations de son âme l'ont entraîné plusieurs fois, voulut tout de suite nous faire voir quelque chose de cette cité reine et mère, qu'on se plaît toujours à nommer la ville éternelle, et que nous nommons encore la ville bien-aimée, la chère Rome, *Alma Roma.* Nous partîmes. Élisabeth, par bravoure, et par peur de rester seule à la maison, vint avec nous. Les rues étaient désertes : Rome s'endort de bonne heure; mais les lampes veillaient devant les madones, et l'air est toujours plein de souvenirs qui ne s'endorment pas. Adolphe et Gustave parlaient des papes, des saints, des martyrs; j'essayais timidement de mêler à leur causerie Horatius Coclès et Scipion l'Africain. Pour me contenter, Adolphe nous conduisit au Capitole. « Cet escalier, me dit-il comme nous y montions, est une construction de Michel-Ange, et voici la statue de Marc-Aurèle. » Il ajouta pour Gustave : « Ici près est l'église de l'*Ara Cœli.* On y célèbre aujourd'hui les Quarante Heures[1]; entrons et rendons grâces à Dieu, qui nous rassemble si heureusement. »

Nous trouvâmes une église resplendissante, mille cierges allumés sur l'autel, et la nef remplie d'une foule agenouillée pieusement : gens du peuple, femmes, enfants, bourgeois, prélats, confondus sur les dalles, tous humbles, tous recueillis. Le seul bruit qui s'élevât au-dessus du murmure des prières était le cliquetis presque imperceptible des chapelets. Mes compagnons s'adressèrent à Dieu. Je ne voulus pas rester seul debout dans cette église, mais je laissai aller de tous côtés mes regards, guère moins étonné que jadis les Gaulois mes ancêtres à l'aspect des choses étranges que Rome leur montrait, et guère moins sauvage qu'eux. Tout le monde priait. Et moi, pensai-je à la fin, n'ai-je pas dans le cœur une prière? n'ai-je rien à demander à Dieu? Car ces chrétiens me prouvaient l'existence de Dieu mieux qu'aucun raisonnement n'avait pu le faire encore. Je concevais bien, dans la seule idée de *Dieu,* une puissance assez grande pour être partout, pour entendre toutes les prières et lire au fond de toutes les âmes. Je cherchai : ma

[1] A Rome, le saint Sacrement est toujours exposé; il passe d'une église à l'autre, et dans chaque église cette exposition dure quarante heures. La piété des fidèles le suit partout. Quelque éloigné que soit le quartier, quelque pauvre que soit l'église, à toute heure du jour et de la nuit il y a quelqu'un en prière devant le saint Sacrement.

pensée retourna jusqu'à cette France où j'avais laissé mes sœurs, et je priai Dieu d'étendre sa protection sur ces deux enfants. Je ne pouvais, je n'osais, je ne savais demander rien de plus. Ce fut ma première prière. Combien de fois, depuis lors, mon cœur s'est plongé dans un abîme de gratitude, en voyant avec quelle profusion de miséricorde Dieu m'avait exaucé !

De l'*Ara Cœli* nous allâmes au Forum, et du Forum à l'arc de Titus, sous lequel on assure que, maintenant encore, les Juifs évitent de passer. « J'admire, dit Gustave, que Titus ait pris soin de nous laisser à Rome ce monument triomphal de l'accomplissement des prophéties. » La lune, en donnant à toutes ces ruines un plus solennel caractère, nous laissait voir sous nos pieds le vieux pavé des vieux Romains, et quiconque a souhaité une fois dans sa vie de voir Rome comprendra la magie des paroles que le vent de la nuit, en passant sur toutes ces grandes choses, semblait faire entendre à nos âmes émues.

Telle fut notre première journée : journée pleine, grande et chère journée ! Dans les rideaux de mon lit s'enfermèrent avec moi et la mer, et le printemps, et les ruines et les souvenirs chrétiens évoqués par mes amis, et les souvenirs romains dont j'avais la tête chargée ; ce sombre Capitole, cet autel resplendissant, cette prière où j'avais trouvé une secrète douceur... Vives impressions qui ne disparurent pas quand vint enfin le sommeil.

V

LA CONFESSION DE SAINT-PIERRE

Catholique ou protestant, croyant ou incrédule, que l'on fasse profession de bel esprit, que l'on suive naïvement les impressions d'un bon et simple cœur, sous quelque ciel que l'on soit né, de quelques pensées que l'on soit imbu, je n'imagine pas un sang si froid, une situation de l'âme telle, que l'on puisse entrer sans beaucoup d'émotion dans Saint-Pierre de Rome. — Et je ne parle pas de l'effet matériel de l'édifice, de la hauteur de ses voûtes, de l'immense étendue de ses nefs merveilleuses, des proportions gigantesques de tous les objets où s'arrêtent les regards ; je ne parle pas de l'œuvre humaine ; je parle de l'idée qui respire là ; car je n'y trouvais qu'une idée, et je n'y sentais point encore de miracles. — Mais enfin Saint-Pierre de Rome est l'église du pape, c'est l'église de l'Église, c'est le plus vaste et le plus magnifique édifice que les hommes aient consacré à Dieu ; c'est le foyer d'une pensée dont les rayons enveloppent le monde ; c'est le tombeau de ce pêcheur de Judée, de cet homme simple, sans lettres, grossier même, à qui nous ne pouvons nier qu'il a été dit : « Tu es Pierre, et sur cette pierre j'édifierai mon Église. » Non, en vérité, il n'y a rien de solennel et d'imposant sur la terre, si ce lieu, indépendamment de toutes ses magnificences extérieures, n'est pas lui-même solennel et imposant !

L'impression subsiste et s'accroît lorsque l'on parcourt Saint-Pierre et qu'on l'étudie. L'immense quantité d'ouvrages d'art entassés dans cette enceinte immense, où déjà plus de trois siècles ont apporté leurs tributs, permet sans doute à la critique de s'exercer; mais rien n'abat le phénomène de force et de grandeur que l'intelligence a conçu d'abord. Tout y est colossal, tout y semble éternel, tout y a un nom retentissant; et tout est petit néanmoins, tout disparaît devant cette idée, qui règne, qui domine, qui écrase ; voici le sanctuaire de la plus ancienne royauté, du plus ancien et du plus étonnant pouvoir qu'il y ait au monde ; là est spécialement l'esprit de ce corps miraculeux qui, depuis dix-huit cents ans, s'appelle l'Église catholique; ici des hommes sont venus prier de tous les points du globe; il n'est point de contrées connues d'où ne se soient élevés des vœux et des prières, où il ne se soit répandu du sang pour la gloire du nom que l'on révère ici !

On regarde, on contemple : pas un objet d'où ne jaillisse une pensée féconde. Quels étaient sur la terre ceux dont on voit de toutes parts les statues dans ce lieu d'honneur? Rois et papes sont agenouillés sur leurs tombeaux ; mais debout, mais couronnés, mais portant des palmes, recevant des hommages et des prières, je vois des saintes et des saints de tous les pays, de toutes les conditions : docteurs, princes, artisans, riches et pauvres, enfants et femmes, noms célèbres dans le monde entier, noms inconnus hors de cette enceinte. Et aucune de ces statues n'est dressée à la célébrité des œuvres humaines; l'hommage en est offert au seul éclat de la vertu. Chose que le monde n'avait jamais imaginée avant le christianisme : le culte de l'humble vertu, la gloire d'avoir modestement accompli le bien, tellement élevée au-dessus de toute autre gloire, qu'il n'y a plus de comparaison ! Il est des pensées sur lesquelles, si je puis m'exprimer ainsi, l'on a marché toute la vie sans les voir, et qui tout à coup frappent, éblouissent, s'emparent tellement de l'esprit, qu'on les y sent fixées à toujours. Jusqu'alors je n'avais pas compris le culte des saints, je ne l'avais pas vu. Ce qu'il offre de grand, d'honorable, d'auguste, me saisit à ce point, que j'aurais querellé volontiers mes amis les catholiques de ne s'en être pas montrés assez fiers devant moi. Par je ne sais quelle bizarrerie d'ignorance, d'orgueil peut-être, je voulais bien avoir pour les saints la dévotion que je refusais encore d'avoir pour Dieu. C'est qu'en réalité je ne comprenais ni la grandeur des saints, ni celle de la religion : les saints n'étaient pour moi que de grands hommes ; je m'arrêtais au triste état de ces prétendus rationalistes à qui la religion paraît une invention intelligente, et qui l'admirent comme ils admireraient les lois de Lycurgue ou la *République* de Platon.

Saint-Pierre.

Dans l'église même de Saint-Pierre, on appelle Confession de Saint-Pierre le lieu où les reliques sacrées du prince des apôtres reposent avec celles de saint Paul. C'est un caveau placé sous le baldaquin de bronze qui forme un dais gigantesque au-dessus du grand autel. Autour de cet escalier de marbre qui conduit à ce caveau règne une balustrade magnifique; cent cinquante lampes d'argent y brûlent toujours. Ce lieu est le même où saint Pierre, ayant souffert le martyre sous Néron, fut enseveli par ses disciples dans une des grottes que les chrétiens nommaient le cimetière du Vatican. Là ceux que le vieil apôtre avait convertis et baptisés, couronnés avant lui de la palme qu'il devait conquérir, avaient reçu par les soins pieux de leurs frères et souvent sans doute des mains de l'apôtre lui-même, la sépulture, ignorée alors, qui devint si rayonnante quelques siècles plus tard.

Saint Anaclet, quatrième successeur de saint Pierre, et martyr comme lui, y fit élever un oratoire, semblable à celui qu'il érigea à la place où fut enseveli saint Paul, sur le chemin d'Ostie. On appela trophées, confessions, et plus communément seuil des apôtres, ces humbles monuments de leur supplice. En 324, Constantin les alla visiter. Dépouillé du diadème et des ornements impériaux, il se prosterna sur la terre en répandant des larmes; de ses mains royales et victorieuses il marqua la place, et commença en quelque sorte à creuser les fondements de la basilique qu'il voulait élever sur ce sol sanctifié, et, à cet effet, il transporta sur ses épaules, en l'honneur des douze apôtres, douze charges de terre. Ce sont là de ces actions que la politique seule ne dicte pas à un maître du monde; et lorsque l'on veut des témoignages, celui-ci est grand.

La basilique s'éleva rapidement, et fut magnifique. Les riches métaux, les pierres précieuses, les marbres y brillaient de toutes parts; des lampes d'or et d'argent pendaient à ses voûtes; les vases de prix y étaient amoncelés, et pour ajouter à toutes ces magnificences, les corps de saint Pierre et de saint Paul, exhumés, furent déposés, chacun pour moitié, dans une châsse d'argent massif, renfermée elle-même dans une autre de bronze doré, sur laquelle une croix d'or du poids de cent cinquante livres, emblème en même temps du supplice et du triomphe, étendit ses bras éloquents. La basilique de Constantin fut consacrée à saint Sylvestre. Ruinée par le temps et les guerres, les papes la remplacèrent par la basilique actuelle, œuvre immense d'une longue suite de pontifes terminée par Sixte-Quint[1].

C'est devant cette balustrade que viennent avec plus de prédilection et de tendresse s'agenouiller et prier tous les chrétiens que leur bon ange conduit à Rome. Que de fronts s'y sont appuyés! que de larmes depuis celles qu'y versa Constantin! que de lèvres pieuses en ont poli le métal! J'y devais aussi pleurer un jour, et ce jour était proche; mais je rapporte ici les émotions du curieux et du sceptique. Celles du

[1] CONSTANZI. Le Instituzioni di pietà che si esercitano in Roma, con una breve notizia de' sanctuarj che si venerano essa. Rome, 1825.

chrétien, dont le cœur purifié par la pénitence n'a plus que des regrets, de la foi, de l'amour, ne se disent point sur la terre, et n'ont de langage qu'au ciel.

Une émotion étrange encore, qui fut vive du premier coup (et qui depuis ne s'est point affaiblie, loin de là !) est celle que me firent éprouver ces nombreux confessionnaux distribués dans Saint-Pierre, et qui portent pour enseignes toutes les langues de l'Europe. C'est une chose inspirée par le Saint-Esprit, comme ces cérémonies si imposantes et si belles, comme ces hymnes ravissantes qu'on chante aux offices, comme ces rites sublimes qui marquent tout le culte catholique d'un signe éclatant et divin.

Ainsi, mon Dieu, vous voulez bien qu'on vous apporte ici des souillures ramassées dans tous les coins du monde ! qu'on les y laisse, et qu'après tant de courses incertaines, on puisse dater de Saint-Pierre de Rome et de la demeure du suprême vicaire de Jésus-Christ le point de départ d'une vie toute nouvelle, où l'on sera soutenu par votre amour, et qui aura votre sein paternel pour terme et dernier but ! Oh ! ces confessionnaux, ils semblent dire tout ce qu'ils ont entendu ; il faut les voir, il faut les écouter. Tant de gens qui n'ont jamais pénétré dans un temple catholique regardent et s'informent. On leur répond : C'est tout l'homme et tout Dieu, c'est toute la religion : le repentir et le pardon, l'incertitude et la lumière ; la souffrance dans le double supplice de l'isolement et du remords, qui fait place à la communion avec les saints, avec Dieu. Qui que vous soyez, qui vous trouvez seul dans Saint-Pierre, dans Rome et dans la vie, sous quelques cieux que vous ayez vu le jour, de quelque crime que soit souillée votre âme, pauvre à n'avoir pas de pain, riche à ne pouvoir plus former de fantaisie, malheureux à ne pas éprouver même le désir d'une espérance, bourrelé de remords à ne plus goûter ni un instant de sommeil ni un instant d'oubli... allez là vous agenouiller ! Il s'y trouve une oreille pour vous entendre, un pouvoir assez grand pour vous absoudre, un cœur assez bon pour vous aimer. On ne vous demandera point quel nom vous portez, ni quel rang vous avez dans le monde : ayez seulement un repentir sincère, écoutez avec soumission cette voix qui vous dira de changer de vie.

Dieu, qui sait et qui voit, n'en demande pas davantage ; voilà la paix revenue ; voilà le ciel reconquis : le pardon descend sur vous, et celui qui vous l'accorde de la part de Dieu sait seulement qu'il vient d'absoudre un pécheur.

Mes amis avaient obtenu la faveur d'entendre la messe dans la petite chapelle si spécialement sanctifiée par ce tombeau des apôtres, le plus auguste du monde après le tombeau sacré de Jérusalem. J'y descendis avec eux. Nous y rencontrâmes un respectable vieillard, M. le comte de ***, qui puisait dans les sentiments d'une haute piété un courage que les lentes douleurs de l'âge et de la maladie s'efforçaient en vain de lui ravir. C'était, depuis dix ans, peut-être la première fois que j'assistais au saint sacrifice. C'était la première fois de ma vie que j'y faisais attention. Je me tenais derrière tous les autres, debout dans le plus sombre recoin de la chapelle, et je suivais avec une curiosité émue cette messe dont le silence solennel avait pour mon cœur je ne sais quoi de menaçant. Le comte, Adolphe et sa femme y communièrent. Lorsqu'ils quittèrent la sainte table pour revenir à leur place, je vis sur leurs traits faiblement éclairés par les cierges de l'autel tant de recueillement, tant de sérénité, la peinture enfin d'une paix si profonde, que j'en fus, pour ainsi dire, aigri. Je jetais les yeux sur Gustave : il était prosterné dans sa prière. Je me trouvais malheureux ; je trouvais Dieu injuste envers moi de m'exclure seul de cette paix et de cette joie, la même pour le vieillard mourant, pour les jeunes époux, pour le père loin de ses enfants, et souveraine dans tous ces cœurs. Il me semblait que les autres étaient en ce lieu dans la maison de leur père, que j'y paraissais, moi, comme un étranger dont on ne s'occupe pas. Certes, j'étais bien le seul injuste : car, indépendamment de Dieu, qui ne cesse jamais de s'occuper de nous, mes amis encore m'avaient présent dans leur pensée; ils m'offraient à Dieu, j'en suis sûr; ils lui disaient : Père, ne voulez-vous point aussi ramener cet enfant, qui ne vous connaît même plus depuis le temps qu'il vous a quitté? — Mais je ne savais pas tout ce que l'amour de Dieu met de charité en nos cœurs, et combien nous nous unissons dans la prière à tous ceux qui ne prient pas, pour essayer de les entraîner avec nous.

VI

LA PRIÈRE

Le soir de ce même jour, nous étions chez Adolphe. Au moment de nous séparer : « Que ne faisons-nous ensemble la prière? » dit Élisabeth.

Puis je la vis aussitôt, sur un regard de son mari qui me désignait clairement, un peu embarrassée de sa proposition et toute surprise de son embarras. Elle comprit que la prière n'était pas une de mes habitudes. Cependant elle ne pensa point qu'il fallût s'en dédire, et, quoique sa charité s'affligeât d'avoir pu me gêner, je vis qu'elle en prenait courageusement son parti. En même temps qu'elle, Adolphe et Gustave se mirent à genoux.

L'aventure, à vrai dire, ne me plaisait guère. Je m'impatientais ; je me disais que c'était me faire violence, que j'aurais grandement raison de ne point céder à cette contrainte morale. Pourtant, comme il m'était impossible de me méprendre sur le sentiment de cette bonne Élisabeth, tout en murmurant beaucoup, je m'agenouillai.

Mais Jésus a promis d'être avec ceux qui se réuniraient pour prier. Il vint au milieu de mes amis, et, sans doute touché de compassion, il ne se retira point parce que j'étais là ; il voulut bien que sa présence ne fût pas perdue pour moi. Lorsque Adolphe eut à haute voix commencé la prière : *Mettons-nous en la présence de Dieu, et adorons-le,* ma vie passa comme un éclair dans ma mémoire ; il me sembla que personne jamais ne m'avait rien dit d'aussi honorable, ni convié à rien d'aussi doux ; et je fus, par la miséricorde divine, moins loin de la disposition où il faut être pour prier.

Les formules usuelles généralement adoptées par les catholiques de France sont très douces, très simples, très belles. Je ne les répéterai point ici; j'aime à penser que tous mes lecteurs les connaissent. Bossuet, Fénelon, d'autres illustres conducteurs d'âmes, les ont composées du suc des livres sacrés ; mais elles semblent faites pour tout le monde, tant elles vont droit à tous les cœurs. Elles furent pour moi une excellente leçon de doctrine et de morale chrétiennes ; ces accents de tendresse élevés vers le ciel ; ces protestations de foi, d'espérance et de charité ; cet examen de conscience sur le mal commis envers Dieu, envers le prochain, envers nous-même ; ce pardon demandé pour toutes les fautes de la journée, cette nuit qui commence, placée sous la protection de l'ange gardien ; ces vœux de la fraternité catholique, pour les parents, pour les amis, pour les pauvres, les prisonniers, les voyageurs, les malades, les agonisants, et pour les ennemis, pour tous ceux que l'on doit chérir et pour tout ce qui souffre dans le monde ; ce pieux souvenir donné aux morts ; ces vieilles prières de l'Église enchâssées comme des pierres précieuses dans l'or pur de tant de supplications aimantes ; le *Pater,* si plein d'abandon et de filiale confiance ; le *Credo,* si vaillant et si robuste de foi ; l'*Ave,* qui mouille les yeux de pleurs : c'était cela que souhaitait mon âme, c'était la pleine lumière que j'attendais ; et toute la douce paix du chrétien, cette paix tant cherchée, cette paix que je niais parce que je ne la pouvais comprendre, me fut expliquée par un jet éblouissant de foi et d'amour.

Misère ! misère du péché ! Un instant après, je me souvenais à peine ; je ne sentais plus ; je me croyais dupe d'un de ces attendrissements que j'étais accoutumé d'éprouver à l'aspect soudain des belles choses dans l'ordre moral ou dans l'ordre extérieur : un marbre, une toile, un beau vers, une phrase musicale, le moindre trait héroïque ou touchant que nous entendons conter, produisent chez nous cette émotion et ces larmes. Un sentiment analogue, pensai-je, m'a surpris. Je le dis franchement à Gustave.

« Mon enfant, répondit-il, je ne veux pas te blesser ; mais voici l'enseignement de la foi : Dieu ne se plaît et ne réside que dans les cœurs purs. »

Je gardai un moment le silence ; puis, suivant l'usage une mauvaise pensée me vint : « Vous autres, repris-je avec quelque amertume, vous savez cela !

— Sans doute, continua-t-il doucement, et quant à moi, je peux même dire : Je n'ai que trop occasion de le savoir. Selon que je veille à la pureté de mon cœur ou que j'en néglige le soin, Dieu y revient ou s'en éloigne. Il occupe dans nos cœurs la place que nous lui faisons ; plus nous en chassons de convoitises, plus il y est ferme et durable. Lorsque, par un vrai repentir, un vrai désir de mieux l'aimer, une confession sincère, une soumission pleine et complète, nous lui abandonnons entièrement cette demeure qu'il s'est choisie en nous créant, sa promesse ne trompe point : il y vient tout entier. C'est là ce que nous sentons à une profondeur de paix, à un épanouissement de confiance, à une ardeur de sacrifice, à un débordement de sainte joie, que j'essayerais vainement d'exprimer, et que tous les doux langages de l'harmonieuse nature n'exprimeraient pas ; car ces bruits, ces murmures, tout ce qui peut s'entendre et se voir, tout, dans le monde et dans l'âme, prend alors un accent ineffable, et le chrétien, comme il porte un autre cœur, croit habiter une autre vie. Hélas ! ainsi que nous voyons, dans la ferveur, luire ces adorables merveilles, ainsi, par un effet contraire, nous les voyons perdre leur éclat, s'effacer, s'évanouir, à mesure que, laissant endormir notre vigilance et séduire notre cœur, nous détournons nos désirs du but sublime que nous leur avions donné.

— Hé quoi ! m'écriai-je, Dieu n'est-il donc pas assez puissant pour défendre ses domaines contre les invasions de l'ennemi ?

— Il n'a pas fait de nous, et je l'en bénis, répliqua Gustave, d'inertes machines, qui, n'ayant point la liberté d'obéir, n'auraient point la liberté d'aimer ; il ne lui a pas plu de nous sauver sans combat, c'est-à-dire sans mérites pour nous. Il nous laisse donc le soin et le devoir de lutter ; mais de quel secours ne nous aide-t-il pas ! sa bonté protège encore ce cœur d'où il se retire, par les souvenirs qu'il daigne y laisser, par l'adorable facilité de son retour, par cette profusion de clémence que l'âme chrétienne sait reconnaître jusque dans les punitions qui la frappent, moins pour la châtier de ses fautes que pour la réveiller de son engourdissement. Va, ceux qui prient pour toi sont loin de s'y méprendre : dans ces inquiétudes, dont ils gémissent sans doute et dont ils demandent la fin, ils adorent une des plus sensibles grâces dont Dieu puisse prévenir les âmes égarées. Leur déplaisir n'est pas que tu souffres, mais de penser que peut-être, résistant obstinément à l'effort des miséricordes, tu auras souffert en vain. Hélas ! ne sois pas le vainqueur de la grâce ; ne demeure point le triste vaincu du péché. »

Dieu permettait que la pensée de mon ami fût claire à mon intelligence. Cependant j'eus la folle méchanceté de répondre froidement que je ne le comprenais pas.

« J'ai peine à le croire, me dit-il ; pardonne-moi. Mais si tu ne comprends pas, adore donc ce que tu ne peux comprendre. Car d'où vient cela, enfin ? Pourquoi es-tu troublé de ces pensées étranges, et pourquoi s'est-il trouvé sur terre tant d'hommes intelligents que le même trouble a saisis ? Tu te sens malheureux et tu ne saurais assigner le motif raisonnable de ton malheur. Ce n'est pas la pauvreté, ce n'est pas l'abandon, ce n'est pas la servitude ; et sur tous ces points, au contraire, tu ne peux éprouver que la joie de la délivrance. Tu n'as pas lieu de marcher dans l'effroi de l'avenir ; ton cœur, humainement parlant, ne gémit dans l'amertume d'aucune privation; je ne pense point qu'une ambition quelconque t'empêche de dormir; le nom que tu portes n'est pas souillé devant les hommes ; tu ne te connais pas sur la terre un ennemi : pourtant tu te plains ! et tu as raison de te plaindre. Encore une fois, d'où vient? A mon tour, je ne comprends pas comment tu expliques cela autrement que je ne le fais.

— Si j'ai commis des fautes ? dis-je involontairement, et répondant à ma pensée plutôt qu'à son discours.

— Ah ! c'est le souvenir de tes fautes? Mais quelles fautes? Qui t'en parle? qui se lève devant toi pour t'en faire rougir? qui t'en demande raison ? qui te prouve qu'en les commettant tu n'étais pas dans le droit de la nature et de tes besoins? et qui t'a dit que les actes commis pour satisfaire tes instincts naturels fussent des fautes? Est-ce la commune renommée? une parole vieille comme les siècles et universellement admise par eux? Oui, sans doute. Eh bien ! cette parole est humaine, ou elle est divine. Si elle est humaine, qu'importe à ta raison son antiquité ? Cette antiquité ne peut prévaloir contre des instincts de nature qui sont à tes yeux certainement plus anciens, plus respectables et plus sacrés ; qui t'empêche donc de la mépriser et de vivre en paix ? Quoi ! tu nies Dieu, — ou tout au moins tu nies son pouvoir sur toi, sa créature, — et tu ne peux secouer le fait d'une erreur arbitraire, d'une misérable parole humaine, qui vient te poursuivre jusque dans le secret le plus profond de tes volontés ! tu permets qu'elle te tourmente du souvenir de mille choses accomplies, pardonnées, oubliées, regardées comme irréprochables par le monde, enfermées peut-être dans les tombeaux. A tant de faiblesse pour les combattre, et tant d'impuissance pour leur échapper, reconnais la divinité des vengeances que tu subis ; et comprends que la main assez rigoureuse pour te serrer ainsi dans les chaînes du remords peut seule te délivrer en s'ouvrant pour le pardon.

« Mais tu n'en veux pas de ce pardon si souvent offert. Qui dira si le pécheur souffre plus ou du regret de ses fautes, ou de l'amour funeste dont il les chérit ? Reconnaissant le courroux de Dieu, on nie sa clémence pour échapper aux conditions qu'il y met ; on ne veut pas avouer cette certitude, qui saisit l'intelligence, qu'ayant créé le supplice du remords, il a dû attacher les grâces souveraines du pardon et la liberté du repentir et de l'amendement pour se délivrer de tant d'ennuis et d'angoisses que les fautes commises traînent après elles. On veut bien les commettre de nouveau, leur demander sans relâche un bonheur qu'on sait qu'elles ne donneront pas, faire et refaire sans cesse, et toujours sans autres résultats que des regrets plus poignants, tout ce que la loi de Dieu a pris soin de défendre ; mais, malgré l'accomplissement surhumain de ces menaces terribles, faire ce qu'elle ordonne avec une si intarissable abondance d'adorables promesses, c'est là ce qu'on ne veut pas même essayer. Dans ton esprit rebelle, tu demandes peut-être à Dieu des miracles; pauvre créature raisonnable, je te laisse à méditer le miracle de ta folie. »

Le temps n'était déjà plus où de pareilles idées ne germaient que lentement au fond de mon âme. — Enfin, me disais-je dans le silence de la nuit, si j'allais mourir?... Et je me rassurais au souvenir de la prière qui m'avait placé sous les ailes de l'ange gardien ; puis ce sentiment me faisait éprouver une sorte de mauvaise honte ; puis j'y revenais de meilleur cœur, et je m'endormis priant Dieu, mais, pour ainsi dire, en cachette de Dieu et de moi-même, comme souhaitant de ne pas prier, et comme désirant que Dieu ne sût pas que je l'avais prié.

Il fut donc un temps, — j'ose y penser à peine, et je puis à peine le comprendre, — où je ne priais pas Dieu, où je ne pensais point à lui. Temps détesté, jours de douleur et de honte. Si j'étais mort en ce temps-là! Si la patience du Ciel, que je bravais, s'était cependant lassée! La seule pensée m'en fait frissonner, comme on a des transes encore, au souvenir d'un danger qui n'est plus. Quoi! durant de longues années, j'ai commencé, j'ai fini chaque journée sans prier! et dans ces tristes jours je n'avais pas un élan, pas un souvenir pour mon Dieu! Comment vivais-je? Comment pouvais-je vivre? Quel ange m'empêchait de tomber dans les abîmes, ou plutôt quelle miséricorde m'a retiré des abîmes où j'étais tombé? Que de fautes ont souillé ces jours funestes! Je vous rends grâces, mon Dieu, de ce que vous m'avez permis de vous connaître ; de ce que vous n'avez plus voulu qu'il me fût possible de vous offenser sans crainte et sans remords insupportables. Quelque responsabilité terrible que fasse peser sur moi la lumière où vous m'avez appelé, quand cette vive lumière, ajoutant à mes crimes, devrait être la source de mon châtiment éternel, je vous rends grâce encore de cela. Je ne sais, tant ma lâcheté est immense, si je mourrai dans votre miséricorde ou dans votre amour ; mais pourtant je l'espère, et cette espérance, que je tiens de vous, tous les misérables plaisirs de la vie ne pourraient trop la payer. Maintenant du moins je ne saurais commencer le jour, je ne saurais rien entreprendre sans me jeter à vos pieds ; et, si j'ai mérité de douter de ma prière, je sais que je dois mépriser ce doute, et que jamais une prière n'est perdue.

Mais que parlé-je de plaisirs enlevés! Ai-je, en effet, renoncé à quelque chose qui soit digne du moindre regret! Je me les rappelle, ces heures de plaisir, ces heures d'oubli. Oh! que j'étais malheureux! j'assistais à la ruine de moi-même. Ce que j'avais caressé, nourri, longtemps entretenu dans mon cœur, affections, projets, désirs, — tout cela s'évanouissait, tout cela mourait avec déchirements et tortures. J'étais comme une mère condamnée à ne point enfanter et qui sentirait ses enfants mourir dans son sein. Mes enfants, c'étaient mes illusions de jeunesse, mes sympathies, mes pauvres et stériles croyances d'impie, mes amitiés mondaines, ces choses que j'avais ardemment poursuivies, et que je n'aimais plus au moment de les atteindre, ces belles apparences qui ne me laissaient enfin saisir que des cadavres, ces cœurs qui se détachaient du mien au premier choc, ces amis qu'un jour d'absence me faisait oublier. Je pensais, dans une angoisse affreuse: « C'est donc cela la vie ! » Et, désenchanté d'avance de toute impression agréable, prévoyant l'inévitable moment de mes dégoûts, ce que j'aimais encore, je ne l'aimais déjà plus; je m'écriais avec larmes, avec colère, que je ne supporterais pas ce supplice longtemps.

Maintenant je supporterai tout. Que si je regarde ce besoin d'aimer dont les déceptions m'enfonçaient chaque jour dans le cœur mille poignards, ce cœur maintenant renferme un amour: c'est le vôtre, ô mon Dieu, au feu duquel se ranimeront sans cesse toutes les nobles affections, et qui est éternel. Nul dévouement ne me lassera sans doute, puisque vous daignez me faire une loi de l'amour et du dévouement. Et quant à mes croyances, ô bienheureux serai-je du jour où je ne croirai plus qu'en vous ! Que m'importe aujourd'hui de voir se flétrir, tomber, disparaître telle ou telle croyance parasite que j'avais gardée encore? Je ne tiens point à ces hochets de ma liberté ; je porterai moi-même la hache à toute croyance que je saurai n'être point issue du tronc de la foi. Et quant aux joies, aux enivrements dont je cherchais le sommeil, combien il s'élève au-dessus de ces empressements frivoles, l'homme qui voit sourire les anges à chaque larme qui tombe de ses yeux ! *Fiat voluntas tua. Amen.*

VII

LES AMIS DE SAINT FRANÇOIS

Élisabeth, Adolphe et Gustave, tous trois pieux et pleins de ferveur, comme ils n'aimaient rien tant à visiter qu'un lieu saint, ou qu'un saint personnage, n'avaient pas aussi de plus cher sujet de conversation que les beaux récits offerts par la vie des élus de Dieu. Dans les commencements, je n'étais pas peu surpris de cette douce et sereine confiance avec laquelle ils s'entretenaient de mille faits surnaturels, anciens ou récents, que j'avais toujours traités d'inventions puériles, et que j'aurais cru que les chrétiens sensés n'admettaient pas. Mais je ne pouvais douter ni de leur raison ni de la probité de leurs croyances; ils étaient simplement devant moi ce qu'ils étaient entre eux; je le savais, et je ne me scandalisais pas. Tout au contraire, je finis par prendre intérêt et plaisir à ces discours si nouveaux pour moi. La poésie ne peut rien inventer de charmant, d'élevé, de dramatique (on voudra bien, j'espère, me pardonner le mot) dont les récits qui se font entre chrétiens n'apportent à toute heure des exemples délicieux. Nulle part le grand spectacle de l'intervention divine n'apparaît plus souvent et avec de plus douces clartés; nulle part l'action de ce pouvoir souverain qui veille paternellement sur le monde et sur chaque individu ne vient plus à propos consoler, raffermir, éclairer le cœur. Mes amis (j'ai déjà eu l'occasion de le dire, et je le remarquais sans cesse) me semblaient les fils d'un roi puissant, qui recevaient mille preuves du constant amour de leur père, qui le bénissaient, qui s'entretenaient avec sécurité de lui, de ses amis, de son royaume, où ils comptaient bien retourner.

Je les écoutais donc; je les écoutais avec plaisir; quelquefois même, pauvre paria parmi ces enfants d'une caste divine, je les écoutais avec envie. Soit que l'espoir me berçât d'obtenir plus tard le haut titre qu'ils portaient, soit que je fusse agité d'un pressentiment funeste et contraire, je leur savais un gré infini de me souhaiter leur bonheur, de le demander pour moi, de m'associer, autant qu'il leur était possible, au ravissement de leurs espérances, espérances si fermes, que je les aurais prises pour des souvenirs.

Un jour, nous promenant sur le *Monte-Pincio*, près duquel était notre demeure, ils parlaient de la bonté d'un saint vieillard dont le nom seul m'était alors connu, mais que je devais par la suite vénérer à mon tour et bénir. Adolphe, après de longs récits de sa tendresse et de sa douceur, — grâce de Dieu encore que ces longs récits! a l'avance ils affermissaient dans mon âme la confiance filiale qui remplirait plus tard d'abandon et de sécurité mes repentirs; — après ces récits, dis-je, Adolphe vint à citer l'exemple de saint François d'Assise, le séraphin de la terre, aimable et bien-aimé entre tous les séraphins du ciel. Il nous dit comment saint François d'Assise, voyant un jour des oiseaux en cage, leur cria : « Tourterelles, mes sœurs, qui donc vous retient prisonnières? » et s'affligea de leur captivité.

« Oh! que j'aime cela, dit Gustave, et que je le conçois bien! Notre âme a quelquefois de ces sentiments, quand la prière lui a rendu sa tendresse et sa pureté. Oui, parfois, en nous promenant dans les campagnes, nous remettons sur la haie, de crainte qu'on ne l'écrase, l'insecte qui s'est laissé tomber. Mais chez nous c'est l'impression d'un instant, et cette exubérante charité fut la vie de saint François.

— Et, continua notre cher Adolphe, nous n'obéissons pas au pieux sentiment du Séraphique, lequel, en protégeant les vermisseaux, trouvait moyen d'adorer le Sauveur, se rappelant que Jésus a dit une fois : « Je suis un ver, et non un homme. » — Combien ne devons-nous pas être doux pour les créatures, cependant! Elles souffrent parce que la terre est punie, et la terre est punie à cause de nos péchés. Voilà pourquoi nous sommes en guerre avec toute la nature. Saint François avait si bien vaincu le péché, si bien rétabli son âme dans la pureté de son origine, qu'aucune hostilité n'existait plus contre lui dans le monde. Il était en paix avec les êtres, avec les éléments, comme avec les hommes et avec lui-même. Tout ce qui le vit, l'approcha et put l'entendre, en reçut mille témoignages de tendresse et les lui rendit. Il aima toutes choses, toutes choses l'aimèrent. Soumis aux souffrances, parce qu'il était né d'une chair coupable, mais devenu l'enfant de la foi et de la grâce, il portait sur la terre des marques de sainteté qui brisaient partout autour de lui le sceau de l'anathème; Dieu le revêtit d'une splendeur dont il n'a pas voulu lui-même entourer son corps mortel. On ne peut dire de saint François qu'il fit des miracles : le miracle, c'était lui-même; les prodiges sortaient de lui comme les rayons sortent du foyer. Il fut au milieu de la nature ce qu'était le premier homme dans l'Éden de son innocence: un possesseur jouissant du plein amour des êtres et des choses, sur lesquels il régnait en paix. Sa vie, écrite par saint Bonaventure, d'après les dépositions d'une foule de témoins oculaires, en renferme mille preuves singulièrement touchantes.

— Parlez-nous-en, dit Élisabeth, car j'aime beaucoup saint François; il n'y a pas de bonheur ici-bas qui me semble plus charmant que cet accord de charité dont les saints sont unis avec tout ce qui est innocent et pur.

— Eh bien! reprit Adolphe, le saint, passant un jour près de Bevagno, vit un lieu sur son chemin où beaucoup d'oiseaux d'espèces différentes s'étaient rassemblés. Il se dérangea quelque peu pour ne point les troubler, et les salua comme s'ils eussent été des êtres raisonnables. Les oiseaux ne se dispersèrent point; mais, au contraire, se tournant vers lui et allongeant le cou, ils paraissaient désirer qu'il s'approchât. Alors il leur fit un discours : « Mes frères ailés, vous devez toujours louer votre créateur et l'aimer, lui qui vous a revêtus de plumes, qui vous a donné des ailes et qui pourvoit à tous vos besoins. Il vous a fait avant toutes ses créatures, et vous a assigné pour séjour les régions pures de l'air; sans que vous semiez, sans que vous moissonniez, sans que vous ayez à vous en occuper jamais, il vous conduit et vous nourrit. » Les oiseaux le regardaient attentivement, s'agitant d'une manière merveilleuse, ouvrant le bec et battant des ailes tandis qu'il parlait. Il alla au milieu d'eux, en toucha quelques-uns avec sa robe, aucun ne bougea; enfin ils ne s'envolèrent qu'après qu'il leur eut donné sa bénédiction. Et lui, dans la simplicité de son cœur, ayant vu cela, se fit des reproches de n'avoir jamais jusqu'à ce jour parlé aux oiseaux. Il se rendit ensuite dans un bourg où il voulut prêcher le peuple dans la rue; mais sur les toits une quantité d'hirondelles gazouillaient si fort, qu'on l'entendait à peine. Il leur dit : « Hirondelles, mes sœurs, vous avez assez parlé : il est temps que j'aie mon tour; écoutez donc en silence la parole du Seigneur. » Les hirondelles, comme si elles l'avaient compris, se turent à l'instant et ne bougèrent plus.

« Il avait une grande prédilection pour les agneaux. Plusieurs fois il en délivra qu'on allait égorger, et qu'il achetait d'une pièce de son vêtement. S'il passait au milieu d'un troupeau, jeunes et vieux se pressaient autour de lui, relevaient la tête et le regardaient fixement, à la grande surprise des bergers et des frères. Un jour, près de Gressia, on lui apporta un levraut vivant qui venait d'être pris dans un piège. Il fut touché de compassion. « Comment t'es-tu laissé prendre au piège, lui dit-il, levraut mon frère? » L'animal, ayant été mis à terre pour qu'il pût s'enfuir, sauta vers François et se cacha dans son sein. Celui-ci, après l'avoir caressé comme aurait pu le faire une mère, le voulut laisser aller; mais, attiré par un charme secret, le levraut revenait toujours vers le saint homme, qui fut enfin obligé de le faire porter par un de ses frères assez avant dans la forêt. Pareille chose arriva d'un oiseau aquatique pris sur un lac près de Rietti. Un brochet qu'on lui avait apporté en ce même endroit, et qu'il rejeta à l'eau, nagea auprès de sa barque jusqu'à ce qu'il lui eût donné une bénédiction. Tout lui était occasion de bienfait, tout lui était enseignement de prière. A Portiuncula, une cigale perchée sur un figuier près de sa cellule chantait, et l'excitait à prier par son chant. Il l'appelle, elle vole sur sa main. « Cigale, ma chère sœur, lui dit-il, loue Notre-Seigneur, ton Créateur. » Elle se mit aussitôt à faire son petit bruit joyeux, jusqu'à ce qu'il l'eût renvoyée à sa place sur le figuier; elle y resta huit jours, allant et venant à sa volonté. Alors il dit à ses compagnons : « Donnons à présent congé à notre sœur la cigale; car elle nous a réjouis assez longtemps depuis huit jours qu'elle nous excite à louer Dieu. » La cigale obéissante disparut sur l'heure et ne reparut point. La première fois qu'il visita le mont Alverne, à son retour d'Espagne, un grand nombre d'oiseaux volèrent autour de la cellule que les frères avaient bâtie pour lui, chantant et battant des ailes. Il vit un indice de la volonté divine dans cette joie que les oiseaux témoignaient à sa venue, et résolut de s'arrêter quelque temps en ce lieu. Pendant son séjour, un faucon dont l'aire était voisine le prit en grande amitié; par son cri il l'avertissait de l'heure à laquelle il avait coutume de prier. Quand le saint était malade, le faucon, afin de le ménager, retardait son signal; et si alors, vers le point du jour, sa voix, comme une cloche intelligente, saluait le matin, il avait soin d'en modérer et d'en affaiblir le son.

« Mais ce n'était pas seulement aux êtres animés que François prodiguait les effusions de cet amour infini. Avec les mêmes effusions il admirait et louait la beauté des fleurs, voyait en elles, dit un autre de ses biographes, témoin oculaire, un reflet de la fleur impérissable et divine que Dieu fit épanouir sur la tige de Jessé. Lorsqu'il en trouvait beaucoup ensemble, il se laissait aller avec elles à un pieux et simple entretien. De même il invitait à aimer Dieu les moissons, les vignes, les pierres, les forêts, la beauté des plaines, la fraîcheur des eaux, la verdure des prés, tous les éléments. Il contemplait avec de tendres désirs et une joie inexprimable la magnificence des cieux, miroir où il voyait la face du Créateur. Et, comme il s'était donné à Dieu pour serviteur avec un dévouement sans bornes, les éléments, ces agents de Dieu, semblaient être devenus aussi ses serviteurs dévoués. Un jour que les médecins allaient lui appliquer un fer rouge aux tempes, il bénit ce fer, et lui dit : « Feu, toi qui es mon frère, le Très-Haut t'a fait avant toutes choses, et t'a fait beau, utile et puissant : sois-moi donc favorable aujourd'hui, et daigne Dieu adoucir ton ardeur, de telle sorte que je puisse la supporter. » Le fer fut appliqué, et le saint s'écria : « Mes frères, louez avec moi le Très-Haut, le feu ne me brûle pas, et je ne sens aucune douleur. » Au rapport des mêmes témoins, l'eau pour lui se changea en vin lorsqu'il l'eut bénie; et un jour que dans une violente maladie il désirait de la musique pour élever son cœur au Tout-Puissant, l'air, s'ébranlant de lui-même, fit entendre d'harmonieuses vibrations.

François, qui n'était pas moins grand poète et grand orateur que grand saint, a d'ailleurs magnifiquement lui-même chanté la tendresse radieuse et naïve dont la surabondance de son amour pour le Créateur enveloppait l'universalité des choses créées. L'allégresse de son âme éclate à chaque mot de cet hymne où il célèbre Dieu dans la merveilleuse beauté de ses ouvrages. Ce cantique célèbre se nommait le Chant du soleil. François et ses frères le chantaient souvent, et les Actes des saints rapportent que des ennemis irréconciliables l'ayant entendu à sa prière, après qu'il eut ajouté une strophe en l'honneur de ceux qui persévèrent dans la paix, il ne fallut point d'autres discours pour les décider à s'embrasser et à se demander mutuellement pardon. Tels sont les chants sans doute que les harpes séraphiques accompagnent dans le ciel.

— La même religion, dit Élisabeth, produit encore dans de nobles cœurs ces nobles affections. Je n'ai rien à citer d'aussi beau que ce qui vient d'être dit; mais une vénérable religieuse que je connais est comme saint François, qui plaignait les tourterelles captives, et comme cette autre chère sainte qui, joignant les mains lorsqu'elle rencontrait une fleur, pleurait de reconnaissance, remerciant Dieu d'avoir fait cette fleur si belle et de l'avoir placée sous ses pas. Cette bonne religieuse ne peut voir souffrir les créatures, même les créatures inanimées; elle serait peinée si l'on effeuillait un bluet devant elle, à moins que ce ne fût pour les processions de la Fête-Dieu. L'hiver, elle ne mange pas tout son pain, elle en garde une part pour les oiseaux, et la nuit, dans l'été, lorsqu'il fait de l'orage, elle ne peut dormir, non que le tonnerre lui fasse peur, mais elle est navrée en pensant à l'épouvante de ses pauvres amis les oiseaux, que le tonnerre réveille et qui tremblent sous la feuillée. Nous, petites filles, autrefois cela nous faisait sourire. Pourtant, au fond de l'âme, nous en étions touchées; car la chère religieuse n'est point craintive pour elle-même, et n'épargne point ses peines. Souvent je pense à elle quand j'entends chanter les oiseaux, et je suis bien sûre qu'aucune de celles qui l'ont aimée ne voudrait inutilement fouler une fleur ni tourmenter un papillon.

— Et vraiment, reprit à son tour Gustave, pourquoi fouler une fleur, destinée peut-être à réjouir quelque bonne âme qui marche derrière nous préoccupée de soucis, et à qui la vue de cette fleur pourra fournir de consolantes distractions? Dieu attache souvent de si grands desseins à tant de petites circonstances, qu'il doit nous être doux de respecter et de laisser vivre, autant que nous le pouvons, toutes les innocentes choses auxquelles il lui a plu de donner la vie. De même qu'un cheveu ne peut tomber de notre tête sans sa permission, un brin d'herbe ne sort pas de la terre qu'il ne l'ait voulu; il a eu son but en le voulant : c'est assez pour que nous ne détruisions rien sans motif, et il est aisé de comprendre pourquoi jamais un saint n'a été dévastateur.

— Mais, dis-je, nous voilà bien embarrassés avec ce système, et nous n'oserons plus maintenant faire un pas.

— Oh! s'écria Gustave en souriant, que cela ne t'arrête! Si, entre toi et ton confesseur, il y a un champ de plantes précieuses, traverse le champ, foule, écrase sans regarder où tu mets le pied. Ton âme est plus précieuse à Dieu que toutes ces choses, qu'il saura bien faire refleurir en nombre assez grand pour réjouir les yeux de toute l'humanité : l'homme n'anéantit point les semences. J'ai voulu dire seulement que la religion nous apprend à ne rien gâter sans but, et que cette surabondance de tendresse dont elle enrichit les cœurs n'est point un sentiment qu'on ne puisse justifier par de très légitimes et de très sages raisons, même lorsqu'il s'applique à l'insecte, au brin d'herbe, à l'étincelle et à la goutte d'eau. »

Ainsi Dieu plaçait dans la bouche des amis qui m'entouraient mille paroles dont aucune n'était indifférente au dessein de miséricorde dont j'ai éternellement à le bénir.

VIII

AURORE

Quelques jours plus tard, j'errais seul sous les yeuses de la villa Borghèse; je songeais au long voyage que je m'étais proposé en quittant Paris, et qu'alors je croyais encore accomplir. Je comptais aller en Asie, traverser des déserts, courir peut-être des dangers. J'envisageais ces dangers. Puis mes réflexions se détournèrent, parce que je vis un ver qui rampait à mes pieds. Il me fit horreur, j'eus envie de l'écraser; mais je pensai : Je rampe et je suis horrible devant Dieu plus encore que ce ver ne rampe et n'est hideux devant moi. Comme lui j'ai attaqué à leur racine bien des plantes utiles; mais il cherche sa vie, et ce n'est pas ma vie que je cherchais; mais il n'a détruit aucune espèce de plantes, et que sais-je si je n'ai pas fait mourir plus d'une âme? Cependant je vis. Pourquoi tuerais-je ce ver, quand Dieu m'a laissé la vie? Je m'éloignai, je revins à mes préoccupations. Voilà, me dis-je, que par une pensée éveillée dans mon cœur Dieu a protégé l'existence d'un pauvre ver; il saura donc bien mettre dans le cœur des hommes des pensées qui protégeront ma vie.

J'arrivais!

IX

ROME

J'avais pris enfin l'habitude de la prière; je ne rougissais plus, et je ne trouvais pas surprenant de prier. — A Rome, grâce à Dieu, les églises sont pleines de chefs-d'œuvre, et plusieurs d'entre elles étaient même, dans la Rome d'autrefois, ou des édifices publics, ou des temples païens, dont le vrai Dieu s'est emparé. Nous allions voir les thermes de Dioclétien : un pape les a donnés à Buonarotti pour qu'il en fît l'église Sainte-Marie-des-Anges; le Panthéon : la croix y resplendit, le Christ y règne, seul comme au ciel, dans l'éternité du Père et du Saint-Esprit; le Colisée : c'est là que la croix est belle! O mon Dieu, cette humble croix de bois sur un humble calvaire, au milieu de cette arène trempée du sang de tant de martyrs, quelle prédication! Le *Moïse* de Michel-Ange est à Saint-Pierre-aux-Liens; des fresques de Raphaël ornent les murailles de Sainte-Marie-de-la-Paix; d'admirables figures du Dominiquin enrichissent la coupole de Saint-André *della Valle;* les plus beaux marbres, les plus curieux et les plus délicats ouvrages abondent à Saint-Jean-de-Latran, à Sainte-Marie-Majeure, au *Gesù,* à Saint-Ignace, à Sainte-Marie-du-Peuple, et dans une quantité d'autres lieux saints que je ne saurais tous nommer ici. Nous en visitions plusieurs chaque jour; il en était où nous ne nous lassions pas de revenir. Avant toute chose, mes compagnons, en y entrant, rendaient hommage au maître du lieu : ils s'agenouillaient pieusement devant l'autel, et souvent mon cœur, plus encore que les convenances, me disait de les imiter. Que demandais-je à Dieu? J'avais une prière qu'il m'avait lui-même enseignée. Ayez pitié de moi! c'était le cri de ma faiblesse; car, au milieu de cette foi naissante, j'étais si combattu, que je ne pouvais former un désir; ou plutôt tant de désirs contraires se succédaient en moi, et si vite, que je ne pouvais savoir ce que je désirais véritablement, et que je souhaitais toujours ce que je n'éprouvais pas. Pressé par ma raison, pressé par ma conscience, et (je crois que je puis le dire aussi) pressé de Dieu, me sentais-je tout près de faire enfin profession de foi chrétienne, d'aller enfin me jeter aux pieds d'un prêtre, et de mettre entre mon passé et mon avenir la barrière d'un engagement sacré... : tout aussitôt le regret de ce qu'il me fallait quitter serrait mon cœur dans une étreinte de fer. Je me donnais les lâches raisons qu'on se donne toujours : Que j'étais bien jeune; que je n'avais pas commis tant de fautes; que sans doute Dieu m'avait pardonné puisqu'il me laissait vivre; qu'il pardonnerait encore; que des erreurs innocentes, ou des emportements de jeunesse, n'étaient pas dignes de son courroux; que, s'il était bon, je n'avais rien à craindre; que, s'il était injuste et sévère (pardonnez-moi ces blasphèmes, Seigneur), mes prières ne me sauveraient pas, et que j'avais bien le droit de me révolter... Et ces lâchetés ramenaient tous les doutes. Qui m'assurait de la divinité de l'Église? qui me persuadait que Dieu, par un secret renfermé dans sa pensée souveraine, n'avait pas abandonné le monde aux œuvres du monde? Ne s'était-il pas décidé à laisser vivre l'homme comme il l'entendrait, maître de suivre l'un ou l'autre des penchants divers qui le combattent toujours, ayant pour seule récompense ou pour seule punition ou la paix ou le trouble de son âme? Évitant d'envisager plus à fond ces sophismes, je me hâtais de secouer

Le Colisée.

toute pensée, tout projet de conversion. Je laissais errer mes yeux, je laissais errer mon cœur avec une ivresse emportée, dans le monde de tous mes anciens délires, comme dans un domaine enchanté où j'avais failli échanger les jouissances contre la tristesse et l'ennui d'une prison. Il n'était coupe amère et breuvage empoisonné dont mes lèvres s'étaient détournées jadis avec dégoût, qui ne me parût délicieuse, et où je ne voulusse boire à satiété. J'entassais les projets, je rêvais toutes les indépendances, je me promettais de faire en sorte que je n'aurais à répondre ni de mes actions ni de mes pensées; il me semblait trop cruel même de ne pouvoir être fou. Réfugié au sein de mes mauvais souvenirs, et plus coupable dans mes vœux que je ne l'avais été dans mes œuvres mêmes, je me reprochais ce que j'avais eu de retenue et de paresse; je me reprochais d'avoir été fatigué, de n'avoir pas saisi toutes les occasions de mal faire. C'est pour cela, me disais-je, que l'ennui m'a désolé. Et l'homme, le pauvre être misérable qui tout à l'heure s'enthousiasmait au spectacle de la vie des saints..., maintenant, évoquant d'autres images, se forçait une espérance d'imiter ces héros de l'enfer qu'il avait vus, libres et gais sous le faix des scandales, montrer effrontément partout un visage où la conscience anéantie ne faisait plus monter aucune rougeur. « Je ferai comme eux, j'ai autant d'esprit, j'aurai autant de hardiesse; je triompherai de moi, et je triompherai d'eux encore; je les effacerai. » Mille visions folles, stupides, m'emportaient loin de Rome, loin de mes amis, loin de Dieu surtout, au milieu de Paris parmi les âmes infortunées que j'y avais aperçues; rêvant les succès misérables qui s'y font, et les applaudissements des théâtres, et les éloges des journaux, et la confraternité des orgies, des trahisons, des luttes, tant que pourrait aller mon esprit, tant que pourrait aller mon corps, jusqu'à ce que je fusse épuisé, assouvi, repu... Et alors, disait une voix qui me faisait rougir, que j'aurais voulu ne pas entendre, mais qui partait des profondeurs de mon âme, alors tu te convertiras! Je cachais dans mes mains mon visage, où il me semblait que ces odieuses pensées imprimaient un sceau de bassesse; je versais des larmes de dépit, je m'écriais presque avec colère : « Si vous êtes Dieu, ayez pitié de moi! » Ces emportements me persécutaient au pied des autels comme ailleurs. Parfois je m'en faisais un argument contre Dieu, qui ne savait pas leur défendre l'entrée de ses temples; parfois ils me rappelaient cette sage parole : Dieu habite les cœurs purs.

Mes regards se portaient sur ces chers amis, en prière à mes côtés; et quelle douce paix je devinais dans leur prière! Je les comparais à ceux que je me proposais tout à l'heure d'imiter. Ne ferais-je pas mieux, me disais-je, de prendre pour modèles ceux-ci? L'effort serait sans doute plus honnête; serait-il moins glorieux? Le prix en est-il moins assuré? Je cherche la paix : ils la possèdent; je souhaite des triomphes misérables : ils triomphent, eux, du sentiment qui me les fait souhaiter. Je les aime, je les estime, et tout le résultat de mes entreprises serait d'arriver à des succès dont ils me plaindraient, dans la fermeté de leur esprit et dans la délicatesse de leur cœur. S'il m'est facile de faire plus mal que d'autres, ne m'est-il pas aussi bien possible de faire aussi bien que ceux-ci? J'aurais la force d'étouffer ma conscience, et je n'aurais pas celle de maîtriser mes passions! Qu'est-ce que l'indépendance que je me promets? et, après tout, qui peut se vanter d'en jouir? Le plus effréné dépend de mille choses : que le remords se soit tu dans son âme, il dépend toujours de ses impuissances, de ses craintes; de l'opinion, s'il la respecte; du mépris public, s'il ne la respecte plus. Il dépend de la loi, aux barrières de laquelle arrivent bientôt ses désirs, et s'il brave enfin les lois, alors il dépend des geôliers; et tous les jours, à toute heure, il dépend de la mort. L'homme a beau s'abandonner à ses désirs, il n'en épuise pas le nombre; et d'un seul désir assouvi naissent des immensités d'autres désirs qu'il n'assouvira jamais. Vainement il en appelle à sa raison : qu'importe la mesure à qui veut l'infini? La raison lui fait toucher les murailles de l'impossible, et il va se désespérer avec elle au pied de ces limites inexorables, au delà desquelles il place follement l'asile de ses félicités. Tout au contraire, le chrétien, bornant ses souhaits et ses efforts au seul accomplissement d'une loi qu'il croit divine, n'a que des volontés dont il peut toujours atteindre le but; il ne dépend véritablement que de cette loi qu'il adore, et sa dépendance est aussi sa joie; il s'affranchit du joug que font peser sur nous les désirs qu'elle lui ordonne de mépriser; et, lorsque nous succombons enfin, pleins de regrets, d'épouvante et de colère, à la conviction de notre impuissance et de notre folie, lui, franchissant l'abîme de la mort comme un étroit fossé, se repose d'avance, par la foi, dans cet infini que nous désespérons de saisir. Ainsi plus libre, plus sage et plus heureux, il acquiert tout, en renonçant à l'impossible; tandis que tout le prix de nos efforts est de savoir que nous poursuivons en vain ce qu'il possède déjà.

Quels rêves dans ces cœurs! me disais-je encore; et quels rêves dans le mien! L'on nous voit vivre, causer, sourire ensemble, ensemble admirer les mêmes choses, jouir du même soleil, écouter les mêmes bruits; en mille occasions comprendre, penser, sentir de même. Qui pourrait dire en quoi nous différons? Là cependant sont de chastes souhaits qui s'élèvent jusqu'au ciel, des regards qui contemplent les anges, des espérances qui s'épanouissent dans le sein de Dieu; ici des souhaits qui craindraient de parler, des regards honteux de tout ce qui les séduit, des espérances de ténèbres, vapeurs impures qu'exhale un fumier de détestables souvenirs. Là de fermes résolutions d'obéir en toutes rencontres aux plus nobles lois qu'ait reçues la terre; ici de chancelantes volontés que le moindre souffle peut tourner en mal. Là le libre essor d'une confiance filiale, tranquille sur les joies qu'elle se permet, heureuse des privations qu'elle s'impose; ici de louches transactions, une crainte d'esclave au bord de mille œuvres douteuses, des convoitises jalouses, et toujours plus de regrets et de remords que de contentements. Là d'amicales attentes, épiant, pour s'en réjouir, tous les germes de bien qui peuvent se montrer dans mon âme; ici de secrètes malveillances, qui voudraient découvrir chez les autres les plaies qu'ils cherchent à guérir en moi-même. Là, pour tout dire, la foi, la charité, l'espérance et les œuvres; ici le doute, le soupçon, l'envie et les avortements! Deux plantes qui croissent sur le même sol, à si peu de distance qu'elles confondent leurs rameaux, mais dont l'une est stérile et vénéneuse, dont l'autre donne de belles fleurs et des fruits bienfaisants, ne diffèrent pas davantage. Cependant un prodige est possible, et je l'ai vu de mes yeux s'accomplir : cette plante mauvaise peut changer de nature, elle peut puiser dans le sol d'autres sucs, elle peut demander à l'air d'autres principes qui la modifieront; et, comme sa compagne, elle se couvrira de douces fleurs, elle portera de nobles fruits, elle verra tomber à ses pieds tant d'insectes qui la rongent; et malgré l'hiver, et malgré les orages, aussi longtemps qu'elle restera sur la terre, elle sera vigoureuse, utile et belle. Quel miracle est-ce là? Et si je ne puis nier ce miracle, quel autre signe de sa bonté toute-puissante demanderai-je à Dieu? Il éclaire en nous du plein jour de la conscience l'immensité de nos corruptions; il nous en inspire le dégoût; il y mêle un ardent désir d'en être délivrés; il nous convainc par des exemples multipliés de la possibilité de cette délivrance : puis-je penser qu'il voudra bien en rester là, qu'il me permettra de rester inerte lorsqu'il ne veut pas que je reste aveugle et sourd? Non, les punitions dont il parle ne sont point de vains épouvantails : il est trop puissant pour mentir, et n'a trompé ni dans ses promesses ni dans ses menaces. Béni éternellement, ou éternellement réprouvé, point de milieu ! et mes incertitudes ne peuvent pas même se réfugier dans la sombre espérance du néant. Si le néant était la punition suprême, j'éprouverais, à la pensée du néant, cet effroi insurmontable que m'inspire la pensée de l'enfer. — Pourquoi ai-je peur de l'enfer ? — C'est une terreur de mon enfance ? Dans mon enfance on m'a épouvanté aussi des revenants, des sorciers, des fantômes de la nuit, et la raison m'a débarrassé de ces craintes ; pourquoi ne m'a-t-elle pas débarrassé de la crainte de l'enfer ? Si je n'ai vu ni sorciers, ni revenants, ni fantômes, je n'ai pas vu davantage l'enfer. — C'est une invention des prêtres ? Qu'importe ! est-ce que ma raison devrait accorder plus d'autorité aux inventions des prêtres qu'à celles des poètes et des nourrices ? Est-ce que je crois aux récits de Milton, au paradis de Mahomet, à aucune des mythologies de l'antiquité ? D'où vient donc que j'incline tant aux croyances de l'Église catholique, — si ce n'est que de secrets instincts, combattus, je le sais, et je sais aussi pourquoi, mais irrésistibles, m'y poussent, et que ma raison y pressent la vérité ?

Ainsi j'allais et je revenais dans cet espace où Dieu m'avait placé, entre le monde et lui. Et je dis entre le monde et Dieu, parce que déjà je n'étais plus dans le monde ; en quittant Paris, je l'avais quitté ; l'abîme me tentait, mais je n'y pouvais pas tomber, ou du moins je ne pouvais m'y submerger entièrement. Je demandais à Dieu d'avoir pitié de moi, et sa pitié était la planche de salut qui me soutenait sur les flots. A Rome, mille bruits ne venaient plus étouffer entièrement dans mon âme la voix qui depuis si longtemps y gémissait en vain. Tout aidait, au contraire, à l'action de cette voix secourable ; les pierres mêmes, me rappelant, à chaque pas que je faisais, quelques-uns de ses accents, lui servaient de preuves pour me convaincre, me conjuraient de l'écouter et de lui obéir. Rome est une prédication constante ; les temps y sont rassemblés, les choses s'y accordent pour confesser Jésus-Christ. Voici les statues des dieux et des empereurs ; maîtres du monde, qui donc vous a fait descendre du ciel, et quelles armes vous ont détrônés ? Voici les bustes des écrivains et des sages : ô philosophes ! ô penseurs profonds ! vous adoriez tous les vices, ne sachant comment les vaincre ; vous attachiez par des chaînes vos dieux lares, de crainte qu'ils ne quittassent vos demeures ; vous cachiez soigneusement le nom de vos dieux tutélaires, afin qu'un ennemi, venant à les connaître, ne les séduisît pas par des présents plus riches que ceux dont vous les honoriez ! Sénèque, vous preniez part à l'apothéose de Claude ! Cicéron, votre ferme esprit se troublait d'un présage, et, au fond de toutes les doctrines que l'esprit humain peut inventer, vous proclamiez l'incertitude du savoir, l'impuissance de la raison ; vous appeliez une révélation de la Divinité ! Voici la trace encore visible des dévastations des barbares : qui donc a pu discipliner les barbares ? Voici les images des apôtres : artisans et pêcheurs de la Judée, hommes simples et sans lettres, qui vous a faits plus savants que les sages, plus puissants que les empereurs? par quel art avez-vous renversé les dieux de Rome et du monde? par quelles victoires avez-vous établi le pouvoir qui vous dresse ici, et dans tout l'univers, des statues et des autels?

Et ainsi de tout ce que l'on voit. Rome est bien ce *livre des ignorants* dont parlait un bon pape, qui voulait que les églises fussent couvertes de peintures et de sculptures, où le pauvre peuple pourrait toujours lire couramment les belles histoires de la religion. Si les lieux saints de Rome semblent être des musées embellis par le génie des arts, les musées, à leur tour, y pourraient souvent passer pour des chapelles où l'art est ennobli par le génie de la foi. L'Écriture s'y déroule en mille tableaux, tracés par des pinceaux sublimes; partout sont les grandes scènes des Évangiles, quelquefois si douces et si touchantes, quelquefois si douloureuses, toujours remplies de si hauts enseignements. Les saints, resplendissants de paix et d'espérance, les martyrs, aussi calmes dans les tourments que dans la prière, les prophètes inspirés, les apôtres glorieux, l'enfant Jésus et sa céleste Mère, y sanctifient en quelque sorte jusqu'à la curiosité, et font du plaisir des yeux une admirable leçon pour le cœur. Non seulement je puisais, avec l'aide de mes amis, dans ces visites une instruction des choses saintes qui m'avait manqué, j'y recueillais encore d'imposants témoignages. Ces saints, ces martyrs, ces hommes illustres des âges chrétiens, dont je voyais les images; ces grands artistes dont j'admirais les œuvres; ces papes, les tuteurs du monde, plus puissants par la foi, par la sagesse, la patience et l'amour, que jamais conquérant n'a su l'être par la force du génie et par la force des armes, — ils avaient cru; ils attestaient par une succession de dix-huit siècles, par l'autorité de tous les événements, de toutes les pensées, de toutes les œuvres, de toutes les sciences, et les dogmes que l'on me proposait de croire, et les merveilles qui m'étaient racontées; et plusieurs parmi eux, convertis miraculeusement, ne laissaient pas dans mon esprit un doute qui pût s'appuyer de l'ombre d'une raison.

Et j'éprouvais un immense mépris pour moi-même en considérant ce qui m'empêchait d'être encore de la religion des grands hommes, des saints, des vierges, des martyrs; de la religion qui était déjà celle de ma raison et de mon cœur.

Soyez béni, mon Dieu, d'avoir eu si tendrement pitié de moi! d'avoir mis dans mon âme un sentiment de justice que je ne pouvais vaincre, un sentiment d'honneur que je ne pouvais étouffer et qui murmurait toujours! de m'avoir soumis aux continuelles persécutions de la conscience, à l'implacable dégoût de mes plus violents désirs, à l'insupportable remords de mes mauvaises actions! et, quand vous avez vu que toutes ces choses ne suffisaient pas, de m'avoir enlevé soudainement du théâtre de mes misères, comme on emporte un enfant malade pour lui faire respirer sous d'autres cieux un air meilleur! Soyez béni de m'avoir présenté goutte à goutte, par des mains amies, et dans Rome, ce vase enduit de miel des miracles, le breuvage salutaire qui m'a guéri; la doctrine, maintenant adorée, où je veux vivre toujours, et pour laquelle j'espère que je saurais mourir comme vos martyrs bienheureux. *Amen.*

X

LE GRAIN DE SÉNEVÉ

Je sais quelque part en France, au fond d'une retraite éternelle, une sainte fille à qui beaucoup d'âmes inconnues d'elle, et qui ne la connaissaient pas davantage, doivent cependant d'immenses bénédictions ; et ces bénédictions lui sont payées par toutes les bonnes œuvres qu'inspirent la prière et la foi. Elles lui sont payées devant Dieu, dans le sein duquel s'amasse pour chacun le trésor des gloires futures.

Les chrétiens écouteront volontiers cette histoire.

Cette vénérable personne se nommait Eugénie. Je dis *se nommait,* elle est vivante encore ; c'est encore sur la terre qu'elle prie, mais cependant elle n'est plus de ce monde ; elle y a laissé sa volonté, sa fortune, son nom. Toute jeune (à dix-huit ans, je crois), elle se trouva maîtresse d'elle-même et d'une belle fortune, avec un esprit fort distingué, une éducation parfaite, une grande noblesse de cœur. Elle joignait le goût du monde à tous les moyens d'y briller ; et peut-être ne savait-elle pas alors combien tant de dons, qui lui promettaient une existence heureuse, exposaient en réalité son bonheur ; mais elle avait un jeune frère à élever, ce fut par ce devoir que Dieu la sauva. En présence de l'orphelin mis sous sa garde, des sentiments de piété qui n'avaient certes pas alors l'énergie qu'ils eurent plus tard, la forcèrent de demander cependant conseil à son confesseur. Quel conseil lui fut donné ? Dieu le sait. On la vit embrasser son rôle de mère avec une énergie plus que maternelle ; toutes les vertus charmantes, le courage, la prévoyance, l'amour que Dieu, par un secret de sa tendresse, donne aux mères comme il leur donne du lait, cette jeune fille eut tout cela pour son frère, mais si courageusement, mais avec une profusion telle, qu'il fut visible que la volonté dirigée par la foi, soutenue par la prière, peut créer en nous les nobles instincts de la nature, et les élever à une perfection que la nature seule ne leur donne pas. Elle se levait avant le jour, afin que son frère ne partît point pour ses classes matinales sans avoir reçu ses conseils, ses embrassements, et fait sa prière à genoux près d'elle, devant le même crucifix. Elle fit pour elle-même les études de son frère, afin de lui servir de répétiteur ; elle avait si bien gagné sa confiance et sa tendresse, si bien maintenu la pureté de son âme, qu'elle pouvait encore suppléer le confesseur, comme elle suppléait les maîtres. Cela dura quelques années. Le jeune homme grandissait ; la sœur voyait approcher le terme de son œuvre, et sentait en même temps se fortifier dans son grand cœur un dessein que Dieu y avait mis pour la récompenser : elle voulait quitter le monde ; mais en quittant le monde, il fallait quitter son frère, et c'était mourir crucifiée. Le seul moyen qu'elle eût de s'adoucir un pareil sacrifice était de conserver à ce bien-aimé frère, autant que possible, les soins de ménagère qu'elle lui rendait. Elle regarda autour d'elle, autour de lui : le jeune homme ne manquait pas d'amis, et ce n'était pas ce qui la rassurait ; pourtant elle avait une vieille servante presque aussi ancienne dans la famille qu'elle-même. Sans rien dire à personne de ses projets, elle voulut mettre cette bonne fille en état de gouverner la maison, lui apprendre à lire, à écrire, à tenir ses comptes, à servir enfin d'intendant. Elle y parvint, et ce ne fut point sans travail. Mais si quelque chose manquait du côté du savoir à cette éducation tardive, il y eut compensation plus que suffisante du côté de la probité.

Le moment était venu : le frère avait fini ses études, il entrait dans le monde ; et quoiqu'il fût confiant, sincère, affectueux, plein de vénération pour sa sœur, elle comprit qu'il allait lui échapper, ou par la révolte, ce qu'elle ne redoutait guère, ou par la ruse, malheur qui l'aurait plus affligée, et qu'elle voulait éviter à tout prix : elle ne pouvait plus rien que par ses prières.

Un soir, le pauvre jeune homme, en rentrant chez lui, ne trouva plus sa sœur ; elle avait pu l'embrasser le matin même sans pleurer, sans lui dire adieu, sans lui laisser deviner qu'il ne la reverrait plus qu'à travers l'infranchissable grille d'un cloître ! Mais c'est à ce prix, mon Dieu ! que vous faites des saints.

Par un dernier trait charmant de bonne grâce et de connaissance du cœur humain, Eugénie avait pourvu à consoler son frère, autant qu'il pourrait être consolé. Elle lui connaissait un ami, plus éloigné peut-être qu'aucun autre des croyances religieuses, mais dont l'esprit et la vivacité d'imagination exerçaient une grande influence sur tous ceux qui le fréquentaient ; elle lui écrivit : « On va mal juger de la résolution « que j'ai prise ; on dira que j'abandonne mon frère. Je sais que je ne « l'abandonne pas, en me retirant je sais que je lui laisse Dieu pour « protecteur ; je ne doute pas que tu ne le comprennes, et c'est toi que « je choisis pour me défendre auprès de ceux qui m'accuseront. » Ainsi intéressé, malgré les penchants de son esprit, à la justifier, ce jeune homme s'y employa de toutes ses forces : et, comme s'il avait agi de son propre mouvement, Dieu lui en a su gré.

Voilà donc Eugénie dans le cloître et son frère tout seul au milieu de la vie. Il se désespéra d'abord ; elle s'y était bien attendue, elle avait prié pour qu'il se consolât ; il menaça bientôt de se trop consoler, il parut tout prêt de s'abandonner aux séductions qui l'entouraient ; mais elle s'était offerte en sacrifice pour qu'il ne succombât point, et le Seigneur, en effet, ne le laissa point succomber. Dans tous les projets, dans tous les délires qui persécutent un pauvre cœur à vingt ans ; au sein de cette libre fréquentation du monde qui fait perdre le goût de la prière, qui crée mille affaires plus importantes aux yeux de la passion que la grande affaire du salut, toujours l'image de sa sœur, pure et pénitente, de sa sœur agenouillée pour lui, durant les nuits d'hiver, sur les dalles d'une chapelle, le retenait, et des bords de l'abîme le ramenait aux pieds de Dieu. Ce qu'il aurait fait de mal peut-être si elle avait pu le savoir, il ne le faisait point parce qu'elle devait l'ignorer. — Quoi ! pensait-il, elle priera, et je mépriserai la grâce de ses prières ! j'irai la voir, et ce ne sera cependant plus moi qu'elle verra ! je laisserai son noble cœur aimer un cœur souillé ! elle mourra pleine de confiance, et, au jour du jugement, quand je paraîtrai devant Dieu, elle entendra publier mes fautes et me verra condamner ! Mais ces belles résolutions passaient, et le monde était toujours là ; tous les jours il se relevait, mais il se relevait moins fort. « Va, lui dit un jour sa sœur, tu ne t'en sauveras point, mon enfant, si tu ne renouvelles en entier, par la retraite et la méditation, cette âme que l'air du monde a rendue languissante et que l'approche du péril a blessée. Pour quelques instants au moins, enferme-toi loin de tes amis, seul avec Dieu. » Il ne le voulait pas. « Eh bien ! dit-elle, si tu le refuses à Dieu, fais-le pour moi. » Il alla donc frapper à la porte d'un couvent. — Je vais, pensait-il avec tristesse, bien m'ennuyer pendant huit jours. Mais Dieu l'attendait où sa sœur l'avait conduit, et voulait s'emparer d'une âme que lui présentaient de si persévérantes prières. La retraite produisit son miracle accoutumé, parce qu'il n'est point de cœur lâche et fourvoyé qui ne s'élève en présence de Dieu à un mouvement de repentir, et point de repentir sincère qui ne soit comblé de bénédictions. Au bout de huit jours, la tâche d'Eugénie était terminée : l'homme qu'elle avait voulu former était accompli ; l'arbre fragile qu'elle avait cultivé allait donner des fruits au monde. Son frère sortit de retraite avec cette ferveur d'apôtre qui augmente à mesure qu'elle s'exerce, et qui, craintive d'abord, double à chaque instant de courage, élargit son action et bientôt ne connaît plus rien de difficile qu'elle n'ose entreprendre pour le salut des âmes et pour la gloire de Dieu. Il commença d'aimer ses amis comme il faut les aimer : lui passant à peine, comme une faiblesse, sa foi, qui la veille était tiède encore, ils vivaient eux-mêmes dans l'oubli, dans le dédain de la religion ; mais le temps des railleries était passé pour eux, comme pour lui le temps du doute et de la tiédeur ; il leur parla doucement, mais sans cesse, de leur âme et de l'éternité ; il les pressa, il les persécuta, surtout le plus revêche d'entre eux..., ce même jeune homme à qui sa sœur s'était adressée pour la défendre, et qui ne s'en souvenait plus guère. Par la grâce de Dieu, qui se souvient de toutes choses, ce difficile adversaire fut néanmoins conquis, et tout aussitôt, animé d'une foi et d'un zèle dont nul autre chrétien n'aurait prévu la soudaine et durable ardeur. Les voilà tous deux au travail.

Ils se fortifièrent bientôt d'un troisième : une jeune âme si poétique et si tendre, qu'elle était, pour ainsi dire, à la merci du premier combat qui lui serait livré ; mais si bonne et si pure, que Dieu se hâta de la donner au bien. Celui-là encore fut rempli d'un grand zèle et d'une ferme foi. Comme ses amis, comme ses frères, il publia les louanges du Seigneur, et se mit à chercher aussi, avec de douces paroles, les pauvres brebis égarées. Ils en trouvèrent : hélas ! ce ne sont pas les cœurs souffrants, ce ne sont pas les âmes en peine qu'il est difficile de trouver ! Mais Dieu donne à ceux qui le connaissent des solutions pour tous les problèmes, des consolations pour toutes les douleurs ; et, moins souvent qu'on ne le croirait, le chrétien éprouve l'horrible affliction de rencontrer ces cœurs durement punis, où la bonne semence tombe et ne germe pas. Chacun donc ramena les siens, et ces nouveaux venus, à leur tour, eurent la consolation d'en amener d'autres, qui se donnèrent aussi pleinement au service de la foi. Enfin, il n'y a pas quinze ans que la sainte fille dont nous parlons est dans son monastère, — il y a bien moins de temps encore que son frère, cédant à ses instances, est allé dans la retraite puiser les bénédictions célestes, — et déjà l'on ne saurait plus dire jusqu'où s'étendent les rameaux de ce seul germe qu'Eugénie a laissé dans le monde en le quittant. Ce n'est pas sans doute que le nombre de ceux qu'il a plu à Dieu de se rattacher par ce moyen soit immense ; cependant déjà ils ne se peuvent plus compter, et presque tous, grâce au Ciel, sont des jeunes gens. Ils ont été conquis sur le monde, qui semblait les posséder pour toujours ; ils ont supprimé le tribut de ruines, de scandales, qu'ils pouvaient longtemps encore, par leurs actions, par leurs œuvres, par leurs passions, par leurs désordres, payer à l'enfer : longtemps, au contraire, on peut espérer qu'ils travailleront à l'édification du prochain ; car jusqu'ici nous ne sachions pas qu'un seul ait chancelé, ou soit tombé sans se relever. Nous en connaissons plusieurs qui, tournant toutes les forces de leur âme vers un but bien différent de celui qu'ils avaient jusqu'alors cherché : peintres, ont consacré leurs pinceaux à la Reine du ciel ; écrivains, ont jeté aux flammes des travaux commencés avec amour, mais commencés dans l'ignorance ou la haine de Dieu. Il en est déjà qui élèvent saintement une jeune famille ; d'autres qui sont devenus les apôtres heureux de leur tribu ; et de plus heureux qui se sont endormis dans le Seigneur. Mon cher Amédée se rattache à cette tige, et déjà il a fait avec modestie un précieux travail, où l'histoire de notre France se déroule aux vives et nouvelles clartés de l'Église et de la foi ; aussi en est Émile, ce doux frère de mon cœur, à qui j'ai le premier parlé de Dieu, qui m'a consolé dans ma tristesse, et qui a revêtu de pieuses images cette chapelle où il me semble que je ne prierai jamais sans être exaucé. Pierre, Valentin et Antoine, qui vivent loin de nous sur la terre, mais qui nous donnent la main dans le sacré cœur de Jésus, en sont encore ; et l'on dirait que Dieu ne les a fait paraître un instant aux lieux où nous sommes que pour allumer dans leurs âmes ce feu sacré dont ils vont maintenant, je l'espère, échauffer d'autres âmes. Et combien que je ne connais pas tiennent à ce même rameau, et ne le sauront jamais ! Ainsi Dieu répand sa vérité sainte ; ainsi ce feu de la foi ne peut mourir ; et, ne se trouvât-il plus que dans un seul cœur, Dieu ferait en un instant, de ce seul cœur, un brasier suffisant pour enflammer le monde. Vous connaissez des plantes dont la graine a des ailes ; et, quand la saison est venue, le moindre vent suffit pour que ces graines s'envolent au loin, et là où elles tombent naît une plante qui ne tarde pas à produire d'autres graines ailées. Mais nul arbre sur la terre ne donne des semences plus abondantes qu'une âme éprise d'amour pour Dieu, et nulles semences n'ont d'aussi puissantes ailes et ne poussent des germes aussi vivaces. C'est pourquoi ne vous découragez point, et ne dites jamais que vous demeurez stériles ; mettez-vous seulement au service de Dieu, Dieu se servira de vous ; et, dans votre pauvreté de mérites, vous pourrez mériter longtemps, par les œuvres de ceux qu'une de vos actions, qu'une de vos paroles auront touchés. Voyez cette sainte fille : elle s'y est employée comme il faut s'employer aux devoirs que Dieu nous impose, de toute sa force et toujours ; elle n'a agi en apparence que sur son frère ; — mais Dieu, qui se plaît à bénir toute volonté humaine conforme à ses éternels desseins, prolonge, en effet, jusque dans l'éternité le succès de ce plan humblement formé dans un cœur mortel. Du grain de sénevé est sorti un grand arbre, où les oiseaux des cieux viennent chanter. Agissons donc ! ne nous contentons pas d'être chrétiens pour nous seuls. Ayons pitié de tant d'âmes qui n'attendent peut-être que nos instances pour se donner à Dieu. Ayons pitié de nous-mêmes ; car si nous voyons ce que Dieu peut faire par notre moyen, ne devons-nous pas trembler de lui refuser ce concours ? et ne serons nous point punis si nous le forçons en quelque sorte à le demander à d'autres que nous ?

Par-dessus toutes choses, obéissance, amour et gloire à Dieu.

XI

LE DEVOIR

De ce Paris d'où me venaient tant de bouffées pestilentielles, quelques bons souvenirs aussi m'arrivaient, sur les ailes de l'ange qui veille au salut des familles. J'y avais laissé deux jeunes sœurs encore enfants, mais qui n'allaient plus l'être, et dont l'avenir m'inquiétait. Je m'étais dit souvent que j'étais moins leur frère que leur père, et qu'elles m'avaient été données comme un grand devoir ; je me l'étais dit, et j'y avais peu songé : je ne songeais qu'à mes misérables désirs de chaque jour ; toute autre occupation importunait ma lâcheté. Je m'étais soumis à ce devoir, je ne l'avais point embrassé. Je voulais bien faire ce que la nécessité m'imposait ; j'espérais en tirer quelque gloire, et me parer de mes sœurs comme d'une preuve de ma générosité : je n'y prenais pas d'autre contentement. J'attendais, sans m'occuper d'y pourvoir, des ennuis que mon égoïsme ne pouvait pas esquiver. Au milieu de beaucoup de belles protestations, voilà quel était mon cœur : s'il est devenu moins mauvais, c'est bien grâce à Dieu.

Mais depuis que j'avais quitté Paris, depuis surtout que je pensais sérieusement à mon salut, le devoir que m'imposait l'existence de mes sœurs me devenait à la fois plus présent et plus doux. Il m'était plus aisé de prier quand je priais pour elles. Alarmé de mille dangers que j'avais trop appris à connaître, je demandais à Dieu de les maintenir dans l'innocence, et, les plaçant en quelque sorte à mes côtés, je craignais moins, entre ces deux âmes virginales, de me présenter aux regards de la Vierge Marie, dont j'invoquais en tremblant le secours. Ma foi naissante était pleine d'angoisses, et, quelque merveilleux récit que je pusse entendre de la bonté qui règne au ciel, je ne me persuadais point que les saints prient sans cesse pour les coupables, et que Dieu est pressé de pardonner. Je pensais surtout que la sainte Vierge devait me regarder avec horreur : je ne savais pas que Dieu, qui s'est réservé la justice, n'a laissé dans les saints que la pitié et l'amour.

Je priais donc pour mes sœurs, et, priant pour elles, je priais pour moi. Je m'abritais de leur pureté. Je trouvais aussi dans mon âme le germe du dogme adoré de notre rédemption : coupable, je demandais grâce au nom de l'innocence, et je sentais poindre l'espoir. Que ne devons-nous donc pas espérer quand l'innocent lui-même élève sa voix pour le coupable ! quand l'Agneau de Dieu, se chargeant des péchés du monde, offre et donne son sang pour les effacer !

Mais bientôt une pensée venait troubler ma prière : qu'osé-je demander à Dieu ? de faire pour mes sœurs ce que je ne voulais pas moi-même faire pour lui ! Je jugeais important qu'elles fussent pures devant moi, devant le monde, et je ne m'occupais pas d'être moi-même pur devant elles, devant le monde et devant Dieu. Qui me portait donc à former ce souhait ? la crainte des jugements humains, l'empire des préjugés ! Je me trouvais à genoux devant un préjugé toutes les fois que je voulais braver la loi du Seigneur.

Mais non, ce n'était point un préjugé ; ce ne sont point les hommes qui ont fait entrer dans la conscience universelle ce respect et cet amour que les païens eux-mêmes ont ressentis pour la sainte pureté. Dieu nous a naturellement soumis au respect de tout ce qui est agréable, excellent et cher à ses yeux. C'est la pureté que je désire à mes sœurs, parce qu'elle leur vaut mieux que la richesse ; parce que, vierges et chrétiennes, elles n'ont rien à envier dans le monde, et que leur voile immaculé, comme il est une égide puissante, car c'est Dieu qui le donne, est aussi un vêtement de gloire et d'honneur, dont la splendeur n'a d'égale que là où sont les mêmes vertus.

Et je ne saurais dire pourquoi, mais je sentais dans mon âme une conviction profonde que le Seigneur accueillerait mes prières, lorsqu'elles s'élèveraient d'un cœur redevenu pur. Causant, en quelque sorte, avec mon Dieu de l'avenir de ces enfants, qui n'avaient point encore quitté le paradis de leur innocence et de sa grâce, il me semblait que je pouvais faire avec lui cet arrangement, et, pour ainsi parler, ce marché : que je rentrerais dans ses lois, et qu'à ce prix, il les préserverait d'en sortir.

Je n'entreprendrai pas d'exprimer avec quelle inexprimable joie je me berçais parfois de cet espoir, qui s'enracinait chaque jour au plus profond de mon cœur.

J'étais alors dans la position d'un homme qui compte bientôt terminer heureusement la plus scabreuse affaire de sa vie.

Béni soit Dieu, qui nous donne des devoirs ! Le devoir est un gardien vigilant qui nous tient sans cesse en haleine ; un sage compagnon qui nous empêche de perdre la bonne voie, ou qui nous y fait rentrer ; un phare qui brille dans la nuit du doute ; un maître rude et inflexible qui nous tourmente au sein des plaisirs. Pour le chrétien, le devoir est un champ miraculeux, qu'il féconde avec allégresse, voyant tout fleurir sous la rosée de ses sueurs, et écoutant comme la chanson d'autant de joyeux oiseaux les doux souvenirs de ses labeurs, que le Ciel a bénis.

XII

DEMAIN ! DEMAIN !

Je ne décidais rien, cependant. Je remettais de jour en jour, d'heure en heure ; et plus d'un mois s'était passé, éclairant mes idées, dissipant mon ignorance, dissolvant mes doutes, ruinant mes objections... : chose étrange et terrible ! ne changeant rien à l'incertitude de ma volonté. La conviction de l'existence de Dieu m'avait conduit à toutes les convictions catholiques. Je ne bataillais point sur les dogmes ; ils n'offraient rien à mon esprit qu'il ne lui fût aisé d'admettre, et là où tout ne m'était pas parfaitement clair, je comprenais du moins que je ne pouvais comprendre. Dieu sans doute avait bien voulu faire cette grâce à ma bonne foi. Je ne discutais pas davantage, on le croira, sur la nécessité de me résoudre enfin, et d'aller à Dieu. Mais plus les entraves qui m'arrêtaient devenaient faibles, moins je voulais les avouer, et plus je craignais moi-même de les contempler. Le péché était dans mon âme ; il défendait sa proie ; il me suggérait mille ruses, mille retards. Je souhaitais sa défaite, et je redoutais autant que lui l'instant où il serait vaincu.

Ma raison était impuissante, mes meilleurs désirs avortaient, la grâce était méprisée, la crainte même ne pouvait me presser d'aiguillons assez ardents. Je ne pouvais vaincre que par le secours du sacrement de pénitence, et le démon, qui régnait en moi, m'inspirait pour la confession une invincible horreur.

— Hé quoi ! me disais-je, aller me jeter aux pieds d'un prêtre, dérouler à ses yeux toute ma vie, et me montrer à lui, non tel que mes amis me connaissent, mais tel que je suis en effet ! arracher à l'oubli où je m'efforce de les tenir devant moi-même tant de souvenirs amers ! dépouiller de leur manteau d'hypocrisie tant d'actions de belle apparence, mais en réalité détestables, par où j'ai usurpé l'estime des autres ! Et tout cela, pourquoi ? pour prendre ensuite un engagement que je ne pourrai tenir, peut-être pour promettre de renoncer à des habitudes qui sont celles de ma vie, de vaincre des instincts qui m'ont toujours vaincu, de ne plus rechercher mille choses qu'il m'est aisé de mépriser sans doute..., qu'il m'est impossible, hélas ! de n'aimer pas !

Gustave suivait avec une tendre inquiétude mes combats intérieurs : cette science du cœur humain que donne à tout chrétien le vigilant examen de son propre cœur lui permettait d'en saisir les péripéties renaissantes ; la charité lui inspirait d'user de ses droits de vieil ami pour m'offrir discrètement les avis que mon orgueil et ma confusion ne voulaient plus demander. Quelques mots suffisaient pour donner passage au torrent de mes angoisses, et certes il n'aurait pas eu grand'-chose à faire pour recevoir en entier ces aveux que je craignais de porter à l'oreille d'un confesseur. Tant c'est encore un besoin naturel et impérieux que celui se s'accuser et de gémir, de jeter hors de l'âme ce fardeau d'iniquités qui l'oppresse, pour y faire plus large place aux nobles sentiments ! Mais Gustave me disait : « Ce n'est point à moi qu'il faut conter ta vie ; Dieu ne te demande de faire ces aveux qu'à ceux qui ont le pouvoir de t'absoudre. Pour moi, je ne pourrais te plaindre davantage ; j'y risquerais peut-être de t'aimer moins. Le démon nous suggère le désir de ces confidences, dont il espère double profit, et par le scandale qui peut en résulter, et par la funeste habitude que l'on y prend de parler de ses fautes sans les laver et sans en éprouver de repentir ; mais en même temps il sait nous inspirer l'horreur de la confession, parce que la confession est accompagnée des grâces célestes, en assez grande abondance pour que nous puissions triompher de lui. Tu ne comprends point cela ? Explique autrement ce penchant étrange à révéler tes secrets à un homme qui peut les trahir, plutôt qu'au prêtre, qui doit les emporter dans la tombe, et qui probablement en a entendu de beaucoup plus effroyables ; car de plus vieux et de plus grands pécheurs que toi se sont convertis, et ont obtenu le pardon.

« Crois-moi, prends Dieu à ton secours ; mets cette forte garnison dans ton cœur, cerné par tant d'ennemis irrités de n'y plus pénétrer sans obstacle. Tu as essayé de beaucoup de choses pour obtenir la paix et triompher de toi-même, et tout a été en vain ; mais tu n'as pas essayé des moyens que la religion vient t'offrir ; essayes-en. Voilà dix-huit cents ans qu'ils réussissent dans le monde ; ils m'ont réussi à moi-même, car c'est une page de mon histoire que je lis dans tes tristesses. Ils sont tout-puissants pour toi, comme ils l'ont été toujours pour tout homme de bonne volonté. Paix aux hommes de bonne volonté ! voilà ce que les anges chantaient dans la nuit de Bethléhem.

« Quant à persévérer, ne t'inquiète point : outre un miracle de la grâce, que tu ne peux bien comprendre qu'après l'avoir éprouvé, l'Église sait retenir ses enfants lorsqu'une fois ils se sont jetés dans ses bras. Par une foule de pratiques confiantes et douces, qu'elle nous enseigne, qu'elle multiplie, et à chacune desquelles elle attache quelque secourable faveur, nous prenons une si chère coutume de garder la pensée du ciel et de nos devoirs, que bientôt nous n'imaginons plus qu'on puisse l'oublier. Tu vivras tous les jours sous la protection de tes prières du matin, tu t'endormiras sous les ailes de ton bon ange ; dans toutes les actions de ta vie, un mot, le moindre objet, la plus futile et la plus inapparente des choses, suffiront pour éveiller en toi des sentiments de confiance, d'amour et de repentir, que Dieu se chargera de faire fructifier ; tu marcheras dans ses promesses et dans ses menaces, qui sont saintes aussi et secourables ; et si tu tombes, il te relèvera. Ce que je te dis là, j'en suis sûr : Dieu l'a fait, non pas une fois, mais cent fois, et mille fois par jour pour moi-même, et tu n'es pas d'un moindre prix devant son amour. Tu ne peux le savoir, il est vrai, comme je le sais ; tes yeux ne sont pas tout émerveillés et tout éblouis de ces continuels miracles ; Dieu en met l'adorable spectacle au prix d'un acte de foi et d'obéissance que tu t'obstines encore à lui refuser ; tu restes au pied d'un mur qui te cache les merveilles et les fruits de l'Éden. Franchis ce mur comme tant d'autres l'ont franchi : tu verras comme ils ont vu, comme je vois.

« De quoi s'agit-il, après tout ? de dire à Dieu ce qu'il sait déjà. Car si son oreille peut entendre tes péchés, nul doute que son œil peut les voir, que sa mémoire peut s'en ressouvenir. Songe donc à ce que serait la confession si elle n'était qu'une invention purement humaine : combien elle serait niaise, inutile, funeste, impraticable et pour le pénitent et pour le confesseur ! Songe ensuite au miracle de son universalité, de sa durée, de ses effets simplement visibles, et cherche encore à ne plus entendre le cri du simple bon sens, qui en proclame la divinité ! Or que signifient les mots et les idées, qu'est-ce que la raison, si nous nions qu'il y ait toute sagesse et toute puissance là où nous sommes forcés d'avouer qu'il y a divinité ? Nous portons en nous une source maudite de toutes les fautes ; c'est l'orgueil qui pousse l'homme à s'instituer seul juge de la légitimité de ses actions. Mais l'homme est juge et partie : il est donc mauvais juge, juge lâche et corruptible, et tu le sais bien ! Rarement il se condamne, plus rarement il s'impose une peine lorsqu'il s'est condamné ; presque jamais il n'exécute sur lui cette peine insuffisante, qu'il prononce sans lumière, qu'il n'a pas le droit de prononcer, qu'il prononce non par humilité, mais par orgueil, et pour l'accomplissement de laquelle lui manque et la force des grâces divines, et le secours de sa propre volonté. De là cette succession non interrompue d'erreurs, de fautes, de crimes, qui le déconcerte, qui le décourage, étouffe ses regrets, fatigue la grâce, et le jette enfin dans un endurcissement où, perdant la conscience du bien et du mal, il ne comprend plus rien à lui-même, renonce au combat, s'accepte mauvais, gâte par d'égoïstes calculs même les bonnes actions qu'on lui voit entreprendre, et s'applaudit de sa malice, — jusqu'au moment fatal de son réveil dans l'autre vie, quand la justice impérissable qu'il a méconnue le frappe pour l'éternité de remords éternellement inutiles. Que faire à cela? Cet enchaînement déplorable de fautes, chaque jour plus grandes et chaque jour plus aisément commises, c'est l'ordre de la nature abandonnée à ses propres efforts; et l'on ne comprendrait pas même que Dieu, qui nous a formés si fragiles, en fît l'objet de ses punitions, s'il ne nous avait donné de quoi vaincre nos faiblesses, et mis quelque part à notre portée des guides pour nous éclairer, des remèdes spirituels pour nous guérir, des cordiaux pour nous fortifier. La confession est tout cela! C'est l'orgueil qui te tue, et tu vois, par le sentiment d'humiliation dont la confession t'épouvante, combien elle combat et asservit l'orgueil. Tu vas aux pieds du ministre de Dieu comme l'enfant à son père; tu lui dis : J'ai péché. Dieu le sait bien que tu as péché; mais, par le fait de ton aveu, tu reconnais un autre juge que toi-même, et tu lui demandes grâce; c'est là ce qu'il veut de toi. Or ce juge est légitime et tout-puissant; il t'impose une pénitence légitime, et, moyennant l'humble accomplissement de cette pénitence, qui consomme la défaite de l'orgueil, il te fait remise entière des peines éternelles jusqu'alors encourues. Ce n'est pas tout : ce juge que tu es allé chercher, tu l'appelles ton père, et c'est un père, en effet, que tu trouves en lui. Dieu, qui t'a conduit à ses pieds par l'impulsion d'une grâce immense, lui inspire, dans la profusion de ses miséricordes, une connaissance de ton âme et de tes besoins spirituels que toi-même tu n'as pas si entière; ses avis, dictés par l'Esprit-Saint, te remplissent de consolation et de courage; Dieu, que tu ne sens que par tes troubles, se fait sentir alors par la paix, l'allégresse de la délivrance, et la sainte assurance de la victoire en de nouveaux combats. Si la nuit se fait encore, qu'importe la nuit? Tu as un guide fidèle. Si l'orage éclate avec des redoublements de fureur, tu ne vois l'étendue des dangers que pour louer, dans l'ivresse et la sécurité inouïe de ton amour, la grandeur souveraine du Dieu dont la bonté te défend, te préserve et te sauve. Te voilà dans ce vaisseau de Pascal, battu de vagues et de tempêtes, que l'équipage, assuré de ton salut, ne voit point sans plaisir. Ne me dis pas que j'exagère, c'est un droit que tu n'as point. J'ai pleinement porté le poids de tes incertitudes; tu n'as pas fait encore ce que j'ai fait pour en être délivré.

« Permets-moi de te donner un exemple vulgaire, et certes bien au-dessous des choses dont nous parlons; mais Dieu nous a environnés d'analogies dont notre intelligence peut aider sa faiblesse, comme le voyageur s'aide d'un bâton pour marcher. Supposons donc que tu es atteint d'une fièvre qui résiste à tous les efforts de la science : je te dis que j'ai souffert du même mal, et que je m'en suis guéri par l'usage d'une certaine poudre qu'il est aisé de se procurer partout. Dis-moi après cela que tu ne peux me croire, que tu ne comprends pas que le sulfate de quinine guérisse la fièvre, lorsqu'une foule de remèdes également employés ne la guérissent pas. Tant que tu n'auras pas usé du moyen que je t'indique, mes raisonnements pourront ne pas prouver grand'chose; mais les tiens ne prouveront rien. Seulement je continuerai de me bien porter, tu continueras de souffrir.

« Tu es pauvre, nu, misérable, jeté au destin comme un enfant sans famille; toutes les ronces du chemin t'ont déchiré, faisant de ton corps une seule et douloureuse plaie; personne n'a répondu aux besoins de ton cœur; ton esprit traîne péniblement d'effroyables problèmes; tu n'as bu qu'à des sources amères, et tu n'as mordu qu'à des fruits pleins de cendre; le souffle de ta poitrine est un long cri d'épouvante et de désespoir; tu vis avec l'horreur du passé, du présent et de l'avenir : c'est ainsi que j'ai longtemps vécu. Mais près de moi, sur ce chemin périlleux où je me lamentais jusqu'à mourir, on m'a fait voir tout à coup une maison magnifique, à la porte de laquelle on m'a dit de frapper. Hé quoi! couvert de haillons et de souillures, plus misérable que le ver le plus abandonné, que je demande l'entrée de ce royal séjour! Oui, frappez au nom même de votre infortune, au nom de votre abandon, de vos plaies et de vos souillures; car là réside votre frère et votre sauveur, là sont vos frères et vos amis, impatients de vous recevoir et de vous secourir. Et comme j'hésitais encore, la porte s'est ouverte; les serviteurs de la maison, s'avançant au nom de leur maître, m'ont supplié d'entrer, m'assurant qu'on ne me renverrait point et que je serais guéri. J'hésitais toujours; alors le fils du maître, aussi puissant que le maître et maître lui-même, est venu : il m'a dit que non seulement je pourrais entrer, mais que c'était mon droit inaliénable, et qu'il me l'avait acquis lui-même, par amour pour moi, au prix de son sang et de ses douleurs; que maintenant son père et mon Dieu, jadis irrité, me voulait pardonner, m'ouvrait ses bras, et qu'en m'y jetant je serais guéri. Il me persuadait, et cependant je voulus fuir; il me suivit, me pressa de douces paroles, et, par la connaissance qu'il me donna de mes maux, me convainquit enfin que lui seul pouvait être assez puissant et m'aimer assez pour les guérir. Je m'abandonnai à lui; je le suivis dans la demeure de son Père; j'y fus salué du doux nom de fils, et je sentis qu'avec ce titre de gloire j'entrais en possession d'une autre vie. Des mains sacrées effacèrent mes souillures, pansèrent mes plaies pour m'en faire rougir, me présentèrent une nourriture divine qui me ranima, éclairèrent mon esprit des flots d'une lumière qui n'y laissa point d'ombre. Tant de bonté m'enseigna promptement l'amour, tant de miracles m'eurent bientôt revêtu de confiance; et, guéri de mes plaies comme il m'avait été promis, plein de foi, enivré du saint bonheur de la reconnaissance, heureux de ma dignité reconquise, tranquille sous tant de protection, ravi parmi tant de clartés, je marche libre de mes vieilles entraves, unissant mon allégresse aux cantiques joyeux de cette nature si morne naguère; et là où je succombais sans cesse, aujourd'hui, par la force de Dieu, qui m'a sauvé et qui me sauve, je ne chancelle même plus. Et toi qui te lamentes et qui doutes, les serviteurs de Jésus t'avertissent; Jésus lui-même te presse, et tu le sais bien, de le suivre où je l'ai suivi, dans sa maison, dans son

Église; tu n'en as point contemplé les merveilles, mais aussi tu n'en as point franchi les portes. Moi, j'y suis entré, je te dis que ces merveilles y sont et que je les y ai vues. »

Je ne pouvais point répondre, et je ne voulais pas agir. Je demandais du temps; je ne savais pas cette chose et cette autre, que je prétendais nécessaire d'apprendre; je ne me sentais pas si troublé ni si malheureux qu'on croyait, ni si pressé d'entrer; et Dieu ne faisait point ce miracle en ma faveur; Dieu avait été patient jusqu'alors, il m'accorderait bien encore quelque délai.

« Es-tu donc plus avancé qu'hier? continuait Gustave. Si tu savais, quand l'heure est venue, comme on regrette de ne l'avoir point hâtée autant qu'on le pouvait, au lieu de l'avoir retardée opiniâtrément? Songe que chaque jour accroît le nombre de ces fautes dont la foule t'épouvante déjà jusqu'à t'inspirer de n'en faire jamais l'aveu. Ce que tu ne sais pas aujourd'hui, tu ne le sauras jamais; peut-être même oublieras-tu, dans la nuit de ton endurcissement, que tu es un pécheur, et que Dieu t'a fait de sa tendresse un droit de pardon. Parce que Dieu t'a donné du temps, tu crois qu'il t'en donnera! mais le temps que tu dois passer sur la terre est mesuré! la limite en est irrévocable, et c'est ce soir peut-être que tu vas l'atteindre. Ne dis donc pas que tu es jeune, que tu n'as point achevé ton bel âge, et que tu veux jouir de ta fraîche saison : ni toi ni moi ne pouvons prétendre que tu ne portes pas déjà devant Dieu les marques de la vieillesse. Tu es un vieillard, si tu dois mourir demain. »

Cette pensée de la mort me glaçait; car je ne suis point entré dans le sanctuaire comme un noble enfant du Seigneur, par la porte radieuse de l'amour, mais en esclave, en rampant sous les voûtes de la crainte, avec tout le troupeau des cœurs abaissés. Cependant je ne pouvais me décider encore, et mon pauvre Gustave gardait comme moi le silence, craignant, s'il me poussait davantage, de m'irriter, ainsi qu'il était arrivé souvent.

Et tandis qu'avec Adolphe il demandait pieusement au Seigneur de me secourir, moi, je faisais à l'enfer mes vœux misérables : je cherchais à me fortifier par mes plus mauvais souvenirs; j'espérais de quelque événement le surcroît de courage dont j'avais besoin pour échapper à Dieu. Dans ce but j'allais tous les jours demander à la poste des lettres de Paris, sur lesquelles je comptais beaucoup, et qui devaient être de nature à me rejeter tout à fait parmi ce que je craignais tant d'abandonner. Ces malheureuses lettres n'arrivaient point. Tous les jours on me répondait froidement qu'il n'y avait rien en mon nom, et je me perdais en conjectures sur ce retard inexplicable. Puis, quand je m'étais longuement abandonné à la colère, aux soupçons, aux inquiétudes, je me disais : Si mes lettres n'arrivent pas demain, je n'hésite plus. Et le lendemain je remettais au lendemain encore, quoique les lettres ne fussent pas arrivées.

XIII

LA VILLA DES ROSES

Sur l'une des collines de Rome s'élève une habitation charmante. On l'appelle la villa Palestine, à cause de sa situation, ou la villa Millns, du nom de son propriétaire actuel : nous l'avions baptisée, nous, la villa des Roses. En rappelant ce dernier nom, je n'ai plus besoin de dire pourquoi c'était une de nos chères promenades, et pourquoi le souvenir nous en est resté si doux. Aux avantages d'un site ravissant, d'un grand nombre de belles ruines qui sont parsemées dans un vaste enclos, et d'une foule de souvenirs qui, je dois le dire, nous touchaient peu (car je ne sais même pas quelles sont ces ruines-là; mais tous les visiteurs n'ont pas cette sauvage indifférence), la villa des Roses unit l'avantage encore d'être animée du soleil, et de jouir plus tôt et plus longtemps que les autres d'un printemps embaumé. Les roses y fleurissent partout, en espaliers, en gerbes, en bosquets; elles encadrent des parterres tout entiers semés de violettes ou d'immenses corbeilles de résédas. En vérité, l'on ne peut remercier trop les propriétaires de ces beaux lieux, qui n'ont point l'égoïsme de les garder pour eux seuls, et qui veulent bien les ouvrir aux étrangers. Il serait malaisé d'exprimer combien les yeux sont charmés de cette prodigalité de fleurs, et au milieu de quel nuage odorant on se promène, entre le ciel et la terre, ayant sous les yeux deux Romes; et avec quel enthousiasme de tendresse mélancolique l'amour des absents, parmi tant de joie, se ranime au fond de la pensée.

« Dieu soit loué d'avoir fait la terre si belle! m'écriai-je.

— Et qu'il soit loué d'y avoir mis tant d'amertume et de douleur! continua Gustave; car on s'y plairait trop.

— Hé quoi! lui dis-je, cette paix chrétienne dont tu me vantes si souvent les douceurs t'aurait-elle abandonné?

— Ni la paix, répondit-il, ni, grâce à Dieu, le désir d'une paix plus complète et plus sûre, dans un monde où elle me sera éternellement assurée. Je ne suis point las d'un combat que Dieu m'a donné la force de soutenir; cependant j'aime à penser qu'il aura sa fin. Or cette grande affection que nous prenons aux choses de la vie, c'est le combat; et Dieu, qu'on est souvent tenté de trouver trop sévère, nous y secourt de deux façons : nous donnant la joie pour nous aider à supporter la peine, mêlant la peine à la joie pour nous rappeler que notre lot éternel n'est pas sur cette terre, et que nous avons à travailler pour mériter mieux. Que pourrions-nous désirer, si le corps habitait ici-bas en paix et en gloire, et si le cœur trouvait dans les tendresses humaines (je dis les plus pures et celles que Dieu sanctifie) tout ce qu'il y souhaite et tout ce qu'il y a cherché? Mais la fleur et l'épine sont sur la même branche; il n'est point de chemin aisé où l'on ne rencontre enfin la fatigue, de miel qui n'ait son dégoût, de beauté qui n'ait son imperfection, de paix humaine et de contentement terrestre où ne séjournent l'inquiétude et le désir; cela est bien, et nous devons remercier Dieu de laisser en nous ces témoignages de notre infirmité. Je n'imagine rien qui puisse faire souhaiter à un homme raisonnable cent années de vie, — même d'une vie pure, ce qui est pourtant le plus grand allègement possible au fardeau des jours; — car fît-on d'une pareille vie le ciel sur la terre, ce serait le ciel sans la présence de Dieu.

— Le ciel! m'écriai-je, quelle image vous en faites-vous donc?

— Mais aucune image, reprit-il, car je ne pense pas que le chrétien puisse embellir assez tout ce que ses yeux peuvent contempler sur la terre pour arriver à se former une idée imparfaite des splendeurs que le Seigneur habite, et qui sont à la mesure de sa grandeur et de sa puissance infinies. Le ciel est le séjour de Dieu; l'âme fidèle y sera près de lui, à jamais dans sa grâce impérissable, dans son amour éternel; elle y sera dans la compagnie de la sainte Vierge, des anges et de tous les saints; elle ne craindra plus la chute; ses plus nobles désirs seront satisfaits; elle occupera un rang dont elle sera contente : c'en est assez sans doute, et cette espérance, cette certitude est suffisante pour nous faire prendre en patience toute peine qui nous est infligée ici-bas, en mépris de tout plaisir que la volonté de Dieu nous y refuse. Mais Dieu est si bon, qu'il n'a pas borné ses soins à nous promettre l'entrée au séjour de sa gloire, et à nous révéler des saintes félicités qu'il nous y réserve tout ce que peut en comprendre la faiblesse de notre esprit. Il nous avertit à chaque pas, en toute joie, en toute chose, que la terre est un lieu d'épreuve et d'attente; et, pour éviter que nous ne nous attachions à notre exil, sa providence nous impose d'inexorables déboires, nous y fait porter des désirs que rien ne peut combler, ou du moins qui ne sont comblés que par la ferme espérance qu'il établit en nous. Que de fois j'en ai murmuré! combien j'apprends maintenant chaque jour à l'en bénir! »

J'écoutais ces paroles, et toutes les autres bonnes paroles que l'on me disait, en cherchant à leur fermer mon cœur. Je ne pouvais les oublier, et je voulais penser comme si je ne les avais point entendues; mais parce qu'elles pénétraient comme le coin dans le chêne dans ma volonté rebelle, plus je faisais de résistance, plus solidement elles tenaient. Quelle chose, en effet, ne devient pas pour l'intelligence chrétienne preuve et très grande preuve de la bonté de Dieu? Acceptons avec reconnaissance les douceurs de la vie, bénissons-en les amertumes.

Un saint François, dans sa sublime candeur, pouvait remercier Dieu d'avoir fait des fleurs si belles; car, au milieu de leurs parfums, son âme, détachée de tout, s'élevait au saint désir de la mort; mais pour nous, convives toujours affamés des désirs de la terre, c'est le piquant de l'épine qui rend la couronne de roses pesante à nos fronts, et qui nous fait désirer l'impérissable diadème que nous porterons à de plus saints banquets.

O fleurs qui parfumiez ces beaux jardins où j'errais en causant du ciel et de mon âme, cœur à cœur avec un si agréable et si sûr ami! doux était le spectacle, et l'entretien, et l'heure; le soleil d'avril échauffait l'air embaumé, mille oiseaux chantaient dans l'espace, et Rome élevait jusqu'à nous l'éloquente voix de ses deux royautés. Mais des voix plus joyeuses que la voix des oiseaux, mais des cris plus éloquents que la voix de Rome, éclataient en mon âme, éblouie par instant d'un adorable espoir; et pénétré, ravi, sentant en moi toute ma jeunesse, toute mon intelligence, tout mon avenir, je disais à ce vieil ami dont je serrais la main fidèle : Une existence n'a pas deux fois de pareils moments!

Et cependant, lorsqu'au retour j'aperçus de loin, sous un ciel brumeux, sur un triste rivage, la pauvre maison où m'attendait ma mère, et quand je reconnus ma mère elle-même, qui venait sur le seuil contempler cette route à laquelle depuis si longtemps elle redemandait son fils, ô fleurs, ô spectacles ravissants, ô belles heures de ma vie, combien vous fûtes oubliés! O pâles allégresses de la chair, tout entières effacées par une seule de ces larmes jaillies de mon cœur!

Pourtant, mon Dieu, ce n'était là encore qu'une joie de la terre; et cette mère, si tendre et tant aimée, n'est enfin que la mère de mon sang, de ma misère et de mon péché : que sera-ce donc, et que sera le souvenir de toute chose heureuse en ce monde, lorsque je reviendrai non plus à la maison de boue de mes parents mortels, non plus au berceau de cette vie pleine d'offenses, mais au palais de ma sainte origine et de vos impérissables splendeurs; mais à Marie, la mère de votre amour; mais à Jésus, qui a tant souffert pour me racheter; mais à vous, de toute éternité mon père, et père de mon éternité! Gloire à vous! à vous seul honneur, bénédictions et louanges dans les siècles des siècles! Amen.

XIV

L'ANNIVERSAIRE

J'interromps ces récits, tracés d'une main rapide durant les loisirs que me fait la nuit; j'écoute l'heure qui sonne. Un jour finit, un jour commence; mais pour moi cet instant a quelque chose de plus solennel : c'est une année qui finit, c'est une année qui commence. Vingt-sept ans se sont accomplis depuis que ma mère m'enfanta dans les douleurs, et que, bienheureuse malgré ces douleurs, elle déposa son premier baiser maternel sur le front de son premier-né. J'ai besoin de mettre sous la protection du ciel, qui m'a montré tant d'amour, cette année nouvelle dont il m'accorde de voir le commencement : je le prie de la rendre moins stérile en œuvres de piété que ne l'ont été ses devancières, ces années maintenant enfouies, insaisisables, perdues; perdues avec toutes les grâces et toutes les occasions de mérite que Dieu y avait attachées; disparues avec tant de misérables rêves qui formaient, il n'y a que deux jours encore, mes projets d'avenir; envolées sans retour avec un grand poids d'actions condamnables, que je pouvais ne pas commettre, et qui vont m'attendre au tribunal de Dieu pour m'être reprochées au jour du jugement, et pour me confondre à jamais, si je ne profite en hâte des instants, peut-être bien courts, que la clémence divine me laisse encore, afin que j'expie, afin que j'atténue par mon repentir, et surtout par des actions meilleures, le terrible compte que tôt ou tard je rendrai! Je demande à ceux qui liront ces pages, maintenant que je vis, ou quand je serai mort, d'être assez charitables pour donner à mon âme le secours d'une prière; et surtout je les engage à faire eux-mêmes ce que je fais en ce moment, à examiner leur vie, à demander grâce pour l'avenir. Quels qu'ils soient, jeunes ou vieux, riches ou pauvres, heureux ou malheureux, leurs années passeront comme ont passé les miennes; bonheur, malheur passeront comme souvent mon bonheur et mes peines ont passé, et leur vie ensuite finira comme la mienne doit finir : il n'en restera rien, que le bien et le mal dont Dieu fait là-haut la balance. Mais, poussière et brin d'herbe, je puis cependant élever une voix qui rassure mes frères; car je suis pour moi-même et pour les autres, dans ma misère et mon infirmité, un grand exemple des miséricordes infinies de Dieu. J'ai marché dans beaucoup de sentiers douloureux et obscurs, j'ai été bien pauvre, bien faible, bien seul; cependant j'ai senti toujours sa providence à la portée de ma main; il a toujours mis sur les buissons de la route assez de graines pour me nourrir. J'ai suivi longtemps des voies funestes, mais quand j'ai crié vers lui, il m'en a retiré; je me suis trouvé sans abri, et c'est alors que j'ai connu sa bonté souveraine, et qu'il m'a chaudement revêtu des rayons de son soleil; enfin j'ai eu le malheur de placer ailleurs qu'en lui mes espérances, et, c'est le miracle de tendresse dont je dois le plus le bénir, il m'a bientôt fait voir combien sont vains, trompeurs et fragiles tous ces palais de chimères où nous cherchons à nous réfugier, comme si son amour ne suffisait pas. Oh! que de soins visibles pour une si misérable créature! Oh! que de longanimité pour un cœur si souvent ingrat! que de patience à me répéter sans cesse ce que je devais apprendre, ce que je ne voulais pas savoir! Que d'abîmes dont je n'ai pu sonder l'épouvantable profondeur qu'après les avoir miraculeusement franchis! Quand je contemple ce grand nombre de mes jours écoulés, rassemblés tous dans un seul souvenir, je vois une providence inépuisable en amour, qui en a dirigé tous les événements pour mon bonheur présent et pour mon salut éternel, comme si elle n'avait eu à s'occuper que de moi dans le monde, et comme si le monde entier n'avait été créé que pour moi, et j'acquiers la certitude claire et palpable que Dieu, de toute éternité, a, en effet, daigné s'occuper de moi, pauvre atome, et daigné s'en occuper constamment, tandis que j'ai passé de longues années sans jamais songer à lui, et que maintenant encore j'y songe si peu.

Oui, de toute éternité Dieu a daigné s'occuper de moi : voilà ce que m'apprend chaque jour et chaque instant de ma vie. Est-ce sans raison qu'il m'a fait naître où je suis né plutôt qu'ailleurs? qu'il m'a conduit par mille aventures si profondes en utiles enseignements? qu'il m'a fait rencontrer, par un enchainement de circonstances qui, se tenant toutes, remontent jusqu'à l'infini, tant de bonnes âmes, tant de généreux amis, qui ont travaillé à soutenir ma vie, à éclairer mon cœur, après qu'ils eurent eux-mêmes, par une suite d'autres circonstances également multipliées, également incalculables et merveilleuses, reçu la lumière qu'ils devaient me communiquer? Est-il dans l'histoire du monde un seul événement, grand ou petit, que je puisse assurer avoir été étranger ou indifférent à ce tendre dessein que Dieu semble s'être formé de mon bonheur et de mon salut? Il existe des hommes sur terre que je n'ai vus qu'une fois, qui ne m'ont dit qu'une parole en passant, que je n'entendrai plus, que je ne reverrai plus, car depuis ils sont morts; mais cette parole a été pour moi l'occasion d'une bonne pensée, d'une bonne résolution; elle m'a fait éviter une faute qui en aurait engendré mille autres peut-être. D'où viennent-ils? N'est-ce pas Dieu qui les envoyait? Il y a des écrivains morts depuis plus de mille ans, dont je n'ai lu qu'une page; mais cette page m'a consolé dans un moment pénible. En la leur inspirant, Dieu ne songeait-il pas à ce moment de tristesse et d'abandon où j'aurais besoin, pour me consoler, d'un ami discret, qui toucherait aux plus secrètes plaies de mon âme sans que cependant je lui en eusse rien confié? Qui donc a élevé sur les chemins ces croix qui ont arraché à mes distractions tant de prières? Qui donc, pour réjouir mes yeux et mon cœur, a semé dans les champs tant de fleurs charmantes? Qui donc m'a conduit par la main, à travers des routes étranges et inouïes, auprès des âmes pleines de charité qui, dès qu'elles m'ont vu, m'ont donné le verre d'eau, le vêtement, le secours? et qui donc avait mis dans ces âmes cette abondante charité? C'est mon Dieu, c'est mon père. C'est lui qui, bien avant que j'eusse vu le jour, disposait sur mon passage tant d'abris bienfaisants, tant de voies consolantes, tant d'arbres chargés de fruits et chargés encore de fleurs; et tant de cœurs pour m'aimer, que je connais déjà; et tant d'autres que je ne connais pas encore, que je rencontrerai plus tard, selon mes besoins. Il songeait à moi quand les aïeux de mes aïeux dormaient encore dans le sein de leur mère : il y songeait dès l'origine des temps, comme maintenant il songe à ceux qui viendront à la fin des temps mêmes, continuant par nos actions présentes, en vue de ces derniers-nés des hommes, l'œuvre de miséricorde qu'il prépare de toute éternité pour les humains. Oh! chose solennelle! pensée qui confond l'esprit et le frappe de vertige dans les hauteurs sublimes où elle le fait monter, de se dire et de savoir que nous, misérables créatures, nous ne faisons pas une action si vaine et si petite, qui ne soit pourtant un moyen dont Dieu daignera se servir durant toute l'existence du monde, et qui n'ait son influence sur les destinées futures de tant d'hommes à naître, et peut-être de tant de nations qui ne sont pas encore formées!

Et au milieu de tout cela, dans cette chaîne immense et serrée, où l'on est à la fois un anneau imperceptible et indispensable, dans cet édifice infini, où tout homme peut se considérer comme étant la clef de voûte et comme n'étant rien; pressé, retenu de tous côtés, se sentant libre pourtant, sentir qu'on l'a toujours été, qu'on l'est encore, qu'on le sera; avoir de cette liberté suprême autant de preuves intimes qu'on a commis d'actions bonnes ou mauvaises; vivre dans le miracle de l'union et de l'accord de la prédestination et de la liberté, le contempler, le contempler comme on contemple le soleil, d'un œil ébloui et qui, à force de voir, ne voit plus: quelle incommensurable idée de la dignité de l'homme, de la tendresse, et, si l'on peut parler ainsi, de la délicatesse de l'amour de Dieu! Il veut être aimé librement, il veut qu'on sache pourquoi on l'aime. La prédestination, c'est la constance de ses bienfaits; la liberté, c'est la raison et l'intelligence; l'accord, c'est la clémence et le pardon, c'est le sang de Jésus, qui, au moindre cri de repentir, tombe sur le péché, le dissout, l'anéantit, et sans cesse remplace par ces œuvres de grâce qui sauveront le monde la multitude des œuvres de mal qui le perdraient... O mon cœur, arrête ici, sois humble, tais-toi! Que veux-tu expliquer? est-ce toi qui t'épouvanteras d'un mystère? Va, nourris-toi des fruits que ce soleil fait mûrir, et ne demande pas d'autres témoignages de sa vertu. Ce que tu comprends, tous les cœurs chrétiens le comprennent, aucune langue ne l'expliquera. Prie pour ceux qui s'obstinent orgueilleusement dans les ténèbres à nier ce que tu vois bien; et si Dieu, touché par tes prières, leur inspire autant d'humilité, ils en sauront bientôt autant que toi-même, et plus que n'en peuvent apprendre toutes les analogies.

Mes frères qui vous refusez à Dieu, c'est pour vous que j'ose élever la voix, malgré tant de motifs qui m'imposeraient le silence si je n'écoutais que ma force et les conseils de l'égoïste raison; c'est pour vous que je vous parle de moi-même avec cet abandon, sur lequel on se méprendra peut-être et qu'il peut paraître juste de condamner. Mais j'obéis à des entraînements plus forts que moi. Vainement, avant d'écrire, je me marque des limites que je ne franchirai pas; quelque chose me soulève, m'emporte; je ne puis plus m'arrêter; et, tout étonné moi-même de m'entendre, je me demande si c'est moi qui viens de parler ainsi; car jamais je n'ai prévu que je dirai ces choses, et tout à l'heure elles n'étaient pas dans mon esprit. Les voilà pourtant: je me croirais coupable à présent de ne pas les dire. Pensez ce que vous voudrez, mais c'est que je vous aime.

Priez pour moi si je vous suis utile; priez plus ardemment encore si j'ai le malheur de vous scandaliser. Je n'ai point de mauvaise intention : j'ai regardé ma vie, c'est la vôtre; souvent je l'ai crue amère, elle est cependant pleine de bénédictions; qui que vous soyez, c'est votre vie. Tout y a passé vite, et beaucoup de temps y fut mal employé : hélas! n'est-ce pas encore votre vie? Enfin j'ai demandé à Dieu de pardonner le passé : plus ou moins, qui n'a pas cette demande à lui faire? Je lui ai demandé surtout de protéger l'avenir, de multiplier dans mes jours l'occasion des bonnes œuvres, de me faire vivre pour effacer le mal, pour mériter, pour l'aimer, pour le servir, pour être son enfant soumis et fidèle, pour rendre à mes frères le bien qu'il m'a fait. Par l'ardeur des vœux que nous faisons ensemble, que ce soit ma vie! O mes frères, que ce soit notre vie!

XV

DERNIERS COMBATS

Nous étions aux approches de Pâques. Afin de solenniser comme il convient à des enfants de Dieu et de l'Église catholique cette fête si glorieuse, mes amis s'efforçaient de redoubler de piété, et redoublaient, en effet, de vigilance pour eux et de prières pour moi. Un motif religieux dirigeait toutes leurs visites dans Rome, où je les accompagnais toujours; la foi et l'amour de Dieu inspiraient leurs conversations; ils restaient plus longtemps prosternés devant les autels, et moi j'étais plus troublé et plus pressé que jamais, et plus que jamais irrésolu. J'attendais toujours ces lettres qui n'arrivaient pas; je pensais que des catastrophes avaient éclaté depuis mon départ, et que par là peut-être Dieu commençait à me punir; ou simplement qu'oublié de ceux dont je me croyais aimé, j'allais faire encore une fois l'épreuve, si souvent faite, du mensonge de toutes les affections.

J'enviais le bonheur de mes amis chrétiens, qui s'aimaient entre eux d'une amitié sainte et durable, qui aimaient toujours Dieu par-dessus toutes choses, et qui vivaient continuellement dans la certitude de son amour.

Un jour de dimanche, l'un d'eux proposa de sanctifier la soirée par une lecture pieuse; tout le monde en fut d'accord, et moi-même j'y consentis bien volontiers. Adolphe avait apporté de Paris quelques volumes contenant le *Carême* de Bourdaloue. Il lut le titre de plusieurs sermons; l'un aimait mieux celui-ci, l'autre celui-là. On convint de s'arrêter au choix indiqué par l'époque où nous étions; nous entrions dans la semaine sainte.

Quoique je ne sois rien moins qu'habile dans l'art excellent de la lecture à haute voix, moitié par vanité, moitié par le désir de plaire à mes amis, je m'étais offert comme lecteur. Adolphe me présenta donc le livre, ouvert au sermon pour le lundi de la semaine sainte : *Sur le*

Bourdaloue.

retardement de la pénitence. Je ne fis pas d'abord attention à ce titre, — qui surprit mes compagnons, ainsi qu'ils me l'avouèrent plus tard, et qui les rendit attentifs comme à un avis solennel que le Seigneur allait me donner en leur présence. — Je ne songeais véritablement qu'à lire de mon mieux à ces chrétiens un discours que je croyais de nature à les intéresser plus que moi.

Je ne connaissais rien de Bourdaloue; j'appris vite à le connaître.

On sait comment procède ce grand prédicateur : il pose et divise, en quelques lignes d'une admirable clarté, le sujet de son discours, s'emparant sur-le-champ de l'esprit de l'auditeur, et le frappant, comme d'un coup de massue, du bloc des sévères et irrésistibles doctrines qu'il va lui développer. Puis il marche, il s'avançe d'un pas tranquille mais impitoyable; il monte comme les grandes eaux, couvrant dans toute son étendue l'espace qu'il s'est marqué, gagnant toutes les objections l'une après l'autre, allant des plus faibles aux plus élevées, et les submergeant toutes des flots puissants de sa logique, sans cesse alimentée par la puissance de la foi et par la science de la doctrine, qui est la vraie science de Dieu. Peu de mouvements, point de fleurs : il ne songe pas à entraîner, il dédaigne de séduire; mais une clarté qui ne permet aucun subterfuge, une raison qui s'élève sans effort à toutes les hauteurs, une certitude impassible qui accule tout ce qu'on lui oppose dans la contradiction et dans la folie. Or je me trouvais aux prises avec ce rude adversaire, sur le dernier terrain où je m'étais réfugié. Chaque mot que je lisais frappait d'aplomb sur mon esprit, broyait mes prétextes, déjouait mes ruses, me convainquait de ma déraison, proclamait ma folie. Ou plutôt je ne lisais pas : j'écoutais, avec une sorte d'effroi et de stupeur, une voix qui ne semblait plus être la mienne, et qui, en révélant, en présence de mes amis, toutes mes pensées misérables, me couvrait de honte et de confusion. Je tremblais, je balbutiais, je me sentais rougir; mon front s'humectait de sueur. Tantôt je voulais jeter le livre et me retirer; tantôt je voulais m'interrompre pour m'écrier que j'étais vaincu, et que je prenais l'engagement de ne plus résister à des raisons dont la force me laissait sans excuses; tantôt je sentais des larmes me gagner; et je continuais, à travers l'orage de ces sentiments divers, ce sermon, cet avertissement à la fois paternel et terrible, où les menaces de la mort éclataient à côté des plus douces assurances de salut si je voulais me sauver, et qui me faisait si bien sentir qu'en effet, dans la position où Dieu m'avait mis, j'avais moi-même, en mes propres mains, et le don de ma grâce et la sentence de ma condamnation.

Tout ce qui m'avait été dit, tout ce que je me disais moi-même, et tout ce que je craignais de m'avouer, Bourdaloue me le répétait à voix haute, avec l'autorité souveraine de l'Écriture sainte, des Pères, de son propre génie, avec des paroles qui pénétraient comme des glaives ardents jusqu'au fond de ma conscience : « Je viens aujourd'hui vous dire ce que l'ange a dit à saint Pierre dans la prison : *Surge velociter,* « levez-vous et ne tardez pas. Je sais quelle illusion vous séduit, et « par quels prétextes la passion vous trompe et vous joue. Pour « calmer les remords intérieurs de votre âme, vous ne renoncez pas « entièrement à la pénitence, mais vous la différez; vous ne dites pas : « Je ne me convertirai jamais : ce désespoir fait horreur; mais vous « vous dites : Je ne me convertirai pas encore sitôt. Et moi, je veux « vous faire voir les suites malheureuses de ce retardement, et l'affreux « danger où il vous expose...

« Il n'y a rien de certain, mes frères, dans le futur, que son incerti-
« tude même. Il n'y a rien de certain, sinon que nous y serons surpris;
« car le Sauveur du monde nous l'a dit en termes formels : *Qua hora*
« *non putatis.* Après une parole si positive, mais si terrible, ajouterai-je
« encore au désordre de mon péché les désordres de la plus insensée
« témérité, remettant toujours ma conversion, demandant toujours
« trêve jusqu'au jour suivant : *Inducias usque mane?* Et pourquoi cette
« trêve qui ne peut être, si je l'obtiens, qu'une continuation affectée
« de mon iniquité, et, si je ne l'obtiens pas, que la cause de mon impé-
« nitence finale? Pourquoi cet appel opiniâtre au lendemain, contre
« l'oracle de la sagesse qui me le défend : *Ne glorieris in crastinum?*
« Puis-je ignorer que ce lendemain a perdu des âmes sans nombre,
« et que l'enfer est plein de réprouvés qu'il a engagés dans le dernier
« malheur! Ils se flattaient du lendemain, et il n'y en avait point pour
« eux; ils avaient fait un pacte avec la mort, suivant l'expression du
« texte sacré, et la mort ne le gardait pas. Est-il croyable qu'elle chan-
« gera de nature pour moi, et qu'étant si infidèle pour le reste des
« hommes, j'aurai seul le droit de pouvoir m'y fier? Quand même je
« l'aurais, ce lendemain, sera-ce un temps de pénitence et de conver-
« sion? Toute sorte de temps n'est point le temps de la pénitence...

« Nous le connaissons, chrétiens, ce temps de la visite de notre
« Dieu ; ce jour qui nous est accordé, nous le connaissons; et peut-être
« à l'instant que je vous parle Dieu vous dit-il : Voici, pécheur, votre
« jour, voici le temps que j'ai destiné pour vous; c'est aujourd'hui qu'il
« faut quitter cette vie libertine, car je ne veux plus de retardement. »

C'étaient là de ces paroles qui me faisaient pleurer, car je sentais vivre en moi-même le miracle qu'elles m'annonçaient; mais bientôt j'étais saisi d'épouvante en écoutant ces menaces :

« Qui sait si Dieu, se tournant contre nous (après que nous aurons
« méprisé la grâce), ne nous dira point alors, comme à ces Juifs dont
« il est parlé au premier chapitre d'Isaïe : Retirez-vous, et ne paraissez
« point devant mes autels pour me faire une offrande indigne de moi :
« je ne vous connais plus, et vos sacrifices me sont à charge. Comme
« roi des siècles et monarque éternel, je voulais les prémices de vos
« années, je voulais ces années de prospérités, qui furent pour vous
« des années de dissolution; je voulais ces années de santé, que vous
« avez consumées dans le repos oisif d'une vie molle et paresseuse; je
« voulais cette jeunesse, dont vous avez fait le scandale de tant d'âmes;
« je voulais cet âge mûr, qui s'est passé dans les intrigues de votre
« ambition démesurée. Vous avez sacrifié tout cela au monde, et vous
« l'avez fait dans l'assurance que ce serait assez de m'en offrir quelques
« débris; et moi, je vous dis que ces oblations me sont odieuses, et
« qu'il est de ma gloire de les réprouver. Ainsi parlait le Seigneur; et
« ainsi se comporte-t-il tous les jours à l'égard de certains pécheurs,
« après les délais criminels qu'ils ont apportés à leurs conversions. »

Mes amis eurent pitié de moi; prétextant la fatigue d'une si longue lecture, ils m'interrompirent à la fin de la seconde partie; et de fait, véritablement je n'en pouvais plus ; mais, bien avant dans la nuit, la voix de Bourdaloue retentit à mon oreille, et le lendemain encore je l'entendais comme un tonnerre menaçant.

Ce jour-là, si je ne me trompe, qui était le lundi de la semaine sainte, ou le mardi, nous allâmes entendre la messe à Saint-Pierre. Je n'entrais jamais sans émotion dans ce temple sublime, et, comme un vrai catholique de Rome, j'y faisais de bon cœur acte de dévotion. Je ne manquais pas de baiser le pied de cette statue du prince des apôtres, dont le bronze en cette partie s'est usé et a pris une autre couleur au contact des lèvres fidèles qui viennent s'y poser. Quels cœurs malheureux ont donc les premiers conçu un triste plaisir à contester le sentiment, si naturel, qui nous porte à honorer les reliques des saints et à les invoquer devant leurs images? J'étais, certes, libre de préjugés ; je n'étais pas chrétien encore, je refusais encore à Dieu ce qu'il me demandait essentiellement, et déjà pourtant j'aimais les saints. Mon cœur et ma raison me montraient en eux des médiateurs qu'il m'était doux et consolant d'appeler à mon secours.

Après la messe nous allâmes nous agenouiller devant la balustrade qui entoure, près du maître-autel, le tombeau des apôtres. C'était notre usage toutes les fois que nous visitions Saint-Pierre, et même, je puis bien l'avouer, j'avais souvent trouvé que mes amis y passaient un peu trop de temps. Il n'en fut pas de même ce jour-là. Appuyant mon front sur mes mains jointes, j'osai enfin, devant Dieu, contempler franchement mon âme bouleversée depuis un mois par tant de contradictions, chargée de tant d'inquiétudes, bourrelée de tant de remords, si honteuse de ses lâchetés, si effrayée de l'avenir qui l'attendait, si incertaine encore dans ses résolutions. Jamais je n'avais vu si clairement mes misères ; je fus saisi de pitié, et, ne pouvant plus m'en tenir, je pleurai sur moi-même à chaudes larmes, dans une angoisse et dans un déchaînement de douleur que je ne saurais exprimer. C'était un trouble sans pareil, une confusion inouïe ; le regret de mes péchés et l'amour de mes péchés, la colère, la tendresse, l'impuissante fureur d'un cœur vaincu malgré lui, le repentir généreux d'un enfant qui retourne à son père, le désespoir d'un jeune homme arraché à tous ses plaisirs, la reconnaissance d'un prisonnier délivré de ses fers ; tout ce que je pouvais penser, tout ce que je pouvais comprendre, tout ce que je pouvais sentir, alimentait ce torrent de larmes ; je pleurais d'avoir méconnu Dieu, je pleurais de ne plus pouvoir l'offenser en sécurité. Prosterné à ses pieds, je lui demandais d'anéantir lui-même jusqu'aux derniers vestiges les indignes idoles pour lesquelles je l'avais trahi ; et presque au même instant, ô folie et misère ! je le suppliais de ne les point briser. Et comme si j'avais pleuré du sang, il me semblait qu'avec mes larmes s'en allait ma vie.

A ce moment violent, mais rapide, quoiqu'il m'eût suffi pour embrasser, dans le pêle-mêle de leur défaite, l'ensemble de mes désirs les plus contraires, succéda bientôt une sorte de calme qui amena de désolantes réflexions. Il me parut que j'étais toujours au même point, et que ce jour de la conversion, dont Bourdaloue m'avait parlé la veille, ou n'était pas encore venu pour moi, ou bien plutôt était passé, passé à jamais, passé par ma faute, passé pour mon éternelle condamnation, et que j'allais en mourir coupable, ou retomber plus bas dans ce bourbier d'iniquités que j'aurais pu fuir, pour y mériter, par de plus longues souillures, de plus terribles punitions. Une sorte de rage alors s'empara de mon cœur, et j'osai me révolter contre cet arrêt sévère que je prêtais à Dieu. Mais quoi! pensai-je, Dieu n'est-il pas clément et plein de miséricorde? Il ne m'a pas condamné; car je veux me convertir, je veux me convertir aujourd'hui, je ne lui demande qu'un peu de secours. Quel secours demandais-je? un miracle sans doute, n'étant pas capable de comprendre encore celui qui s'opérait en moi. Comme si je m'étais attendu à être transporté dans les airs, ou à voir des yeux de mon corps Dieu descendre de sa gloire pour m'absoudre et me transformer, je me figurais qu'il ne voulait pas m'exaucer parce que ces prodiges ne s'accomplissaient pas. Je m'adressai aux saints apôtres : Pierre, vous avez renié par trois fois votre maître; Paul, vous l'avez persécuté; ai-je donc plus péché que vous? Venez à mon secours! obtenez-moi le pardon que vous avez obtenu! étrange prière sans doute, cri d'orgueil jeté par le ver à demi écrasé dans la fange. Mais je devais offenser Dieu même en implorant sa grâce, et, après lui avoir demandé pardon de mes fautes, lui demander pardon encore de mon insolent repentir.

Et comme les saints apôtres ne sortaient point de leur tombeau pour venir en personne m'assurer qu'ils intercéderaient en ma faveur, après de nouvelles larmes je me levai convaincu que je ne me convertirais pas.

Voilà le triomphe de la raison humaine, ou du moins quels services je tirais de ma raison. Elle souffrait bien que je demandasse à tout propos des miracles; elle ne suffisait pas à me pousser là où tout lui disait cependant que ces miracles si désirés s'accompliraient.

Et quand nous fûmes sortis du temple, je navrai le cœur de mon pauvre Gustave, qui augurait bien de ces larmes et de cette longue prière, en lui disant avec sincérité que je m'étais offert à Dieu, mais que Dieu ne voulait pas de moi, et que je ne serais jamais chrétien. Puis, comme un moment auparavant j'avais demandé secours à Dieu, demandant à l'enfer un autre secours, j'allai encore voir à la poste si j'avais des lettres de France, et l'on me répondit encore qu'il n'y en avait pas. Et c'est ainsi, Seigneur, que j'ai toujours vécu dans le miracle de votre pitié; mais alors je l'ignorais. Ne me condamnez pas, maintenant que, le sachant si bien, après avoir abusé jadis de mon ignorance, je suis tenté d'abuser de ma foi.

Gustave et Adolphe, et cette bonne Élisabeth aussi, étaient à mon sujet remplis d'inquiétudes. — Hélas! se disaient-ils, est-ce qu'il ne profitera pas des grâces de Pâques et de Rome, dont le Seigneur se plait à l'accabler? Gustave, bravant l'humeur sombre et taquine où j'étais presque continuellement, cherchait les occasions de me dire

6

une bonne parole. Adolphe, moins libre avec moi, n'osait me presser, et se bornait à me prodiguer les marques d'une affection dont on ne peut se figurer la constante douceur; car cette âme pieuse exhale la douceur comme une fleur exhale son parfum. Élisabeth priait; elle était douce aussi, compatissante et simple. Renfermée dans la modestie de son sexe, et dans la réserve commandée par la date si récente encore de notre première entrevue, elle ne disait pas un mot qui eût trait à la religion; mais la charmante aménité de son caractère, la droite et naturelle affection dont elle aimait ses devoirs, et cette vraie piété qui paraissait en elle sans qu'elle songeât à la montrer jamais, étaient une grande et nouvelle prédication.

Un jour, et je crois bien que c'était encore ce même mardi de la semaine sainte, Adolphe tournait autour de moi, cherchant comme toujours ou à me distraire ou à m'éclairer. J'étais assis, je lisais je ne sais quel livre; toujours n'était-ce pas le sermon de Bourdaloue : je lui gardais rancune. Je levai les yeux sur Adolphe, il était aisé de deviner sa pensée, et, obéissant moi-même à je ne sais quel bon mouvement que m'envoyait Dieu : « Cela vous ferait donc bien plaisir, lui dis-je, Adolphe, si je me convertissais? » Il ne répondit pas, mais je vis dans ses yeux une larme. Qu'il soit béni pour cette larme!

Et vous, Élisabeth, soyez bénie également pour le regard charmé que vous échangeâtes avec Adolphe en m'entendant parler ainsi.

Oui, soyez bénis tous, mes chers tuteurs, pour l'aide que vous m'avez donnée en ce difficile combat. Je sais combien vous avez prié pour moi, car depuis j'ai prié pour d'autres; et avec quelle ardeur, avec quelle plénitude de tendresse et de foi le chrétien ne supplie-t-il pas Dieu de prendre et de toucher ces cœurs rebelles, qu'il lui présente sans se décourager jamais! Soyez bénis de m'avoir tant aimé, maintenant que je sais comment les chrétiens aiment. Soyez bénis, toi, Gustave, du courage persévérant de ton affection; toi, Adolphe, de la persévérante douceur de la tienne, et vous, Madame, de vos vertus!

XVI

LE GESU

C'est le nom que porte, à Rome, la maison mère de la société de Jésus. Là réside le général de l'ordre, et l'on y voit encore, transformée en chapelle, l'humble cellule que saint Ignace habita. Mes amis avaient donné leur confiance à un religieux de cette illustre compagnie, vieillard chargé d'années et d'œuvres, dont la vertu et le savoir représentent dignement dans la hiérarchie de l'ordre toutes les qualités qui honorent ses membres français. Ils allaient souvent le voir, et quelquefois je les y avais accompagnés avec plaisir. Le bon père me semblait doux et vénérable, quoique je ne pensasse point avoir jamais affaire à lui. Mais ce qui me plaisait particulièrement, je le dirai, c'est un sentiment puéril : c'était la curiosité de pénétrer chez les *jésuites*, dont le nom m'offrait quelque chose de terrible et de mystérieux. J'étais de cette pauvre génération que les journalistes, les brochuriers et les orateurs d'une époque et d'une école qui maintenant (je le crois, du moins je l'espère) rendent le dernier soupir, ont engluée d'une si niaise ignorance. Gustave avait, il est vrai, un peu réformé mon jugement. Cependant il y restait bien des idées du *Constitutionnel,* qui, mêlées aux miennes, faisaient un extrême ragoût. Me voir chez les jésuites me paraissait toujours non moins étonnant que hardi. Le moyen, en effet, d'imaginer, après la belle éducation que l'on nous donne, après ce que nous apprennent les écrivains, les professeurs, et les doctrines d'égoïste émulation qui font de la vie un champ de course et de guerre contre le prochain; le moyen, dis-je, de comprendre qu'il y ait des hommes uniquement occupés de prière, de dévouement, et de qui la suprême ambition ici-bas soit d'être parfaitement pauvres, parfaitement humbles, parfaitement obéissants! Nécessairement, pensais-je, il y a sous ces apparences quelques grands et redoutables projets que l'on n'avoue pas. Ces folles visions commencèrent à s'effacer lorsque j'entrai dans la cellule du bon père qu'allaient voir mes amis. Hélas! l'ancienne mansarde où mon adolescence s'était écoulée au milieu de tant de privations, adoucies par tant de joyeuses espérances, n'était pas plus étroite ni plus indignement meublée. Enfant pauvre du plus pauvre peuple, je n'avais eu ni un lit plus dur, ni une lampe plus fumeuse, ni des chaises plus rares, ni, sauf la différence des sujets, des estampes plus grossières, collées sur la nudité du mur. Mais une lumière éblouissante pénétrait dans ma mansarde; et ici le jour semblait fuir la petite fenêtre qui lui imposait la mauvaise humeur de ses vitres noircies. Mais si j'étais pauvre, j'étais jeune; si ma cage était aérienne, j'y chantais comme l'oiseau; et c'était ici le séjour d'un vieillard courbé par cinquante années de travail, savant illustre, et, pour tout dire, un des flambeaux de la chrétienté. J'étais, moi, sorti de ma mansarde, et j'avais pu viser dans le monde à tous mes désirs; lui, tantôt sous un ciel et tantôt sous un autre, à travers beaucoup de persécutions et de souffrances, il n'avait trouvé, voulu, cherché, conquis, que la pauvreté humble et constante où je le voyais, et dans laquelle il voulait mourir, après l'avoir, au plein soleil de ses jeunes années, choisie pour épouse, en repoussant du pied la liberté, la richesse, la gloire, qu'il pouvait conquérir aisément.

D'où venaient ces résolutions étranges? Qui avait poussé le saint vieillard à cette vie de sacrifices? Qui l'y avait retenu, qui l'y rendait content? et non pas seulement lui, mais tous ses frères, jeunes et vieux, que je voyais passer portant sur leurs visages les éclatantes marques du travail, de l'humilité, de la douceur et de la paix! Et quels ambitieux étaient-ils donc, ne mettant pas même leurs efforts à vaincre les ambitions humaines, mais les ayant vaincues une fois pour toutes et à jamais!

Il y avait là une énigme, et, grâce au Ciel, j'en pouvais trouver le mot : l'amour de Dieu!

Longs et sombres corridors du *Gesù!* dignes ministres du Seigneur qui les parcourez, occupés de pieuses pensées et de projets de sacrifices! maison bénie, d'où s'élèvent, comme d'un encensoir toujours brûlant, des prières qui n'implorent que le travail et le martyre, oh! combien je vous aime! Vous n'êtes pas seuls, grâce à Dieu, ni dans Rome ni dans le monde; mais pour la première fois vous m'avez montré la pauvreté sainte et joyeuse, l'humilité couronnée de la seule véritable gloire, les promesses de la foi plus puissantes sur le cœur de l'homme que toutes les réalités de la vie; et je n'ai bien compris jusqu'où le Seigneur a eu pitié du monde qu'après vous avoir connus.

Loué soit le Seigneur notre Dieu de l'éclatante lumière qui rayonne au front de ses saints, et du feu inextinguible dont il veut que la charité consume leurs cœurs!

XVII

SUR LA SCIENCE

L'opiniâtre lâcheté de mes irrésolutions, l'inertie, indigne de tout être doué d'un peu de cœur et de bon sens, dans laquelle je me plongeais pour échapper aux infatigables persécutions de la grâce, me devenaient chaque jour et à chaque instant plus insupportables. Je n'y trouvais nul repos, nul allégement même passager. Il ne suffit point de se boucher les yeux ni les oreilles, lorsqu'on a une fois vu et entendu ce qui plaît ou ce qui épouvante : l'image reste en nous, plus séduisante ou plus terrible; les échos de l'intelligence donnent un accent plus pressant ou plus sombre aux paroles qui les ont frappés, et pour un grain de vérité qui pénètre en nous à l'aventure, bientôt germe un épi.

Mais, sans parvenir à rassurer mon âme, qui gémissait, et qui voulait être sauvée, sans espérer que j'y dusse parvenir jamais, je voulais au moins relever devant mes amis l'honneur si compromis de mon amour-propre. Je cherchais continuellement des prétextes, des sophismes, qui pussent leur faire croire à des doutes que je n'avais déjà plus au moment où je les formulais; et toujours battu sur ces doutes, je m'appliquais toujours à en imaginer de nouveaux. Que disais-je? Je ne saurais ici le rapporter, et ce n'est pas par un reste de cet amour-propre coupable : c'est qu'en vérité je ne m'en souviens plus. Mais vous qui luttez encore contre Dieu, tenez pour assuré que je disais tout ce que vous dites sans y mettre vous-mêmes probablement plus de sincérité que je n'y en mettais; car le bon sens, la saine intelligence, le savoir, je ne dis pas le mien, qui est nul, mais le savoir le plus étendu, fournissent peu d'objections. L'orgueil, le délire des sens, le bestial attachement qui nous assujettit aux joies de la matière : voilà ce qui lutte en se cachant sous le manteau de la raison. Quel homme, en effet, osera dire franchement : « Je ne suis rien; je ne puis rien créer, et tout ce que je vois me prouve un Créateur. Ce Créateur a fait toutes choses et les a faites de rien; car si l'intelligence même de l'homme est dépourvue des facultés créatrices, et ne peut faire naître spontanément, par l'effort de sa volonté, ni un brin d'herbe ni un vermisseau, comment comprendre que la matière inintelligente se soit d'abord créée elle-même, puis qu'elle ait formé l'ordre du monde, et enfin qu'elle ait enfanté en dehors d'elle cette vie de la pensée qu'elle n'a pas! Il y a donc un Créateur préexistant à toutes choses, que je devrais croire préexistant à lui-même, si je pouvais nier son éternité. Il est maître de la vie, il est maître de la mort; il n'a point commencé, il ne doit point finir; cela est évident, de cette évidence il m'est aisé de conclure et sa toute-puissance et sa perfection. Comme tout ce qui est sur la terre, je suis sa créature; s'il m'a fait, il me connaît; il sait ce qui se passe dans mon cœur, il voit l'action de cette intelligence, qu'il m'a donnée; par le don de cette intelligence, refusée aux autres créatures, il m'impose envers lui les devoirs qu'elles n'ont pas. J'ai certainement autre chose à faire qu'à végéter comme la plante, et qu'à vivre comme l'animal : tout m'en avertit, tout me le prouve, et j'en suis d'accord. Qu'ai-je donc à faire? je l'ignore; mais on me dit que le Créateur a institué des hommes pour m'en instruire, et ma raison comprend sans peine qu'il en doit être ainsi : la société spirituelle doit avoir sa législation et ses juges, comme la société corporelle a les siens, sans lesquels elle ne pourrait subsister. J'irai donc à ces hommes, et je leur demanderai de me faire connaître la législation qui régit les âmes... Non, je n'irai pas! Ils me commanderaient des sacrifices auxquels je ne veux pas consentir; ils exigeraient que j'acceptasse des croyances qui ne me sont pas parfaitement claires; ils proposent des mystères, je prétends qu'il n'y a pas de mystères pour moi. Si je veux bien croire que Dieu a fait le monde, je ne veux pas croire qu'il ait fait quelque chose de plus; s'il a donné à l'univers des lois toujours obéies, je ne veux pas admettre qu'il m'ait donné des lois. La législation que je cherche est en moi-même, et si elle paraît insuffisante et obscure, je m'arrange de cette insuffisance et de cette obscurité. Je nierai le Créateur, que tout me révèle, plutôt que d'avouer son pouvoir; ou j'avouerai son pouvoir, et je ne m'y soumettrai pas. Je préfère le despotisme du monde à l'autorité de Dieu; j'aime mieux les joies que je puis me procurer n'importe comment; elles me sont plus chères, toutes souillées de la boue où je vais les chercher, que ces joies douteuses de l'espérance qu'il faudrait acheter par tant de privations. »

Voilà ce que l'on pense. On ne le dit pas, car on est plus maître de le penser que de n'en point rougir; et, pour ne pas le dire, on se rejette ou dans la torpeur de la brute, ou dans la mauvaise foi des subtilités. On ne comprend ni la vie ni la mort, on ne se comprend pas soi-même, et l'on voudrait pénétrer clairement tous les secrets du ciel et de Dieu! Dieu sait tout, permet tout; pourquoi donc a-t-il permis le péché? Pourquoi nous a-t-il donné des instincts contre lesquels nous devons lutter? Pourquoi cette curiosité destinée à s'irriter contre tant de mystères? Qu'est-ce que la Trinité? Mille questions semblables! Et aucune réponse ne nous agrée, parce qu'au bout de toutes les solutions se présentent les devoirs que nous voulons éluder à tout prix.

Quelquefois je me fâchais contre mon pauvre Gustave; je le trouvais insupportable de prétendre avoir toujours raison. « Ce n'est pas moi, me disait-il, qui ai raison, je ne te donne point des choses que j'ai inventées; je n'y mets aucun orgueil; je n'y prétends aucun honneur. Mais je te répète les paroles de la Sagesse éternelle; et voilà pourquoi tout ce que tu peux dire est vain, ne m'ébranle point, et j'oserai ajouter, ne te satisfait point toi-même. D'ailleurs, pas plus que moi, tu n'imagines rien; tes arguments sont vieux comme l'homme et comme le péché; tu ne te sers pas même de tous ceux que l'esprit de révolte a façonnés bien longtemps avant toi. Sous l'inspiration de l'orgueil, la science humaine s'est complu à en accroître le nombre.

— Ah! m'écriai-je, m'emparant de ce mot comme d'un grand avantage, bien heureux es-tu que je ne sois pas savant, que je n'aie pas longtemps approfondi et fouillé ces matières! je saurais...

— Que saurais-tu? interrompait-il à son tour. Que les plus savants hommes, au bout de leurs plus sublimes efforts, ou sont tombés dans la folie, ou se sont précipités avec amour au pied de la croix! Quel est le champ de la science? c'est le monde. Qu'est-ce que le monde? c'est l'œuvre de Dieu. S'il y a des savants qui trouvent dans l'œuvre de Dieu des arguments contre l'existence de Dieu, cela me semble moins un prodige de science qu'un prodige de stupidité. Ils cherchent, ils analysent, ils découvrent, quoi? — que ce qui nous paraissait simple est composé, c'est-à-dire que là où nous ne voyions qu'un miracle, il y en a cent, il y en a mille, il y en a à l'infini : que l'homme, par exemple, n'est pas un bloc de chair animé, mais un assemblage merveilleux de pièces diverses concourant au même ensemble, sous l'action d'un je ne sais quoi qui vient on ne sait comment, qui s'en va sans qu'on puisse s'y opposer, qui retourne ils ne savent où. Ils retrouvent, à des degrés différents, de mêmes lois et de mêmes complications dans tous les êtres et dans toutes les choses : l'eau est composée de tant de parties; l'air, de tant; cette substance se modifie sous l'action de cette autre : l'expérience apprend aux savants à opérer ces modifications, elle ne leur apprend pas à ne point les opérer, lorsqu'ils ont une fois placé les choses et les substances dans les circonstances où elles se modifient. Ils ne créent donc pas des lois nouvelles; mais ils font de nouvelles applications d'une loi préexistante et de certaines forces de la nature qui n'en existaient pas moins pour n'être pas encore connues. La science constate, applique, encore une fois elle ne crée point. Quel savant a créé, c'est-à-dire fait de rien quelque chose, ne fût-ce qu'un brin d'herbe, ne fût-ce qu'un grain de poussière? Dieu a dit : Que la lumière soit, et la lumière fut.

« Ainsi le mystère est partout, jusque dans la vertu qui fait que la plus vile des substances, sous l'action de telle autre substance, également vulgaire et méprisable, change de couleur, se dissout ou s'anéantit. Qui a voulu, réglé tout cela de toute éternité? Qui a déposé dans les substances les plus contraires ces vertus mystérieuses, par où elles s'unissent et se confondent jusqu'à engendrer d'autres substances et des agents nouveaux, par où elles se combattent jusqu'à s'entre-détruire? Si quelque savant prétend me prouver que c'est le hasard, ou que la nature elle-même l'a ainsi réglé dans ses desseins, je ne suis pas grand clerc, mais je me fais fort de prouver, devant toutes les académies du monde, que ce savant-là est un sot.

« Ce qui ne milite pas contre l'idée de Dieu dans l'ordre matériel se trouvera-t-il dans l'ordre moral? Et après que l'homme a fatigué son intelligence à constater partout dans le monde la trace d'une volonté créatrice souverainement sage, toute-puissante, infinie en miracles, au lieu de reconnaître dans cette intelligence même le chef-d'œuvre du grand ouvrier qu'elle admire, y verra-t-il ou quelque chose qui l'égale, ou quelque chose qui le nie? S'il prétend cela, il ne le prétend que pour lui-même; cette monstrueuse impertinence émeut de pitié mon intelligence, à moi, qui tressaille de joie sous les regards paternels de mon Créateur, et qui par là donne un démenti formidable à tous les savants possibles et à tout ce que la science pourra jamais inventer contre la foi.

« Mais la science tombe rarement dans cette abjection de nier Dieu; auquel cas le savant n'est plus un savant, mais un catalogue, et, si je puis m'exprimer ainsi, une sorte d'armoire où sont renfermés des livres et des collections. La science est plus adroite et plus orgueilleuse : elle admet Dieu, et tourne ses efforts à combattre l'Église. Dieu, pour elle, est bien un créateur tout-puissant, un législateur très sage, qui a fait toutes choses dans un ordre et dans une régularité admirables, sauf la société humaine, à laquelle il n'a donné ni législation ni juges, ni instituteurs, car tout cela c'est l'Église et tout ce qu'elle a mission d'enseigner. En sorte que, si nous en croyons cette science, si vaste et si profonde, l'intelligence de l'homme est véritablement le seul mal qu'il y ait sur la terre, puisque, poussée par de mauvais instincts et les dirigeant à son tour, elle possède avec la haine de l'ordre le pouvoir de s'en écarter, avec l'amour du mal le pouvoir de l'accomplir; ce qui ne se remarque en aucune, du reste, des choses créées, que l'on voit toutes assujetties à des lois dont elles ne se départent pas : les astres donnant leur lumière, la terre sa végétation, les arbres leurs fruits, les brebis leurs toisons, l'air et l'eau faisant les offices auxquels on sait les employer, et jusqu'aux plantes vénéneuses et aux bêtes malfaisantes continuant de payer fidèlement à l'homme leurs tributs dont il peut tirer profit. Cette loi, qui est la seule raison d'être du monde, l'homme ne l'a pas reçue, et sans doute il l'attend encore après des milliers d'années de souffrances, mais il l'attend en vain. Le moyen, en effet, de croire qu'il la recevra! Il continuera donc de souffrir, abandonné à son insuffisante sagesse, qui s'agite, depuis que les siècles ont une mémoire, sans avoir pu trouver parmi les flots mouvants de tant de doctrines folles, désespérantes, dégradantes, la terre ferme où elle doit s'établir en paix.

« Il existe bien, il est vrai, une société qui s'intitule l'Église catholique : elle dure sous sa forme actuelle depuis dix-huit cents ans, avec les mêmes croyances et les mêmes préceptes ; et, par une suite non interrompue de faits extraordinaires, qu'on dit appuyés sur les plus clairs témoignages, elle prétend établir son point de départ à ce berceau formé par les beaux ombrages de l'Éden, où le premier homme fut fait du limon de la terre, mais aussi des mains, du souffle et à l'image de Dieu. Cette société, cette Église, prétend garder le dépôt des traditions antiques, confirmées et modifiées par de nouvelles lois reçues de Dieu même; elle prétend avoir la connaissance de Dieu et de l'homme; elle présente, elle offre, elle va porter à tous les hommes une doctrine en dehors de laquelle nulle autre doctrine n'a pu s'élever sans se dissoudre à l'instant, comme un corps que la vie abandonne, et qui n'est bientôt plus qu'une pourriture où se remuent et s'entre-dévorent des insectes hideux. Dans cette Église et pour cette doctrine ont souffert et sont morts d'innombrables quantités de martyrs, ont travaillé d'innombrables quantités de puissants génies; elle a certainement fait les plus grandes choses qui se soient faites; elle a certainement eu pour enfants humbles et fidèles les plus grands hommes en toute espèce de savoir; elle a été sans cesse attaquée par tous les moyens et de toutes les manières, et jusqu'à présent elle a toujours vaincu; et jamais elle n'a demandé d'autre prix de son triomphe que le droit d'éclairer ses ennemis, de leur pardonner, et de les aimer encore lorsqu'ils ne veulent ni de ses lumières ni de son pardon. Aux esprits entravés de doutes, elle promet des certitudes et des miracles; aux cœurs troublés, la paix; aux cœurs vides, l'amour; à l'intelligence déroutée, une règle; à ces victimes de leurs passions désespérées de ne pouvoir les vaincre, une loi qui les dominera; à ces âmes honnêtes mais faibles qui se sont souillées et qui gémissent de leurs souillures, une eau régénératrice, sous les inépuisables flots de laquelle reparaîtra dans sa blancheur première l'honneur de leur pureté; elle promet la joie aux malheureux, la rédemption aux captifs, le pardon aux coupables; à tous, aux plus engouffrés dans les ténèbres, aux plus avant perdus dans l'abîme des douleurs, elle promet de les assouvir de lumière et d'espérance, et tout ce qu'elle promet, des millions et des millions d'hommes, aujourd'hui comme dans tous les siècles passés, élèvent la voix sur toute la surface de la terre pour affirmer qu'elle le donne pleinement, qu'ils le savent bien, qu'ils le savent pour l'avoir reçu d'elle et conservé par ses soins.

« Or, lorsque l'on s'avise de dire cela aux savants, les uns n'ont point encore entendu parler de cette Église catholique, ou n'ont pas jugé qu'il fallût s'en informer plus au long, étant occupés à façonner un système bien autrement vaste et important que le sien; les autres, questionnés sur ces prétentions, ont trouvé dans quelque bibliothèque quelque bouquin où elles sont contestées; ils s'en tiennent là. Il y en a qui font gravement au miracle permanent de son existence des querelles de grammaire, et qui assurent que tout vient d'un mot hébreu mal traduit autrefois. Il y en a qui veulent démontrer par la physique, la chimie et l'histoire naturelle que la religion catholique pèche par la base, parce qu'un miracle est, suivant eux, impossible à Celui qui a fait cette belle et puissante nature, où tout est miracle..., jusqu'à leur abrutissement! Et d'autres, par l'histoire, entreprennent d'établir que les saints, les papes, les évêques, le sacerdoce entier dans la majestueuse suite des âges chrétiens, n'ont été qu'une succession de fourbes, de faussaires, de tyrans, d'impudiques ou de niais: en sorte que Dieu n'a jamais tant permis de crimes et d'aussi noirs qu'aux hommes qui les ont accomplis en son nom. Quant à s'expliquer comment quelque chose de si puissant est sorti de tant de sources infâmes, comment des faussaires et des niais ont trompé si longtemps et trompent encore le genre humain, c'est à quoi ils renoncent. Là encore se trouve le mystère, le mystère inexorable devant lequel il faut absolument s'abaisser, partout où l'homme n'adore pas avec un respectueux amour la marque du doigt de Dieu.

« Voilà ce que la science a façonné contre l'Église, qu'elle nie, pour qu'à sa suite la brutale ignorance nie effrontément Dieu lui-même; mais cette science, c'est la science impie, et par là même impuissante, bornée, stérile. Ses zélateurs ne sont pas entrés dans le sein de cette Église qu'ils accusent, ou dont ils contestent le pouvoir; ils n'ont pas essayé, par la pratique des devoirs qu'elle impose, de constater sur eux-mêmes l'inefficacité des secours qu'elle promet; ils n'ont opposé à ses doctrines que des dénégations puériles; et aucune des institutions essayées sous leur influence n'a obtenu de Dieu ce miracle de la durée et de l'unité, que l'Église présente au monde, et qui les confond.

« N'est-il cependant que cette science-là? Tout ce qui compulse les vieilles annales, tout ce qui fouille, sonde, interroge l'homme et la nature, est-il à ce point contraire à l'Église, à la divinité de son institution, à la sagesse sainte de sa conduite, à la probité de ses croyances, à la sublimité de ses enseignements? Tu le sais, et je n'ai point à te citer ici des noms qui sont sur tes lèvres aussi bien que dans nos cœurs. Pour un rêveur imbécile, qui ne comprend rien lui-même à ses propres livres lorsqu'il les relit après deux ans; pour un poète qui trouve des raisons dans les hasards de la rime; pour un bibliothécaire usé sur son fauteuil; pour un chimiste aveuglé par la loupe avec laquelle il regarde un peu de fange, combien d'hommes et combien de légions de grands hommes, dans tous les pays, dans tous les temps, dans toutes les sciences, ont vengé l'Église, et prouvé par leur amour filial, encore plus que par leurs travaux, la vérité de toutes ses paroles, la sainteté de tous ses dogmes, la déraison ou la turpitude de tous ses ennemis!...

« Écoute : il est dur et pénible à mon amitié de rendre ton aveuglement moins excusable en t'offrant les moyens de le dissiper; mais comme enfin mes sollicitations et mes avis peuvent aussi te décider à faire ce que tu dois faire pour te sauver, et que Dieu nous ordonne de le publier partout, je ne me tairai point. Encore une fois, je te déclare que l'Église a les paroles de vie, et je te presse d'aller les lui demander, comme j'y suis allé moi-même, afin que tu connaisses Dieu et que tu l'aimes, comme je l'aime et comme je le connais. Mille dangers peuvent se présenter durant le voyage que nous devons entreprendre; j'y craindrais trop pour ta vie, si j'y craignais pour ton âme. Va trouver un prêtre; tu peux avoir des doutes que tu ne voudrais pas me proposer, et d'autres auxquels je saurais mal répondre; je ne puis te faire comprendre ce miracle du pardon que tu n'as point à me demander, et que je n'ai point à te donner; le prêtre y suffira, c'est son œuvre et son droit. Nous parlions tout à l'heure d'une loi de la nature par laquelle certaines substances mises en contact se modifient, s'épurent, changent de forme et de couleur : la même loi se retrouve dans l'ordre spirituel; elle y est tout aussi infaillible, et Dieu a permis qu'elle y soit pleinement expliquée. Le prêtre a des mots sacrés qui transforment l'âme coupable mais pénitente, qui détruisent en elle le mal et souvent jusqu'au germe du mal, qui la font blanche et radieuse, de souillée et de noire qu'elle était; je le sais, je te le répète, par moi-même. Essayes-en au moins; après, nous verrons. Donne cette consolation à ce bon Adolphe et à moi, qui t'aimons à un degré que tu ne peux comprendre et que tu ne peux sentir; rassure-nous sur ton âme, pour laquelle nous tremblons toujours. »

Il me serrait la main; sa voix était émue. La pensée de ce grand voyage et de l'éternité, qui pouvait commencer sitôt, troublait mon cœur. « Eh bien! lui dis-je, j'irai voir le père***, je te le promets. »

Je n'avais pas lâché ce mot, que j'aurais voulu le retenir. « Tu me comprends, ajoutai-je, je n'irai pas me confesser : j'irai seulement causer avec le prêtre et lui soumettre mes objections.

— Bien entendu, » me répondit-il, sans pouvoir cacher sa joie.

Voilà, pensais-je avec regret, comme je suis toujours dupe de mon bon cœur. Mais ils ne me tiennent pas encore.

Et je me dirigeai vers la poste, tout en ruminant et classant dans mon esprit la foule des doutes qui me revenaient, aussi nombreux, aussi pressants que si jamais un argument solide en faveur de la foi ne m'avait été donné.

Je demandai mes lettres, il n'y en avait toujours pas.

XVIII

LES FIANÇAILLES

Le soir de ce jour-là, Adolphe allant au Gesù, je l'y accompagnai. Nous entrâmes chez le père; j'avais la tête meublée de raisonnements sur le péché originel, sur les mystères, que je voulais qui me fussent bien clairement expliqués. J'avais trouvé dans ma position, dans mes relations, dans l'intérêt de mon avenir et dans l'intérêt de mes sœurs, mille raisons péremptoires de ne point changer de vie; un pareil changement semblait trop exiger l'abandon de cette profession d'écrivain, de laquelle seule je croyais pouvoir tirer mon existence, et que je ne sentais pas compatible avec la foi chrétienne de la façon dont je l'avais exercée. Après les premiers compliments, je priai, non sans un peu d'inquiétude, Adolphe de nous laisser seuls; il s'empressa de céder à mon désir, et j'accompagnai malgré moi le cher et honnête ami, tandis qu'il s'éloignait, d'un étrange regard, comme si c'eût été le monde et mon passé qui se fussent éloignés dans sa personne, pour m'abandonner à l'entrée d'une nouvelle vie. Le père, ayant fermé sur lui la porte, revint seul vers moi, et, me regardant avec un sourire dont la vénérable bonté rayonne encore dans mon cœur : « Eh bien! me dit-il, mon enfant? — Mon père! lui dis-je, mon père! » Le cœur me manqua, mes yeux s'obscurcirent; et laissant mon front tomber sur mes mains: « Ah! mon père! m'écriai-je en fondant en larmes, je suis bien malheureux! »

Le bon vieillard s'approcha, calma mon agitation par de douces paroles, me dit que l'enfant qui rentrait à la maison paternelle ne devait pleurer que de joie; et quand je fus en état de lui répondre, nous causâmes un peu. Si je lui fis, comme je me l'étais promis, des objections, elles furent courtes, et je ne me le rappelle pas; je n'en avais plus à faire. Tout ce que je me rappelle de cet instant, c'est le sourire du saint religieux, mes larmes et mon bonheur. Je ne me confessai point pourtant ce jour-là. Le père, voulant que je pusse me préparer à un acte si sérieux, remit à m'entendre au surlendemain, et je le quittai, ayant promis de revenir, mais non moins engagé par ma parole que par mon cœur.

Est-ce tout? Oui, grâce à Dieu; et que ceux qui trouveront que je n'ai point fait une assez belle défense soient assez heureux pour être plus vite vaincus! Il y a des hommes que la vérité atteint du premier bond; d'autres qu'elle poursuit sur des cimes plus hautes que celles où les forces de mon esprit me permettaient de la fuir; les uns ne se rendent qu'après avoir parcouru le vaste champ de la science, et s'être égarés dans tous ses abîmes; d'autres sont pris dans la fatigue des années et des plaisirs; de nobles cœurs sont attirés par l'amour; d'autres, moins généreux (le mien est de ceux-là), sont terrassés par la crainte; il y en a que Dieu enlace des chaînes de la douleur; il y en a qui vont à lui dans la pompe de toutes les félicités. Tous les moyens lui sont bons: qu'il soit béni de les employer tous! il m'a ramené, j'ai bien assez de lui rendre grâces, et j'y emploierais toutes les heures d'une longue vie que ce serait encore trop peu, mais j'espère bien y employer toute l'éternité.

En face de la cellule du père, dans le vaste et sombre corridor qu'une pauvre lampe éclairait faiblement, il y avait au-dessus d'un prie-Dieu une statuette de la sainte Vierge, devant laquelle la piété des religieux entretenait une veilleuse et un bouquet d'humbles fleurs. Ce fut là que je retrouvai Adolphe à genoux. Je lui serrai silencieusement la main, et, comme il avait à parler au père, je pris sa place en l'attendant devant l'image de Marie. Bien qu'occupé de pensées et d'affections contraires, je puisai dans ma prière des consolations inaccoutumées, demandant à Dieu de me faciliter ce terrible passage, et, puisque je m'élevais à lui, de me donner la force nécessaire pour ne point retomber; lui recommandant mes parents, mes amis, sur lesquels j'étais plein d'inquiétudes, et songeant encore à des âmes qui n'auraient pas soupçonné, si elles avaient pensé à moi, qu'en ce moment-là je priais pour elles, dans la maison des jésuites, devant l'image de Marie. Mais, dans ma tristesse, je commençais à plaindre ceux que j'avais connus de n'être point disposés à embrasser ces résolutions dont j'étais loin encore de m'applaudir entièrement. Sans doute le péché avait reçu une forte atteinte, je le sentais chanceler; il n'était pas vaincu. Je pouvais bien prier pour les compagnons de mes erreurs; je ne pouvais les chasser de ma mémoire, ni en effacer la peinture encore trop vive des égarements qu'elles avaient partagés. Je ne me désespérai point pourtant. Je compris que je n'avais pas le dernier mot des miséricordes divines, et qu'il fallait attendre l'absolution.

Adolphe vint me rejoindre. Nous sortîmes ensemble. « Cher ami, me dit-il, priez bien la sainte Vierge; elle peut tout sur le cœur de Dieu. »

Nous regagnâmes silencieusement notre demeure. J'annonçai à Gustave et à Elisabeth que j'irais me confesser le vendredi saint. Les anges savent quelles actions de grâces furent ce jour-là rendues à Dieu; et je le sais aussi, car j'ai nagé dans les torrents de délices que goûte un chrétien lorsqu'il sait qu'un de ses frères longtemps battu par l'orage touche enfin le roc de la pénitence et reconquiert son éternité.

Je n'allai point le lendemain chercher mes lettres; mais, saisissant une feuille de papier à demi remplie l'avant-veille de plaintes sur un silence qui me désespérait, j'y ajoutai, le cœur gros et d'une main tremblante, quelques lignes contenant l'aveu de ma résolution et la prière de ne rien entreprendre qui vînt s'y opposer. Que Dieu me pardonne les larmes que je ne pus entièrement retenir en signant cette confession par laquelle je m'abandonnais à lui pour l'avenir, sous peine, si j'y manquais, de tomber dans le mépris du monde comme dans son courroux ! Je faisais l'acte le plus digne, et peut-être le seul acte vraiment digne qui eût encore honoré ma vie, et j'étais navré de regrets. Je me hâtai de faire porter cette lettre : je me sentais bien faible, j'étais pressé de m'engager sans retour.

XIX

PECCAVI

J'employai le jeudi et le vendredi saints à mon examen de conscience, suivant la méthode de saint Ignace, que le père m'avait indiquée, c'est-à-dire, m'aidant des lieux que j'avais habités, des emplois que j'avais remplis, des personnes que j'avais connues. Quoique je n'aie pas tenu grande place dans le monde, je pourrais ici garnir bien des pages des noms de ceux à qui j'ai pardon à demander. Si ce livre tombe sous leurs yeux, qu'ils sachent tous que je regrette amèrement de leur avoir fait tort, de les avoir offensés, ou de les avoir scandalisés. Qu'ils me remettent ces fautes, tant celles qu'ils connaissent que celles qu'ils ne connaissent pas ; car nos ennemis et nos amis même ignorent la moitié des violations que nous commettons chaque jour contre la loi qui nous ordonne d'aimer le prochain; qu'ils me les remettent comme, depuis ce moment si cher et si solennel, je leur ai moi-même remis de grand cœur, et à mon grand soulagement, tout ce que je pouvais avoir à leur reprocher. Il est doux d'être sans haine pour qui que ce soit sur la terre, même pour les méchants.

Pour être nouvelle, cette occupation ne m'en fut pas moins facile. L'homme garde la mémoire du mal qu'il fait mieux qu'il ne garde celle du bien, qui n'a pas tant à s'exercer, et mieux encore que celle de ses pauvres joies, si longtemps poursuivies, si rarement atteintes, si vite oubliées... lorsqu'elles ne laissent pas à la conscience la souillure et le remords ! Depuis plus d'un mois les fâcheux souvenirs du passé me persécutaient; j'en profitai. Cependant je puis dire que seulement alors, en les examinant pour m'en accuser, je commençai d'en comprendre et la bassesse et la perversité. Quelquefois je sentais que la rougeur me montait au visage; qui m'eût regardé en ces moments-là m'eût fait cacher mon front dans mes mains. Ceux qui voudraient ne voir dans ces récits (plus complets que je ne m'étais peut-être promis de les faire) que la révélation d'un faible cœur fasciné par la crainte ou séduit aisément par l'amitié, si rien ne les a touchés dans tout ce qui précède et ne leur a paru digne d'entraîner une grande détermination, qu'ils considèrent ce que je leur dis maintenant. Je veux bien qu'on ne m'ait point donné de bonnes raisons, je ne tiens point à établir que j'y devais céder ; l'essentiel étant pour moi d'avoir cédé, le reste m'importe peu. Mais voici un fait : je ne vis dans mon passé presque rien dont l'aveu ne dût humilier, je ne dis pas la conscience du chrétien, mais l'orgueil et l'amour-propre de l'homme. Confesser cela, c'était, n'appréciant pas bien encore ni le miracle de la clémence divine, ni le caractère divin du prêtre, aller contre tous les errements de ma vie, violenter tous mes instincts, détruire devant un homme, à l'estime duquel je tenais comme on tient à l'estime de tout homme au monde, la trame soigneusement ourdie de ma réputation. J'allais aux genoux de cet homme lui dire : « On m'a cru cette vertu, je ne l'ai point : j'ai, au contraire, ce vice ; ici j'ai paru agir avec générosité : mon action, au contraire, était lâche, perfide, pleine de convoitises, et je l'ai couronnée d'un mensonge ; là j'ai trahi un ami ; et là, malgré les cris de ma conscience, la vérité. » Et tant de choses qu'il ne convient ni d'écrire ni de laisser supposer... Enfin, vous qui lisez, vous êtes homme, descendez dans votre cœur : il y a tout à croire qu'il n'est ni plus mauvais ni plus souillé que le mien ; mais il renferme toujours assez de pénibles mystères pour que vous souhaitiez ardemment de n'y laisser pénétrer aucun regard. Ce secret éternel, je l'avais souhaité comme vous, avec plus de raison peut-être que vous, et aussi ardemment que vous ; je le souhaitais encore. En le souhaitant cependant je me préparais à tout révéler ; j'en frémissais de crainte, et je m'y préparais toujours ; la honte et la sueur couvraient mon front, et je me décidais à ne rien cacher, à ne déguiser rien. Qui donc m'y forçait ? Ma parole donnée ? Je trouvais dans mes souvenirs cent violations de ma parole, et ce n'était pas là ce qui me gênait le plus, en vérité. La crainte de l'enfer ? Crainte lointaine, crainte disparue devant la crainte de cette honte assurée qui m'attendait demain. Le repentir ? Il était trop faible encore et bien intermittent. L'amour de Dieu ? C'est à peine s'il passait à de longs intervalles, pâle et languissant, dans mon âme, comme un rayon de soleil dans les jours d'orage. La foi ? J'allais la mériter, je voulais l'avoir, je ne l'avais pas. Qu'était-ce donc ? Hélas ! je vous le demande, car, sur mon âme, je ne le savais pas.

Ainsi vous ne pourrez le dire, et, hormis le chrétien, qui le dira ? car toute science, toute philosophie et toute sagesse humaine sont impuissantes à donner de si hautes solutions. Ce qui me poussait malgré tout, ce qui suppléait à la crainte, au repentir, à l'amour, à la foi, c'était la grâce de Dieu, grâce pure, entière et gratuite, qui n'était méritée par rien, rien au monde, pas même par un peu de bonne volonté ; car, en cherchant bien dans mon âme, je n'y trouvais peut-être que le faible désir de vouloir. L'angoisse profonde dont j'étais, la veille encore, si cruellement tourmenté, avait elle-même disparu..., comme il arrive souvent des maux corporels, qui disparaissent au moment d'y appliquer le remède terrible qui doit les guérir, et à l'efficacité duquel d'ailleurs on ne croit pas.

Enfin le moment arriva ; c'était le soir. Je ne pouvais aller seul au *Gesù*, connaissant mal encore les rues de Rome, et ne parlant pas l'italien ; je n'y pouvais pas aller seul, craignant qu'au moment de franchir cette porte redoutable je ne vinsse à reculer, saisi d'une insurmontable terreur. Gustave devait m'accompagner. « Eh bien ! me dit-il, partons. » Pauvre Gustave ! il me parut cruel, et je lui en voulus de ce mot plus que je ne saurais dire. Nous partîmes cependant, et sur le chemin je ne pensais pas que j'allais à la régénération spirituelle, à l'éternelle jeunesse de l'innocence, de l'espoir et de l'amour. Mais, dis-je tristement, c'en est donc fait, hélas ! et voilà qu'au milieu de ma force, au seuil de mon avenir, tout à coup, par la force des humiliations, j'entre dans la vieillesse du corps et du cœur ! Je fuirai désormais les chemins encore fleuris de mon printemps, je n'obéirai plus aux doux caprices de ma liberté, je limiterai mon intelligence et mes sens, je craindrai de voir, je craindrai d'entendre, je craindrai de penser et d'aimer !... J'oubliais que j'avais maudit cette liberté ; que dans tous ces chemins mes pieds s'étaient blessés aux cailloux, mes mains s'étaient déchirées aux épines ; que mon intelligence, volant dans les ténèbres, s'y était heurtée sans cesse à mille problèmes affreux, y avait défailli devant mille terreurs ; que ma pensée était bornée par la nuit ; que mon cœur était outré du mensonge et de la bassesse de ses attachements ; j'oubliais toutes mes douleurs et toutes les promesses naguère si claires de la religion. O mon Dieu, qui fera bien voir de quelle étreinte désespérée l'homme s'identifie à son péché, de quelles illusions folles il est le jouet et la victime, par combien de liens le démon le saisit, et par combien de ruses il l'égare ? Qui dira cela, Seigneur, afin que, marquant l'étendue de tant de faiblesse et de misère, on ait au moins quelque petite mesure de votre puissance et de votre bonté ?

Cet ouragan d'angoisses et de regrets furieux ne s'apaisa pas tout à fait quand nous fûmes dans la cellule du père et en sa présence. Mais je m'y sentis plus ferme, comme sur une hauteur que la mer ne saurait submerger, quelque grand que fût son effort. Je regardais le cher compagnon qui m'avait mené dans cet abri, sans pouvoir encore lui pardonner d'avoir, je le croyais, suscité ces tempêtes. « Va-t'en, » lui dis-je avec une secrète colère. Il sourit ; et, au milieu de tant de préoccupations poignantes, je ne pus m'empêcher de sourire moi-même du *volontiers* empressé dont il accueillit cette invitation. Lorsqu'il fut parti, je regardai le père ; mes yeux devaient exprimer l'incertitude où j'étais encore dans ce moment suprême. « Mettez-vous à genoux, » me dit-il avec la calme dignité d'un juge.

Je me mis à genoux, et je me confessai. Oh ! combien les prêtres doivent admirer la miséricorde du Seigneur ! Mais aussi comment, au spectacle continuel de son indulgence, ne seraient-ils pas doux et indulgents?

Je me levai, le cœur bercé d'une joie sérieuse et paisible; non pas délivré encore, mais allégé; non pas absous, mais béni. En retrouvant Gustave dans le corridor, en prière, à cette même place où j'avais vu Adolphe, et où, comme lui, il était resté les mains levées vers Marie durant le combat, si je ne lui dis point que j'étais heureux, je pus du moins lui dire que j'étais satisfait. Pour lui, ce qu'il éprouvait, ce n'était pas de la joie, ce n'était pas du bonheur, c'était de l'ivresse. Il venait de servir à conquérir une âme, il avait sauvé son ami. Il me demandait de prier pour lui à mon tour, pour ses enfants, pour sa femme, pour tous ceux qu'il aimait. Sa vivacité d'imagination lui faisait former mille projets de pieux travaux; son cœur reconnaissant se confondait en bénédictions ferventes. Je ne lui répondais pas; je n'avais presque plus ni pensées ni sensations. Brisée de fatigue, mon âme s'endormait délicieusement.

Un fait qui survint le lendemain ou le surlendemain troubla soudainement ce repos réparateur, et me prouva combien je tenais encore au passé, mais en même temps combien aussi j'étais déjà plus fort contre ses séductions. Adolphe, étant allé à la poste, en était revenu dans une étrange perplexité: on lui avait remis pour moi plusieurs lettres arrivées à Rome déjà depuis longtemps, ainsi que nous le vîmes par les timbres, et que la négligence des employés avait égarées, comme il arrive souvent. Supposant bien que c'étaient là ces malheureuses lettres si impatiemment attendues, craignant leur effet sur moi, et redoutant que je ne me misse à soupçonner une supercherie, Adolphe et Gustave tinrent conseil. La décision fut qu'on me donnerait les lettres, en priant Dieu qu'il n'en résultât rien de mauvais. Adolphe me les présenta donc, sans mot dire, le pauvre garçon, mais avec un air consterné dont je ris encore aujourd'hui. Sur le moment je ne pensai point à lire. Un coup d'œil jeté sur l'adresse m'apprit ce qu'elles contenaient. Ah! mon Dieu! quelle tentation de m'en emparer, d'aller dans quelque coin les lire, les relire cent fois! Quels regrets de ce qu'elles n'étaient pas arrivées deux jours plus tôt, et comme je sentis bien que je n'avais pas versé toutes mes larmes, et que tout ce que j'avais cru briser la veille n'était pas détruit encore. Mais vous eûtes pitié de moi, vous me donnâtes un peu du courage dont j'avais besoin. — Jette tout de suite ces lettres au feu, me criait mon bon ange. C'était ce qu'il fallait faire. Dieu se serait plu à récompenser cette ferme résolution; je ne pus m'y décider, et je transigeai. Hélas! funeste habitude, car tout sacrifice doit être généreusement consenti, et devient plus difficile à mesure qu'on remet à l'accomplir. « Va, dis-je à Gustave en faisant un grand effort, je ne veux point lire ces lettres à présent. Porte-les au père, dis-lui qu'il les ouvre..., qu'il les brûle..., ou qu'il les garde pour me les donner lorsqu'il lui plaira. »

Je les ai lues, ces lettres, mais plus tard, lorsque, plein de confiance dans la force des sacrements qui rendent au chrétien sa gloire et son courage, on ne craignit plus le léger combat qu'elles me feraient livrer. Sans doute je bénis Dieu qu'elles ne soient pas arrivées avant le jour où je pris envers lui un engagement solennel; sans doute j'aurais mieux fait de les brûler sans les lire lorsqu'elles m'arrivèrent. Mais que contenaient-elles enfin? Ce qu'il fallait, il y a peu de jours, pour faire pencher la balance en faveur de l'enfer; ce qu'il fallait maintenant pour que mon âme, fière et ravie du lumineux espace ouvert à son essor, pût oublier à jamais, dans la nuit du dédain suprême, les plus redoutables ennemis qu'elle avait cru devoir redouter. Gloire à Dieu!

XX

ATTENTE

C'est un doux moment, dans la vie du chrétien, que celui où, n'étant pas tout à fait encore rentré dans la grâce de Dieu, il est assuré d'y rentrer bientôt, et s'y prépare avec une joie qui n'est pas sans mélange de crainte et de saisissement, cherchant à bien effacer jusqu'aux moindres traces de ses souillures, parfois inquiet de savoir s'il y réussira, mais plus ordinairement rempli d'une confiance surnaturelle dans la voix qui lui promet de lui rendre toute sa pureté. Déjà il parcourt l'Éden des promesses divines : s'il n'est qu'un étranger admis par grâce dans ce beau jardin, demain une grâce nouvelle, et qui lui est formellement assurée, l'en fera possesseur; il sera l'enfant du maître; tout fleurira, germera, chantera pour lui. Ces amis qu'il y rencontre, demain seront ses frères; il ira, pénétré d'amour et de reconnaissance, et couvert de la pourpre divine, s'asseoir avec eux au banquet paternel. Que cette attente m'était chère, et de quelles beautés nouvelles Rome et toutes choses ravissaient mes yeux! Dans ces églises où nous allions prier, je n'étais plus un vivant blasphème; j'avais dépouillé l'insolence stupide de mon orgueil, et mille objets, muets et morts jusque-là, commençaient à m'y parler tendrement. Un sens inconnu s'éveillait en moi, qui me faisait respirer au milieu des temples je ne sais quels parfums épanchés par des fleurs invisibles, et qui donnait à leur silence des voix confuses encore, mais si douces pourtant, que jamais musique de midi sous les feuillages, ni savants accords de la lyre, ni accents inspirés de la poésie et de l'éloquence, ne m'avaient plus enchanté. Les saintes images paraissaient me suivre d'un regard fraternel; quelquefois je contemplais la croix comme si je ne l'avais pas vue encore de toute ma vie; et véritablement comme je la voyais alors, je ne l'avais point encore vue. Elle faisait battre mon cœur, elle étincelait de prodiges, elle s'élevait, elle s'agrandissait, elle se perdait dans le ciel et sous mes larmes.

Je comprenais mieux mes amis, et par cela même je les aimais mieux; je n'étais plus tenté de leur contester des vertus que je sentais possibles à la faiblesse humaine, ayant commencé d'apprendre sous quelle sauvegarde ces vertus étaient placées. Mon indignité ne m'était plus à charge, parce que j'avais l'espoir et la sainte impatience de m'en délivrer. Un moine qui passait dans la rue, par son seul aspect, illuminait mon esprit d'une soudaine intelligence; et mille choses que je n'avais pu concevoir m'étaient aussitôt clairement expliquées. Devant les tableaux pieux, je me plaisais à cet aimable sourire dont les saints et les anges qu'on y a représentés caressent le spectateur; je leur disais en mon âme : Demain je reviendrai, et c'est à un frère que votre sourire s'adressera. J'étais noblement orgueilleux de toutes les gloires de la religion et de l'Église; dans l'auréole des saints, dans les cicatrices des martyrs, dans le bois et dans les clous de la croix, je retrouvais des titres de famille, et je sentais que mon âme ne volerait jamais assez haut pour embrasser l'horizon des splendeurs que Dieu m'allait prodiguer.

XXI

QU'ON LUI RENDE SA ROBE D'INNOCENCE...

Enfin il me fut donné d'achever le lent et pénible, mais sincère aveu devant lequel j'avais reculé si longtemps. Je l'avais commencé avec des déchirements terribles, je le terminai dans le calme vivifiant de l'espérance et du repentir. A genoux aux pieds du saint religieux qui m'exhortait sur la vie passée et sur la vie nouvelle qu'il fallait mener désormais, je n'éprouvais plus ni regrets pour les choses abandonnées, ni craintes pour l'avenir. J'écoutais d'une oreille pieusement attentive les leçons de la sagesse divine; elles portaient dans mon cœur une lumière complète; je sentais pleinement possibles toutes les œuvres qu'elles me recommandaient; je n'y voyais plus rien d'assujettissant; elles ne me proposaient plus rien d'obscur; et jusqu'à cet adorable et facile pardon de tant d'erreurs, tout m'était expliqué par la bonté suprême, qui n'y mettait d'autre condition que de mieux faire à l'avenir après m'avoir donné dans ce but toutes les grâces dont j'aurais besoin. Je nourrissais une sainte confiance que je ne serais plus nuisible à mes frères, et que Dieu pousserait envers moi la miséricorde jusqu'à me délivrer, dans leurs âmes, du mal que j'y avais jadis occasionné, faisant de mon retour un avis salutaire dont ceux qui m'avaient connu seraient maîtres de profiter, et que tous peut-être ne dédaigneraient pas.

Abandonnant ce passé qui n'était plus en mon pouvoir, et sacrifiant de bon cœur les mauvais désirs pour effacer les coupables actions, je sentis non plus le vague vouloir, mais la résolution vraie de marcher franchement dans la voie qui m'était tracée, et où je ne craignais plus de me perdre, parce qu'au lieu d'y suivre mon impuissante sagesse, j'y suivais la sagesse de Dieu, sous l'œil et sous la main de la sainte Église catholique romaine, établie par le Père des fidèles pour diriger vers lui tous ses enfants.

J'étais dans le port, et je regardais d'un œil tranquille cette mer infinie des anciennes tentations, où il ne me semblait pas que de nouvelles tempêtes dussent jamais m'éprouver.

Je savais ce que c'est que le mal : c'est ce que Dieu défend. Vingt-quatre années j'avais vécu sans le savoir et sans pouvoir l'apprendre; je le savais maintenant pour ne plus l'oublier, et toutes mes déceptions et toutes mes misères n'étaient plus un mystère où se perdît ma raison.

Je bravais la possibilité de toutes les infortunes, sans daigner même honorer d'un regard celles qui pouvaient me menacer. Dieu intervenait visiblement dans ma vie : j'avais la foi. Je l'avais trouvée, avec toutes les consolations, avec toutes les évidences, avec toutes les certitudes, là où l'on m'avait dit que je la trouverais. « Viennent donc l'orage et le malheur! je vaincrai par ce signe, » me disais-je en contemplant le crucifix.

Et lorsque, levant la main sur ma tête, le ministre du Seigneur prononça d'une voix douce et grave les paroles sacramentelles de la miséricorde et du pardon, je me courbai plus bas en frémissant d'allégresse; j'adorai le secret inexprimable de la clémence divine, et je compris que Dieu pouvait me pardonner, parce que je sentis le pardon.

Le lendemain, Gustave, Adolphe et Élisabeth, bénissant Dieu, me conduisirent au banquet céleste de la réconciliation. C'est durant l'octave de Pâques, à la sainte basilique de Sainte-Marie-Majeure. Jésus mon Sauveur, ayez pitié, dans votre grande miséricorde, et de moi si indigne de tant de grâces, et de tous ceux pour qui je vous ai prié ce jour-là!

XXII

SAINTE-MARIE-MAJEURE

Sainte-Marie-Majeure, la chère basilique où je fis cette communion qu'il m'est doux d'appeler ma première communion, est un temple vaste et magnifique dont la touchante histoire, lorsque je la connus, me parut avoir je ne sais quelle douce et mystérieuse analogie avec l'acte solennel que Dieu m'avait permis d'y accomplir. On raconte qu'au IVe siècle de l'ère chrétienne, sous le saint pape Libère, deux époux de grande famille et de haute piété, désespérant d'avoir des enfants, s'adressèrent à la très sainte Vierge pour que cette faveur leur fût accordée par son intercession, et pour qu'elle leur fît en même temps connaître de quelle manière ils pourraient lui témoigner leur gratitude; car, après avoir invoqué une si puissante protectrice, ils ne doutaient pas que leur désir ne fût bientôt rempli. La sainte Vierge leur fit connaître qu'elle voulait bien les exaucer : la nuit du 4 août 352, elle les avertit par un songe, qu'eut aussi le pape Libère, de faire édifier une église en son honneur au lieu où, dans la matinée suivante, ils verraient le sol couvert de blanche neige, malgré l'excessive chaleur de la saison. Et ils virent, au jour naissant, qu'une très grande quantité de neige était, en effet, tombée sur le mont Esquilin. La nouvelle de ce fait miraculeux se répandit aussitôt dans toute la ville, et saint Libère, suivi du clergé et d'une grande quantité de peuple, se rendit sur les lieux. A peine y fut-il arrivé, qu'à la vue de cette multitude un nouveau prodige se manifesta : la neige se divisa d'elle-même en grandes lignes, de manière à dessiner sur la terre tout le plan d'un édifice. La douce foi des fidèles n'en demanda pas davantage; on se mit à l'œuvre, l'église fut promptement bâtie, grâce aux largesses des deux époux; et comme elle se trouva être la plus grandiose et la plus belle qu'on eût encore, dans tout Rome, dédiée à la très sainte Mère de Dieu, elle fut d'un commun accord nommée Sainte-Marie-Majeure; mais on l'appela aussi Sainte-Marie-des-Neiges, en commémoration du miracle de ce manteau blanc et pur tombé du ciel sur le sol où elle s'élevait; basilique Libérienne, en souvenir du saint pape Libère, qui l'avait consacrée, et qui avait eu tant de part à sa construction; enfin Sainte-Marie-du-Berceau, lorsque plus tard elle fut enrichie des précieux débris de la crèche où naquit le Rédempteur.

Et moi, ne dois-je donc pas aux prières des amis qui m'ont adopté ma renaissance spirituelle? Ne l'ont-ils pas ardemment sollicitée de la

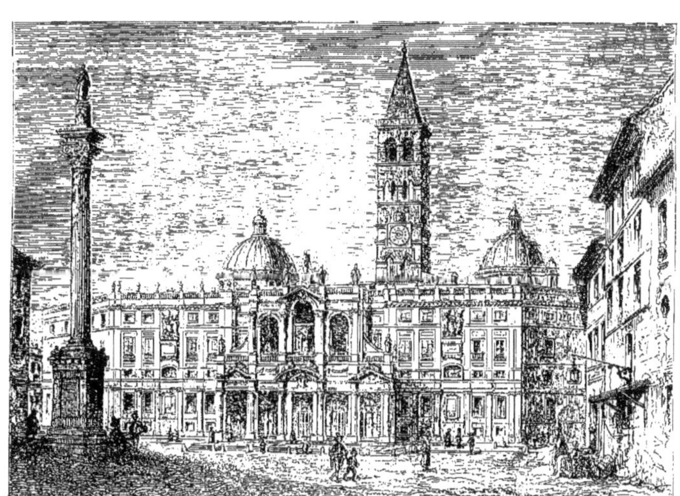

Sainte-Marie-Majeure.

divine compassion de Marie? N'est-ce pas sur les collines de Rome et dans l'aride été de ma jeunesse, quand le feu de toutes mes passions brûlait et désolait mon cœur, qu'un voile de pureté, tombant tout à coup sur ce cœur misérable, y a marqué les fondements d'un nouvel édifice, a permis à la foi d'y construire un temple où j'adore Dieu, où j'honore et vénère tendrement Marie?... Mère des chrétiens, mon secours, mon refuge et mon espérance! je vous ai implorée souvent dans mes chutes et dans mes angoisses, et vous ne m'avez pas oublié; car malgré tout j'ai senti s'accroître envers vous ma confiance et mon amour! Hélas! pourquoi mon cœur n'est-il pas assez pur, assez dévoué, assez généreux et grand en tendresse, pour que vous y soyez toujours et sainte Marie des Neiges et sainte Marie Majeure?

Plusieurs souverains pontifes ont eu pour la basilique de Sainte-Marie-Majeure la plus pieuse et la plus amoureuse prédilection; aussi est-elle devenue par leurs soins d'une richesse et d'une élégance rares, tout en conservant le caractère grave et vénérable qui sied aux lieux sacrés. Saint Sixte III la fit beaucoup embellir à l'occasion du concile œcuménique d'Éphèse, où fut condamné l'hérésiarque Nestorius, impie détracteur des mérites infinis de Marie très sainte : il l'orna d'un grand nombre de mosaïques représentant divers traits de l'Ancien Testament et de la vie de la bienheureuse Mère de Dieu, couvrit de lames d'argent le grand autel, et donna pour les usages du saint ministère une quantité de vases de prix. Après ce pontife, Symmaque, Grégoire III, Adrien Ier, Léon III, Pascal Ier, témoignèrent aussi leur dévotion par la richesse de leurs présents; Nicolas IV, de l'ordre des franciscains, y fit faire la magnifique tribune en mosaïque que l'on y admire; Clément VIII, Paul V, Sixte-Quint, Benoît XIV, Léon XII, y prodiguèrent les marbres, y firent travailler les plus riches métaux par les plus habiles artistes; et ce serait à n'en finir pas de vouloir suffisamment décrire les chefs-d'œuvre qu'ils y ont renfermés. Argent, or, diamants, jaspe, porphyre, y brillent de toutes parts, et toute chose y a son histoire aussi bien que son éclat.

A l'extérieur, la chère basilique n'est pas moins admirable, comme on peut le voir par les deux magnifiques planches de Piranèse, le poète inspiré de l'architecture romaine, à laquelle son burin conserve la majesté que lui donnent le temps, le ciel de Rome et ses souvenirs. Sainte-Marie-Majeure a deux façades : devant la principale, au milieu d'une de ces vastes places où les monuments respirent à l'aise et se dressent comme une ville à la limite d'un désert, la statue en bronze de la sainte Vierge tenant l'enfant Jésus s'élève sur une colonne en marbre blanc de soixante-dix pieds de hauteur, la seule qui reste de l'ancien temple de la Paix, chef-d'œuvre de grâce, d'élégance, de beauté, type de perfection probablement unique au monde, et l'une des merveilles de Rome que mes yeux ont toujours contemplées avec le plus de ravissement. L'autre façade est décorée d'un de ces obélisques dont le grand pape Sixte-Quint prenait plaisir à semer sa ville, moins pour les relever que pour leur faire porter la croix, afin qu'ayant vu les malheurs de l'Eglise, ils servissent de témoins et d'instruments à son triomphe.

Mais, plus que la richesse et les arts, ce qui a rendu la basilique de Sainte-Marie-Majeure si chère à tant de pontifes, au peuple romain et à tous les fidèles, c'est le grand nombre de reliques dont elle est le vénérable et auguste dépôt. Là sont quelques-unes des pierres qui formèrent le berceau de l'Enfant-Dieu dans l'étable de Bethléhem, les linges dont il fut enveloppé, la *culla* faite des mains de saint Joseph, laquelle est portée en procession durant la sainte nuit de Noël et exposée tout le jour suivant à la vénération publique; là sont les reliques de saint Jérôme, de saint Mathias apôtre, de saint Pie V, et d'une quantité d'autres saints, de vierges et de martyrs. On y voit aussi, et l'on y honore particulièrement une de ces images miraculeuses de la sainte Vierge que la tradition attribue au pinceau de saint Luc. Dès les premiers siècles, cette image était si généralement vénérée à Rome, que, durant la peste de 596, qui faisait de grands ravages, le saint pape Grégoire le Grand, qui gouvernait alors l'Église, voulut s'en servir pour implorer en cette extrémité la miséricorde du Seigneur. Le matin de Pâques, il se rendit, accompagné du clergé et du peuple, en procession de pénitence à la basilique Libérienne, et, prenant dans ses mains la sainte Vierge, il se dirigea vers la basilique de Saint-Pierre. Arrivé au môle Adrien, où s'élève actuellement le château Saint-Ange, une voix que tout le monde entendit clairement retentit dans les airs : *Regina cœli, lætare, alleluia, quia quem meruisti portare, alleluia, resurrexit sicut dixit, alleluia.* Aussitôt, pénétrés de la plus tendre et de la plus pieuse affection pour la très douce Mère, et déjà remplis d'espérance au milieu de leur commune douleur, le pontife et le peuple répondirent d'une même voix à cette voix céleste : *Ora pro nobis Deum, alleluia;* et subitement la peste cessa dans toute la ville, mais non pas, comme on peut bien le penser, la dévotion singulière que l'on avait à Rome pour la pieuse image et pour le sanctuaire où elle reposait.

De tous les papes qui aimèrent Sainte-Marie-Majeure, aucun ne lui témoigna plus que Clément VII l'ardeur de sa tendresse et l'immensité de sa confiance. Dans les besoins graves de l'Église et de la chrétienté, ce pontife avait coutume de sortir de son palais avant le point du jour, pieds nus, pour aller célébrer la messe à l'autel de Marie. Plus d'une fois on le vit gravir à genoux la montagne, et, lorsqu'il était arrivé trop tôt, attendre patiemment aux portes de la basilique le moment où elles s'ouvraient. Ce fut ce même Clément VII qui donna à la sainte image sa couronne de pierres précieuses, et à l'illustre chapitre de Sainte-Marie le palais pontifical voisin de l'église.

Je m'arrête avec une très douce complaisance à tous ces détails[1], parce que Sainte-Marie-Majeure est aussi mon église bien-aimée, et qu'il n'est pas un lieu dans le monde que j'aimasse autant de revoir,

[1] Voyez le livre cité plus haut : *Le Instituzioni di pietà, etc., dal sacerdoto Costanzi.* Nous n'avons point cherché à vérifier dans d'autres auteurs l'exactitude de ces faits. Notre foi n'a pas besoin de s'accroître, et ne craint pas d'être trompée.

de couvrir de mes baisers et d'arroser de mes larmes, non pas même la tombe de mes parents. Je les ai développés aussi parce qu'ils offrent à l'esprit au moins quelque idée de cette foi généreuse, expansive et charmante, qui caractérise le catholicisme des Romains. Mettant de côté mes croyances et mon amour, je respecte encore profondément cette prodigalité à parer les autels, à embellir les saintes images. Lorsque l'on a donné à Dieu toute son âme, et le bien pour qu'il l'accroisse, et le mal pour qu'il le détruise, ce n'est pas trop d'offrir aux représentations matérielles que nous nous faisons de lui et de ses saints tout ce que le génie des arts peut ennoblir, et tout ce que le sein inépuisable de la terre produit de rare et de précieux. Oui, mon Dieu, à vous toutes choses : et nos pensées, et nos rêves, et nos travaux; à vous le parfum des âmes et le parfum des fleurs; à vous l'âme et la fleur aussi; à vous le sang de nos veines, et les fruits de la terre, et les ouvrages de nos mains, et que tout ce que nous offrons, même à d'autres, soit encore à vous; car même en vos saints, et même en votre très chère, très aimée et très miraculeuse mère, c'est encore vous, Seigneur, que nous honorons.

PRIÈRE

Sainte Vierge, je n'ai point la richesse ni la piété des illustres souverains qui ont embelli votre sanctuaire : je ne suis qu'un ouvrier indigent; et plus indigente encore est mon âme, où le péché moissonne, et ravage souvent jusqu'à l'espoir de la moisson; cependant je suis vôtre, et vous m'avez donné mille preuves de votre maternel amour. C'est pourquoi j'ose vous offrir l'humble tribut de mes veilles. Voici un travail sur lequel j'ai pâli souvent depuis le soir jusqu'aux approches de l'aurore; acceptez-le, souffrez que je le dépose sur le seuil de cette basilique où votre divin fils s'est donné à moi en gage de miséricorde et de réconciliation. Pour misérable que soit la fleur, elle a poussé par votre grâce sur un terrain ingrat et maudit jadis, où ne croissaient que la ronce et l'ortie. Bénissez l'œuvre, bénissez surtout l'artisan; et si j'ose vous demander une faveur, que mes lèvres puissent se poser encore une fois sur ces marbres usés par les pieds des fidèles, devant votre image révérée.

XXIII

AU VATICAN

Nous eûmes une audience du saint-père. La seule chose à faire pour

Grégoire XVI.

obtenir cette faveur, c'est de la demander. Si le souverain pontife a des sujets à Rome, à Rome et dans le monde entier il n'a que des enfants.

Un père pourrait-il se cacher de ses enfants, et refuser le témoignage empressé de leur tendre vénération? Le R. P. Vaure, dont tous les Français qui l'ont vu à Rome gardent un si excellent souvenir, nous conduisit dans les appartements pontificaux. Le luxe n'est point ce qu'on y admire: je fus touché de l'aspect de ces salles simples, gravement ornées de prtraits historiques, garnies de meubles et de tapis qui portent plus que des traces de vieillesse. Après quelques moments d'attente, une porte s'ouvrit; nous entrâmes dans un petit salon où Grégoire XVI se tenait debout. Agenouillés à ses pieds, nous baisâmes avec autant de joie que de respect cette mule pontificale, sur laquelle l'humilité des vicaires de Jésus-Christ, ne voulant pas qu'on parût adresser à leur seule personne des hommages qui lui sont si légitimement dus et qu'il est si doux de lui payer, a fait tracer, dès les premiers siècles de l'Église, l'image vénérée de la croix. Grégoire XVI est un grand et vigoureux vieillard ; son visage respire une bonté paternelle. Il nous reçut avec une bienveillance parfaite. Après quelques paroles, le P. Vaure, attirant sur moi l'attention de Sa Sainteté, lui dit que j'étais un converti de Rome. Alors, et voilà ce que je voulais dire, la bienveillance de l'auguste vieillard fit place à une expression ineffable de tendresse et de joie; il daigna me féliciter, m'adresser de prévoyants conseils, m'indiquer une lecture, et lorsqu'au moment de le quitter nous nous agenouillâmes pour recevoir sa bénédiction, je sentis sur ma joue une caresse paternelle de cette main qui bénit le monde. Je ne m'enorgueillis point de la bonté dont je fus l'objet : ce qui pénètre encore à présent mon cœur, c'est cette joie si touchante que laissa voir le père de tant de millions de fidèles en apprenant que cette famille innombrable venait de s'accroître d'un obscur enfant.

XXIV

VITA HOMINIS MILITIA EST SUPER TERRAM

Dieu ne jugea pas bon, dans sa sagesse infinie, de m'accorder longtemps cette paix profonde que mes amis m'avaient promise, que j'avais espérée, et que je crus d'abord avoir trouvée dans la religion. Je n'en chercherai point les raisons, je risquerais de ne point les saisir. Il me suffit d'ailleurs de savoir que Dieu est souverainement juste; or je porte à cet égard dans mon âme une conviction qui n'a plus à souhaiter aucune lumière, et que je ne crois pas qu'aucune épreuve puisse affaiblir jamais. Mais faut-il tant chercher ! Mon cœur, mêlé de fougue et d'indolence, avait besoin du combat. Comme j'avais dormi dans l'erreur, je pouvais dormir dans la vérité, et, sous l'abri de cette foi morte, me laisser ressaisir par l'éternelle mort.

Encore échauffé de ma victoire, je vis donc tout à coup reparaître l'ennemi ; et ce fut avec une angoisse profonde qu'à ses premières atteintes je me sentis, comme autrefois, faible, lâche et chancelant. Cet ennemi, c'était tout le passé, que j'avais cru mort et disparu pour toujours. Il se montrait à mes yeux, sur l'autre bord de l'abîme vers lequel je me retournais sans cesse. Il n'était plus souillé, honteux, misérable comme au jour de ma fuite et de mon renoncement, mais revêtu de jeunesse et de gloire, tendre, plaintif, touchant, et me faisant mille offres de retour. Les choses que j'avais cru pouvoir impunément rejeter me disaient : Nous sommes encore là ; nous t'aimons encore. Qu'y-a-il entre nous et ton cœur ? Une parole ! qu'elle soit oubliée, et reviens ; tu ne nous a point connues. Nous avons aussi notre sagesse, nous avons aussi notre durée ; tu vois que nous ne tombons pas, comme la feuille de l'églantier, au premier vent qui s'élève ; tu sais que tous nos dons ne sont pas en promesses : que cherches-tu qui ne soit parmi nous ?

Mais en même temps la voix tonnante des menaces divines se faisait entendre ; car les séductions ne conservaient plus ce pouvoir, qu'elles avaient naguère, de me faire perdre en un instant tout le terrain que j'avais péniblement gagné ; elles ne m'entraînaient plus du cercle lumineux de la foi dans les épaisses ténèbres du doute. Partout elles me poursuivaient ; je les entendais toujours ; mais partout et toujours aussi je voyais et j'entendais Dieu. Hélas ! c'était Dieu courroucé, punissant, terrible... Je le craignais de toute ma raison ; j'aimais le monde de tout mon misérable cœur !

Quand je faisais un effort, quand je me demandais ce que j'avais enfin à regretter, et pourquoi cette folie de se plaindre, d'étendre les bras vers les jouets brisés et rejetés la veille, — je me disais que j'étais, en effet, insensé, mais que cela était ainsi, et que je regrettais mes ennuis, mes inquiétudes, mes douleurs ; que j'étais condamné à d'indignes attachements ; que, par un secret de colère inexorable, Dieu ne voulait me donner qu'un joug de fer dont je me lasserais un jour, et qu'alors tout serait dit pour mon éternité.

Je me jetais au pied des autels : j'avais honte de la tiédeur de mes prières. Mes lèvres seules, disais-je, ont prié. Je ne voulais pas comprendre que la prière de la volonté est un acte de foi et d'amour très agréable à Dieu, et dont il nous récompense plus tard en nous accordant les célestes consolations de la prière du cœur.

Il arrivait des lettres de France, où mes meilleurs amis, ignorant, comme cela est ordinaire, les choses de la religion, me plaignaient doucement d'une résolution qui leur semblait être un sacrifice irréfléchi de ma jeunesse, et qu'ils croyaient de nature à me fermer beaucoup de portes dans l'avenir. D'autres se consolaient, ne voyant ma conversion, à la vérité bien étrange pour eux, que comme une fantaisie de courte durée. Ces regrets me touchaient aux larmes, ces espérances me faisaient frémir. Je n'avais que trop lieu de croire moi-même que je ne persévérerais pas. Je prenais la plume pour répondre, j'écrivais en hâte; et quand je relisais ces pages rapides, stupéfait de la force et de l'assurance des raisons que j'y avais exposées, trouvant mes actions, mes pensées même, fort au-dessous de mes paroles, je m'accusais d'hypocrisie, de mensonge, de n'être chrétien que devant les hommes, et d'autant plus coupable devant Dieu. Puis je retombais à mes désirs, à mes regrets, à mes craintes; mais nulle crainte n'était assez forte pour entraîner longtemps ma pensée hors du champ détestable où elle vagabondait parmi tous les fantômes de l'erreur.

La pleine confiance est fille de l'amour. N'aimant point Dieu, je croyais qu'il ne m'aimait pas; et comme j'étais inquiet sur mon salut, j'étais inquiet sur ma destinée temporelle, à laquelle jusqu'alors j'avais songé si peu. Puis, quand je m'étais bien troublé l'esprit à ce sujet: Hélas! disais-je, j'attends moins de Dieu que je n'attendais autrefois du hasard! La honte de cette méfiance était encore une main d'angoisse qui me serrait le cœur. Mon Dieu, que j'ai souffert!

Plongé dans une morne tristesse, je me montrais sauvage avec mes amis, et, comme moi, ils ne semblaient recueillir de ma conversion que des fruits amers. Adolphe s'en effrayait; Gustave, qui me connaissait plus à fond, et qui n'avait pas été sans éprouver lui-même quelque chose de semblable, augurait mieux de l'avenir: il disait qu'un chrétien ne se fait pas en un jour. Mot bien vrai que j'ai entendu répéter depuis par un pieux évêque. Non, un chrétien n'est pas l'œuvre d'un jour..., mais l'œuvre de toute une vie.

Je ne trouvais d'allègement qu'au tribunal de la pénitence. Dieu m'avait prévenu d'une grande grâce, sensible entre toutes celles dont il m'entourait, et que je ne pouvais apprécier que plus tard: j'avais une confiance d'enfant dans la parole du confesseur. Et comment aurais-je pu faire pour douter, lorsque je n'entendais pas un mot qui ne fût rayonnant d'évidence, qui ne démontrât clairement ma folie, mon injustice, et qui ne m'indiquât des moyens de repos et de sécurité que je reconnaissais infaillibles aussi souvent que je voulais les employer?

Enfin, après un mois environ de cette lutte intérieure, je parvins à me rassurer. Les images du passé reparurent moins fréquemment; je m'habituai à les considérer d'un œil plus ferme. On m'avait dit d'implorer, par l'intercession de la sainte Vierge, le don de persévérance; je l'avais fait; nous avions même résolu, Gustave et moi, d'accomplir dans ce but le pèlerinage de Lorette, et peu à peu je finis par ne plus craindre de retomber entièrement et pour jamais. L'Église enseigne à ses enfants de douces et faciles prières, qu'ils prennent l'habitude de prononcer dans toutes les occasions; j'appris ces prières, et les fantômes ne tinrent pas devant leur miraculeux pouvoir. La paix vint, et sur cet arbre de la foi, que l'orage avait fortifié dans mon cœur, l'espérance et l'amour, comme des oiseaux divins, commencèrent à chanter. Au milieu de beaucoup de troubles encore, de beaucoup de reproches que j'avais à me faire, de beaucoup d'imprudences où je laissais mon esprit s'égarer, je sentais mes pensées s'agrandir; la foi me donnait la clef d'une foule de choses obscures: j'attendais avec de saints contentements les difficultés que le titre de chrétien pourrait susciter dans ma vie ; je me reposais sur la bonté de Dieu du soin de quelques chères existences attachées à la mienne; dans mes prières je lui demandais de faire des chrétiens de tous ces amis, pour qui je ne lui demandais naguère que de douteuses joies et de périssables trésors.

Et je sus enfin que je n'étais pas converti, mais que je devais commencer à me convertir, et que, par la miséricorde de Dieu, j'avais le pouvoir d'y travailler, partout, toujours!

Voilà comment je suis devenu chrétien. Dieu m'y a aidé plus que je ne puis le dire; mais il n'est pas nécessaire de tout exposer. Ce serait d'ailleurs l'impossible, — et qui voudra bien examiner son cœur et sa vie n'y trouvera pas la trace de moins de prodiges que la bonté céleste n'en a fait pour moi. Dieu a tenu ses promesses, et plus que ses promesses: car l'homme n'est pas fidèle à ses engagements et le pardon va plus loin qu'il n'est permis de l'espérer. Si nous n'avons pas ici-bas des satisfactions plus durables, c'est que nous y aimons trop ce qui n'a point de durée; si nous nous meurtrissons, c'est que nous allons toujours sur les chemins où la chute est facile. Mais ne perdons pas pour cela confiance: le combat, c'est le mérite, et la chute même est une victoire, lorsque, repentant et soumis, l'homme en profite pour mieux reconnaître sa faiblesse, pour mieux aimer qu'auparavant Celui en qui réside seul toute force, toute sagesse et tout amour.

XXV

DOUTES. — OBÉISSANCE

Un mot me fut dit sur je ne sais quelle pensée captieuse, contraire à l'enseignement de l'Église, et de laquelle pourtant je m'étais fort entêté: « Cela est une idée de Luther. » Ce mot me fit peur. Depuis quelque temps j'étais obsédé du fantôme de Luther. Presque toujours, quand je m'abandonnais à mon sentiment, aux séductions de mon esprit, aux séductions de mon cœur, quand j'essayais de concilier les entraînements d'une nature encore trop rebelle avec les prescriptions inflexibles de la loi, j'arrivais aux conséquences luthériennes, j'arrivais à l'abîme, et le vieil homme reprenait le dessus. Ce résultat soudain m'inspirait d'autant plus d'effroi que j'y avais été conduit par une suite d'idées qui me semblaient irréprochables, que je trouvais chrétiennes, que je trouvais sévères, dans l'austérité et dans la foi desquelles je m'étais complu, jusqu'à l'inexplicable issue qui se révélait tout à coup. Alors je me rappelais les commencements de Luther, sa pleine ferveur, ses jours et ses nuits passés dans l'oraison, dans les larmes, et cette foi ardente, et cet amour pour Dieu, et ses terreurs sur son salut, et cette conscience scrupuleuse, caractères que l'on retrouve dans la piété des saints. Rapprochant ces commencements de leur dénouement sinistre, et me retrouvant si souvent moi-même sur la pente fatale où tant de dévotion s'était misérablement perdue, je m'écriais avec angoisse : Qui donc sera sauvé ?

L'habitude de la vie chrétienne m'a délivré de ces épouvantes, et m'a donné la clef d'une énigme sous le poids de laquelle mon âme a gémi longtemps.

Luther, aux jours radieux de son innocence, priant, pleurant et veillant dans sa chaste cellule, présente avec le reste de sa vie un contraste inquiétant et terrible ; mais quand la révolte arrive, et que le moine en délire écrit ses propositions, tout l'homme est expliqué. Il donne pour articles de foi les divagations d'une intelligence où l'orgueil, après un long combat, fait triompher la chair en lutte avec l'esprit. Aussi longtemps que la chair est seule, l'esprit maintient la victoire incertaine, ou plutôt garde le dessus ; dès que l'orgueil s'en mêle, tout est consommé. Le catholique méditant en face de sa conscience les formules insolemment décrétées par Luther est assailli de lumières, et croit souvent écouter sa propre confession. Là se retrouve tout ce qu'une raison malade invente pour se tranquilliser et pour se désespérer ; tout ce que l'on imagine pour satisfaire en paix l'impétueuse voix des passions ; tout ce que l'on redoute, lorsqu'un rayon de foi venant éclairer ce chaos effroyable, on reste atterré devant l'immensité des faiblesses humaines, et tenté de croire que, marqué d'une prédestination fatale, on ferait pour résister d'inutiles efforts. L'âme éperdue se prend à mille sophismes suggérés par l'enfer : tantôt, que la foi suffit pour être sauvé ; que Dieu est mort pour tous les hommes, et qu'ainsi l'homme, suffisamment justifié, ne pèche plus ; tantôt, au contraire, que l'homme pèche toujours ; que ses meilleures actions, les plus chastes, les plus humbles, sont cependant infâmes ; et que, malgré tout, il ne parviendra point au port de la bienheureuse éternité.

C'est, en effet, ce qu'il est aisé de croire. Dans les orages de la vie, la justice divine use de ces punitions, permet que ces tentations dures éprouvent la présomptueuse humanité. En quête de solutions pour déguiser ce qu'ils trouvent d'amertume à l'obéissance, et pour esquiver la nécessité du sacrifice, l'homme se fait une divinité de sa raison, dont il espère de lâches secours. Mais Dieu tout aussitôt met en pièces l'idole fragile ; et, jouet d'une ivresse fatale, l'esprit déraisonne, chancelle, tombe dans la boue de toutes les absurdités. Se berçant d'espérances et de terreurs également déplorables, — ou il se dit que le ciel lui appartient, quoiqu'il commette des crimes, — ou il croit qu'il sera perdu malgré toutes ses bonnes résolutions, confessant par là simplement que la tyrannie de son orgueil et de ses vices lui impose le dogme de la fatalité.

Oui, ces doutes sont fréquents; ils viennent à beaucoup d'âmes, et même des âmes fidèles en sont parfois troublées. Mais ces âmes fidèles les portent au tribunal de la pénitence; elles y reçoivent l'ordre de les mépriser; elles les méprisent, ils s'en vont. Luther a dû recevoir le même enseignement de son confesseur. Par orgueil, il n'a point voulu rester en paix, et c'est peut-être pour s'être cru obstinément coupable qu'il l'est devenu.

La raison est comme le vin de l'intelligence humaine. Il y a une mesure où elle fortifie; passé cette mesure, elle tue. Il n'en est pas ainsi de la foi, l'excès n'en est pas à craindre; l'excès de la foi, c'est la juste mesure de la raison, puisque c'est la complète obéissance aux ordres de la Sagesse même, aux ordres de Dieu.

XXVI

DE ROME A NAPLES

A MON FRÈRE

En voyage, la pensée abrège le chemin, et la marche repose de la pensée. Marchons, reposons-nous, allons de Rome à Naples; n'ayons plus de pensées que celles qui pendent aux buissons et aux ruines; égrenons sans y songer ce collier disparate des idées du rêve et de la causerie, qui se forme de fruits sauvages, de cailloux, de grains de sable, et de perles quelquefois. Quel stoïque a passé sur le bord des prés, et n'y a pas fait son bouquet d'herbes fleuries? Partons donc; cueillons le bluet, le cyclamen et l'anémone; ne méprisons ni l'humble pavot, ni le réséda sans parure, ni la marguerite sans parfum, ni le liseron qui fleurit sous la poussière. Pour sainte Catherine de Sienne, dans la plus dédaignée de ces fleurs il y avait une prière qu'elle lisait en pleurant; peut-être en trouverons-nous une qui descende de celles auxquelles a parlé saint François.

Voici donc des notes de voyageur, anciennement écrites, et rapides comme les courses que l'on fait en un temps où tout pèlerin s'essouffle plutôt qu'il ne se fatigue; mais la pensée chrétienne, au moins, n'en est pas tout à fait absente. Toutefois, lecteur qui m'avez suivi jusqu'à présent, vous savez ce qu'on fait de ces bouquets formés sur la route: lorsqu'on arrive, on trouve souvent qu'il n'était pas nécessaire de les cueillir, on les jette sur le seuil, et l'on n'y pense plus. Bien ou mal travaillées, il est des pages dans ce livre où je vous supplie de vous arrêter ; je ne vous offre qu'avec hésitation celles qui vont suivre, comme le vain amusement d'un intermède qui devrait à coup sûr être meilleur, et peut-être qui devrait n'être pas. Je fais des livres, en vérité, et j'en gémis. Pourquoi suis-je occupé d'autre chose que de l'humble travail de mes mains ? Pourquoi tant de voix habiles, qui pourraient nous réduire à l'admiration et au silence, en louant Dieu dans la double splendeur du sentiment et du langage, se taisent-elles, ou ne font-elles entendre que des hymnes au génie du mal, loin des autels délaissés du vrai Dieu ?

Albano. — Une charmante ville, au milieu des montagnes et des bois, près d'un beau lac qui s'est formé dans le cratère des volcans éteints, mais trop connue, et, si l'on veut me pardonner de le dire, trop malpropre aussi. Ces poétiques villages d'Italie sont encadrés de fleurs et de fumiers. Pourquoi les peintres italiens, élevés dans ce pêle-mêle de basse-cour, ont-ils rempli leurs toiles de vastes portiques, de nobles fleurs, de riches seigneurs chantant sous les beaux arbres, de grandes dames, de saints et de dieux, tandis que les peintres flamands, vivant dans le pays le plus nettoyé du monde, ont une prédilection marquée pour les étables, les ivrognes et les cabarets ? Le Flamand, grand ami de la matière, recherche la propreté comme un élément de bien-être matériel, et ne rêve, pour compléter sa vie, que pipes bien chargées, que tavernes bien chaudes où la bière est servie en abondance par des filles joufflues ; ses yeux contemplent avec ravissement les monceaux de légumes, le gibier mort, la casserole luisante où cuira le repas. L'Italien, au contraire, sobre comme un anachorète, et trouvant aisément le peu dont il a besoin, vit sans s'inquiéter de ce qui l'entoure, marche sans regarder où il met les pieds, l'œil perdu dans le monde aérien de ses belles imaginations. La grande poésie a tracé elle-même sa vivante image, en faisant d'Homère, le chantre des dieux et des héros, un pauvre vieillard aveugle et enguenillé.

Velletri. — On a exécuté aujourd'hui à Velletri deux bandits des marais Pontins, et l'on vend au peuple de petites feuilles contenant le récit du fait. J'y vois que les suppliciés étaient condamnés depuis deux ans. Dans les États romains on n'exécute guère une sentence de mort qu'après avoir ramené le coupable à des sentiments religieux, ou perdu entièrement l'espoir de le convertir. C'est le seul reste possible aujourd'hui de cette loi, généralement établie dans la chrétienté au moyen âge, qui ne permettait pas de condamner un homme à la peine de mort s'il ne faisait préalablement l'aveu du crime dont il était accusé. Étrange loi ! qui révèle à elle seule ce que pourrait être une société catholique, et qui fait envisager sous un singulier jour les progrès de la civilisation. — Nulle part autant que dans les États de l'Église on ne respecte cette parcelle divine que renferme encore l'âme déchue. On punit parce qu'il faut punir; mais avant tout on veut absoudre et sauver. — Les deux têtes seront placées derrière les petites grilles disposées à cet effet au-dessus de la principale porte de la ville. Ce mémento n'est pas sans nécessité sur la lisière des marais Pontins.

Nous sommes ici chez les Volsques. Velletri occupe la place de l'ancienne *Velitræ,* fière ville qui résista quatre siècles aux efforts des Romains. On ne pense jamais, lorsqu'on parcourt l'histoire romaine, que les rivales de Rome l'avoisinaient de si près, et que, pour se représenter ces luttes éternellement célèbres, il faut s'imaginer Versailles guerroyant contre Corbeil, Saint-Germain ou même Saint-Cloud. Coriole était quelque part dans ces plaines désertes, et nous avons ce matin passé, sans nous en apercevoir, sur la poussière et l'herbe qui recouvrent la capitale du Latium, Alba-Longa, illustrée par Pierre Corneille, de Rouen, dans les Gaules. Que de sang fut répandu sur cette terre où nous sommes! mais aussi que de beaux vers elle inspira! Tout enfant des nations civilisées qui la parcourt maintenant s'y rappelle à chaque pas les études de sa jeunesse, les héros de ses premières admirations, les combats de ses pères, les grands poètes de son pays. Il n'est point de lourd esprit qui n'y rêve, et de tête folle qui n'y reçoive quelque impression sérieuse du choc de ces noms retentissants. La destinée de Rome, fantôme toujours présent et partout mystérieux, se lève sans cesse devant la pensée, et sans la fatiguer l'écrase. Voyez, Rome subjugue le Latium; elle subjugue les Volsques, les Étrusques; elle subjugue Carthage, rien ne lui résiste; elle subjugue le monde, et c'est alors qu'elle est vaincue. O miracle, c'est alors aussi qu'elle triomphe, et que Dieu, comme s'il voulait montrer ce qu'il peut faire, assied la puissance inébranlable du Verbe sur les débris humiliés du glaive qui a vaincu l'univers.

Il est permis sans doute de chercher par quel secret de force et de sagesse, introduit dans sa constitution, Rome antique a dominé les populations plus puissantes qu'elle qui l'environnaient, puis enfin le monde. Mais, au XIXe siècle de l'ère chrétienne, s'obstiner encore à découvrir ce secret merveilleux dans une combinaison *humaine* quelconque..., cela me semble héroïque, je l'avoue, et je considère comme moins braves les honnêtes gens qui courent après le cercle carré.

CISTERNA. — Les histoires de coupé et d'intérieur s'assombrissent beaucoup. Avant-hier une voiture a été arrêtée et dévalisée. Elle avait une escorte napolitaine; mais les gendarmes ont pensé qu'une résistance imprudente exposerait les voyageurs. « Que voulez-vous faire contre la force? » disaient-ils. Et ils se réjouissaient beaucoup que personne n'eût été blessé. — Bons cœurs! — Du reste, les voleurs ont tout enlevé.

J'ai des compagnons dont ces légendes allongent la mine. Pourquoi s'inquiéter? N'entendons-nous pas, tous les jours et partout, raconter des choses semblables? Qu'est-ce que cela prouve? Savons-nous, pour ce qui nous concerne particulièrement, si les chances vraies d'accident ou de mort ne sont pas partout les mêmes? A tout prendre, j'aimerais mieux voyager à minuit dans les marais Pontins que d'aller à la même heure rêver au clair de lune sur l'esplanade des Invalides. Combien de gens qui se sont fait exempter du service militaire ont été tués d'un coup de fusil dans les rues de Paris? Vous craignez de voyager en diligence, et un omnibus ou un badigeonneur vous tombe sur la tête tandis que vous regardez à votre montre quelle heure il est. J'approuve assez ce que me disait un bon moine, « que le seul danger étant de mal mourir, il ne haïssait pas de se trouver dans des circonstances périlleuses, parce qu'alors il mettait naturellement plus de soin à se tenir prêt. » C'est précisément par ce sentiment qu'un chrétien, après avoir fait ce qu'il devait faire, se résigne d'avance à toutes les fortunes, sans être fataliste comme un Turc ou comme un Parisien.

La pensée a parfois d'étranges rencontres. Ce moine me rappelle que Cisterna était jadis la station romaine de *Tres Tabernæ*. Tu vas voir pourquoi. Un jour, un centurion de la légion Auguste, conduisant quelques prisonniers de Judée qui en avaient appelé au tribunal de César, s'arrêta là, aux *Trois-Loges*, où le plus important des captifs confiés à sa garde était attendu par des amis venus de Rome à sa rencontre jusqu'en ce lieu. Ce prisonnier était déjà accompagné d'un certain nombre de gens de Pouzzoles, chez lesquels il avait débarqué, et qui lui témoignaient tous une tendre vénération. Les deux troupes s'accueillirent avec une politesse cordiale et simple, et on les vit, après avoir fait des signes étranges, lever les mains au ciel en prononçant un nom mystérieux. Les gens de *Tres Tabernæ*, surpris d'un tel spectacle, questionnèrent le centurion. Celui-ci, vieux soldat aux graves discours, leur raconta sur le prisonnier qu'il conduisait à César des détails qui les étonnèrent grandement. Au sein d'une tempête qui dura quinze jours, cet homme avait annoncé que le vaisseau serait perdu, mais que les passagers ne périraient point, et ainsi était-il arrivé. Mordu par une vipère, il n'en avait reçu aucun mal. Il lisait dans l'avenir, et sa parole, qui prédisait les événements futurs, guérissait aussi des malades qui semblaient déjà la proie de la mort. — Est-ce donc un dieu! s'écrièrent à ces mots les auditeurs du centurion. Mais celui-ci, tombant dans une rêverie profonde, leur montra de la main le groupe attentif formé autour de son prisonnier, et se contenta de répondre : « Tous ceux-là sont les disciples de Jésus de Nazareth, que beaucoup appellent le Fils de Dieu. » Or le prisonnier du centurion, c'était Paul, apôtre des gentils, Paul qui, après avoir été pour la foi, qu'il persécutait naguère, poursuivi à Damas, chassé d'Antioche, lapidé en Lycaonie, captif et déchiré à coups de fouets en Macédoine, couvert de moqueries par les philosophes d'Athènes, calomnié à Corinthe, persécuté dans Éphèse, jeté dans les cachots de Jérusalem, venait, pour cette même foi, souffrir à Rome la prison et la mort. — Et voilà pourquoi, en songeant à ce bon moine qui ne craignait point de mourir, pourvu qu'il mourût bien, je me suis souvenu que Cisterna occupe l'emplacement de *Tres Tabernæ.*

Torre-de'-Tre-Ponti. — Une longue, immense, éternelle avenue de superbes arbres sur quadruple rangée, formant double et triple berceau; un ciel vraiment d'azur, un soleil éblouissant, de chaque côté, de grasses prairies où ruminent majestueusement de magnifiques troupeaux; plus loin, des buffles sauvages; un horizon de montagnes rocheuses, qui écorchent au passage les flancs de pourpre et d'or des nuées; encore plus de printemps dans l'air que sous les yeux; nous sommes au beau milieu des terribles marais Pontins. C'est la fièvre en grosses bottes qui galope devant nous sous la forme d'un postillon; cette femme en guenilles qui nous tend la main, c'est l'*aria pessima,* sa sœur ou sa mère.

Les marais Pontins parlent encore bien haut de la ville éternelle. Lorsque les fondateurs de Rome établirent leur repaire au centre des confédérations étrusque et latine, dans l'espace laissé vide par peur du mauvais air, et se constituèrent en peuple sous le gouvernement de deux aventuriers; en ce temps-là, lorsque Rome n'avait pas encore creusé le misérable fossé qui devait marquer à la fois ses premières limites et son premier fratricide, les marais Pontins, assainis par de merveilleux ouvrages, étaient loin de présenter le spectacle qu'ils offrent aujourd'hui; vingt villes florissaient où ne s'élève plus maintenant un seul village; vingt villes enrichies par toute la civilisation des races étrusques, vingt villes pleines de marbres, de temples, de colonnes, de trésors; vingt villes dont il n'est pas resté debout pierre sur pierre, dont le nom même s'est perdu! Rome détruisit tout, et ne daigna qu'à peine compter le nombre de ses victimes; elle crut que ce nombre insolent suffirait à sa gloire, et ne voulut point laisser à la postérité un plus long souvenir des vaincus. Parcourez maintenant ces espaces où s'élevaient, il y a trois mille ans, tant de riches cités, où les peuples, arrivés aux limites de la civilisation, érigeaient de magnifiques statues à leurs orateurs, devenus, comme chez nous, les chefs du gouvernement; où les artistes perfectionnaient leur travail par la science, et produisaient des œuvres dont les débris attestent des connaissances que nous n'avons point surpassées; partout le silence y règne; la poussière des arbres tombés de vieillesse a fertilisé ce sol couvert d'ombrages séculaires; la main de l'homme n'y paraît plus, et les bêtes fauves habitent en paix les retraites qu'y forme une végétation indisciplinée. Là les lianes puissantes des forêts du nouveau monde grimpent au faîte des érables, pendent en festons flottants, s'allongent en guirlandes immenses, se joignent et se mêlent en épais berceaux; les plantes des tropiques y donnent des fleurs charmantes; les herbes s'y élèvent à de prodigieuses hauteurs, et la chaleur du climat, fécondant cette terre opulente, y entretient une verdure éternelle. Fécondité stérile, étalage de richesses perdues, que l'homme contemple avec terreur et regret! L'ombre de ces feuillages, le parfum de ces fleurs, les rayons de ce soleil, tout cela donne la mort. Le voyageur, traversant à la hâte cet Éden funeste, rencontre parfois un pâtre aux traits basanés, aux vêtements en haillons, aux membres grêles, dont le front jeune encore porte le sceau d'une destruction prochaine; c'est l'habitant des marais Pontins, le gardien des troupeaux sauvages qui broutent dans ces savanes empestées. Ordinairement, avant de se résigner à leur métier terrible, les pâtres des marais Pontins ont rompu avec la société par de mauvaises actions, et la société les laisse se précipiter dans ce vaste tombeau, sachant bien comme eux-mêmes qu'ils n'en sortiront pas. L'impression que produit leur aspect est effroyable et profonde : on dirait l'ombre de quelque instigateur des cruautés autrefois commises en ces lieux, condamné à errer sans abri, sans compagnons, sans espérance, éternellement misérable et solitaire sur la terre qu'il a lui-même dépeuplée à jamais.

Toutefois les marais Pontins, longtemps entièrement abandonnés à la peste, ne sont pas tout à fait incultes aujourd'hui. Sixte V et Pie VI, à force de travaux, de dépenses, de soins, à force de génie et de volonté, sont parvenus à rendre, sinon salubres, au moins cultivables, certaines parties de ces vastes déserts. On a souvent conquis des provinces avec moins de courage et d'efforts. Mais Sixte V, dont on retrouve la main partout dans les États de l'Église, et Pie VI, étaient des souverains d'une rude trempe, et des hommes comme il s'en rencontre rarement. Sixte V fit serpenter dans les marais un canal hardi; Pie VI y lança comme une flèche, sur les traces perdues de la voie Appienne, la belle route que l'on parcourt aujourd'hui, affrontant et diminuant des difficultés devant lesquelles avaient reculé les vieux Romains eux-mêmes, qui ne se décourageaient pas aisément. Grâce à ces pontifes, de belles prairies, de vastes champs de blé viennent parfois reposer les yeux du passant. Mais c'est là tout ce que l'homme peut faire : il ensemence, il récolte en toute hâte; cette terre vengeresse ne lui permet pas de l'habiter. Quoi qu'il fasse, l'homme ici n'a plus d'empire : l'ancien territoire des tribus étrusques est désormais le partage d'une confédération bien autrement durable, la confédération des brins d'herbe, qui ne bâtit point de murailles, qui ne fait point de lois, qui n'a point d'adorateurs, et qu'on ne détruit pas.

Portella. — C'est l'endroit sinistre : le chemin s'enfonce dans un tourré de broussailles, entre les rochers et la mer; les maisons s'éloignent, la nuit s'avance; vraiment la place est aisée aux mauvais coups. L'aspect des lieux suscite à l'un de nous une réminiscence assassine; d'une voix dolente il déclame les vers, hélas! trop célèbres :

Voyez sur cette roche
Ce brave à l'œil fier et hardi...

Hâtons-nous de dire : *Et cætera!*

Deux poëtes seulement, en France, ont parlé de l'Italie avec un sentiment poétique et vrai. Dans ses ballades, M. Casimir Delavigne dépeint les douces habitudes de la vie, les gracieux paysages, les chants sur la montagne, les promenades sur l'eau, les superstitions parfois un peu sensuelles, et cette vague mélancolie qu'inspirent les ruines couvertes de grands noms à demi disparus. Dans le *Pianto*, au contraire, M. Auguste Barbier exprime d'une manière élevée et parfois sublime tout le côté sévère, douloureux même, de l'Italie. Ces deux profils de la même figure ressemblent parfaitement à l'original, et diffèrent entre eux du tout au tout. M. Casimir Delavigne chante en s'accompagnant de la mandoline napolitaine; M. Auguste Barbier dessine avec un crayon austère, ramassé dans les cloîtres du Campo-Santo. L'écueil de l'un est l'afféterie, celui de l'autre est la rudesse; les beaux vers, la belle couleur, sont les mérites de tous les deux.

Cependant que ces poètes, illustres par la conscience autant que par l'éclat de leur talent, me permettent de le dire avec tout le respect que je professe pour eux, ils n'ont pas vu l'Italie en face; ils ne l'ont pas sondée à l'âme. De cette femme étrange, qui sourit et pleure; de cette reine au long veuvage, qui couvre de diamants sa robe en lambeaux, et qui porte des fleurs sur son voile de deuil, ils n'ont vu que le costume, ils n'ont pas senti le cœur. Le cœur de l'Italie, c'est la foi catholique; c'est par là qu'elle est grande dans le passé, belle et touchante encore, pleine d'avenir enfin. Ses plus riches monuments, ses plus grands hommes, ses plus nobles souvenirs, ses plus doux usages, ses plus sûres espérances, tout cela c'est sa foi! cette foi qui lui a donné Grégoire VII, Innocent III, Thomas d'Aquin, François d'Assise, Giotto, Jean de Pise, Arnolphe Lapo, Raphaël, Michel-Ange, Bellarmin, Muratori, Dante, Pétrarque, Morgagni, Allegri, Pergolèse, et tant d'autres dont les noms rayonnent au sommet de toutes les gloires de l'esprit humain; cette foi qui a défendu et maintenu la nationalité italienne contre les efforts du monde entier; cette foi qui nourrit le pauvre sans le mettre en prison; qui fait du peuple italien le plus sobre, le plus décent, et, malgré sa misère, le plus gai des peuples; qui le conserve intelligent et honnête à travers les vicissitudes politiques, trop faibles pour l'abrutir; qui le tient prêt à de grandes choses dont le jour viendra. Vous riez en passant devant tant de madones qui bornent les chemins; vous regardez de haut les humbles moines qui marchent pieds nus dans la poussière! Ah! plutôt inclinez-vous : ces madones, ces moines sont, je le répète, les forteresses et les soldats de la nationalité. Voilà ce qu'il aurait fallu voir, voilà ce qu'il aurait fallu chanter; voilà tout un côté, vierge encore, des poésies de la terre italienne; beaux champs remplis de germes, moisson immense de riants détails et de fortes pensées, faisceau dispersé de chants sublimes, épopée qui attend son poète!

Mola di Gaeta (royaume de Naples). — Chose étrange! on ne nous a ni tués, ni volés, ni arrêtés; pas l'ombre d'une escopette. Nous étions pourtant bien disposés à ne faire résistance aucune. Faut-il croire qu'il n'y a pas de brigands sur la route de Terracine? Non, mais il faut croire qu'il y en a beaucoup moins qu'on ne dit, et que la police est mieux faite en ces parages déserts qu'on ne le pense généralement. Les voyageurs accréditent beaucoup de contes; il est sage de s'en méfier. Et vraiment comment un touriste ayant franchi cette route, la seule suspecte, consentirait-il à n'y avoir couru aucun danger?

L'auberge où nous voici est un vaste palais avec de hautes salles peintes à fresque, de larges balcons, des armoiries sous le portail d'entrée, un grand jardin, où nous pouvons, en levant la main, cueillir les oranges comme on cueille les pommes en Normandie; de très beaux restes de constructions romaines, et la mer pour clôture... Cette splendide villa compte, à ce qu'on assure, parmi ses anciens propriétaires Marcus Tullius Cicero; mais

Du Vésuve à la voie Appienne
Il n'est débris, villa qui n'appartienne
A Cicéron[1].

Quoi qu'il en soit, le possesseur actuel, ne pouvant plus, à ce qu'il paraît, fournir à son entretien, l'a philosophiquement transformée en une très bonne *locanda,* dont il touche d'excellents revenus.

Nous avoisinions ici les rives du Liris, où les écrevisses abondent, et dont le gourmand Apicius préférait les locustes à celles même de Smyrne et de l'Afrique. A quelques lieues se trouve Arpino, l'ancien Arpinum, où naquirent Cicéron et Marius, et non loin de laquelle tous deux, après tant d'années glorieuses, finirent si malheureusement. Un fait assez rare dans l'histoire se rattache au nom de cette ville : au XVe siècle elle fut sauvée du pillage par un pape, qui intercéda pour elle en mémoire de ses illustres enfants Marius et Cicéron. Ce fut ce même pape, Pie II (Æneas-Silvius), qui définit la loi : *une intelligence sans passion.*

Mais à quelles petites choses vais-je m'arrêter, quand la voiture m'emporte à travers les plus beaux chemins du monde, entre des haies de lilas, de chèvrefeuille et de jasmin, quand la mer chante à ma droite, quand les orangers et les aloès se dressent sur la côte, quand la violette fleurit à mes pieds!... Il faut que je cite ici quelques lignes d'une ancienne description :

« Tout ce pays est couvert d'orangers et de citronniers toujours « chargés de fruits; ce qui fait que toute cette étendue de terrain, qui « va jusqu'à *Cayette,* paraît comme un parterre doré et odoriférant, que « l'on pourrait en quelque sorte nommer un véritable paradis terrestre. « En effet, on ne saurait rien voir d'aussi charmant, et il n'y a pas de « promenade ou d'allée, pour bien entendue et ordonnée qu'elle puisse « être, qui approche de la beauté de ce chemin, qui a, à la droite la vue « de la mer, et à la gauche celle de plaines à perte de vue, toutes cou- « vertes de fleurs et de fruits, et arrosées de petits ruisseaux dont le « murmure ne flatte pas moins l'oreille du voyageur que les fleurs « flattent l'odorat. » Que c'est joli! que cela porte bien sa date et vous

[1] C. Delavigne.

exhale bien son odeur de 1740! Ailleurs, le même livre, qui s'appelle d'une façon toute naïve les *Délices de l'Italie*, dit qu'autour de Piperno les narcisses et les lis croissent *sans artifices;* et il raconte qu'aux environs de Terracine « on voit encore, de côté et d'autre, des ruines de « palais, de maisons de plaisance, et des sépulcres des plus considérables « de l'empire romain; car, *pour le dire en passant*, c'était une chose fort « en usage parmi eux de se faire enterrer le long des grands chemins ». Ne dirait-on pas les impressions de voyage d'une femme de chambre, mais d'une femme de chambre de ce temps-là, d'un temps où tout le monde avait en France un certain instinct de style et de politesse, une certaine littérature naturelle, qui se remarque en tout ce qu'on faisait? Ouvrez n'importe quel imprimé, n'importe quel livre de la grande époque qui commence à Pascal et finit aux encyclopédistes, — que ce soit un formulaire de cuisine, un almanach, un mémoire d'avocat consultant, un article de gazette, — vous y trouverez je ne sais quelle élégance heureuse dont le secret est perdu.

Dans le fait, rien n'est beau comme la campagne de Naples, quand les volcans vivants ou morts n'y étendent pas de vastes cercles de désolation. La vigne surtout, si maussade en notre pays, forme en ces lieux la plus élégante décoration de paysage. Des arbres vigoureux remplacent le prosaïque échalas de nos vignobles, les pampres grimpent en liberté sous ces sveltes appuis, et les unissent entre eux par des guirlandes hardies qui laissent pendre comme des festons de diamants leurs grappes d'améthyste, d'ébène et d'or. Les routes sont souvent bordées durant des lieues entières par ces magnifiques berceaux, sous lesquels l'œil s'égare à d'immenses profondeurs. La lumière y joue, l'oiseau y chante, l'esprit y rêve. C'est un tableau ravissant, dit-on, que celui de ces grandes plaines, animées par les cris, le mouvement et le travail des vendanges, quand les belles filles de la campagne napolitaine tendent au-dessus de leurs têtes leurs bras brunis, et reçoivent dans des corbeilles les grappes qu'y jettent les vendangeurs. Gozzoli, le Raphaël de la vieille peinture, l'a essayé dans ses fresques du Campo-Santo; Léopold Robert a dû le rêver.

La montagne noire et pelée que voici à droite, c'est le Vésuve. Ces nuages bleus qui semblent flotter dans la mer se nomment Nisida, Caprée, Procida; c'est Naples qui s'étend sur la rive. Noms célèbres! Mais combien les pensées qui vous saisissent aux portes de Rome sont loin de celles que l'on rencontre ici! Vieille Capoue, c'est là ta fille.

XXVII

DÉCEPTION

... Pardon du mot! il est français; mais il ne l'est guère, surtout au sens qu'on lui donne aujourd'hui : c'est encore un de ces termes de palais que les avocats ont introduits dans le monde, et qui sont parvenus, contre toute justice, à y faire fortune avec eux. J'aimerais presque autant *désappointement*, si désappointement n'était tout à fait barbare, et même anglais. Puisque je me détermine à user de la vieille et large règle des sages grammairiens d'autrefois, qui reçoit dans la langue et consacre tous les mots généralement en usage à la cour et à la ville (où est maintenant la ville? où est maintenant la cour?), mieux vaut sans doute choisir le mot qui sort du palais que celui qui nous arrive de Londres; et je laisse *déception*, comme une trace de plus, dans mon style, du péché d'origine dont je crains bien qu'il ne se lave jamais [1].

Je suis irrité depuis huit jours contre le beau pays que j'habite, il est froid et brumeux, je le parcours au milieu d'un peuple en haillons; jamais je n'ai tant vu de parapluies. Le brouillard se condense sur les feuilles naissantes, et coule tristement le long des branches, noircies par un hiver qui ne finit pas. Je n'entends que cris rauques et lugubres, je ne vois que boue et gouttières, je ne rencontre que tumulte et embarras de voitures. Or cette ville criarde, mouillée et enrhumée, on m'assure que c'est la ville des lazarons et des poètes, la ville du soleil, Parthénope, Naples enfin! *Que vous en semble?* C'est là, je pense bien, ce que nous nommons élégamment une déception.

Afin de trouver un peu de soleil à Naples, j'ai fermé portes et fenêtres, j'ai fait un grand feu, et je me suis mis à rêver au passé. Ceci ne paraîtra bizarre à aucun voyageur. Quelques beaux et curieux que soient les lieux où nous sommes, ils pâlissent devant les moindres souvenirs de la patrie. On contemple languissament l'Etna couronné de flammes ou le Stockhorn aux pointes d'argent; puis tout à coup les yeux brillent, le cœur se gonfle, on pousse des cris de joie : qu'a-t-on vu? le pignon d'un mur, un accident de terrain, une fleur qui rappelle les alentours de l'humble et lointain pays qu'on a quitté, et auquel peut-être on n'avait jamais trouvé tant d'attraits. Ah! c'est qu'il n'y a pas là seulement une fleur, un accident de terrain : il y a tout un monde

[1] Nos bons écrivains disaient *mécompte*, et quand il s'agissait d'un fait spécial, *mésaventure*.

de joies pieuses, il y a des visages d'amis, le sourire d'une mère, les caresses d'une sœur, mille rêveries de jeunesse, mille peines charmantes ; — car bien souvent nos peines ressemblent à ces fruits âcres qui deviennent doux en vieillissant. — De ce simple souvenir enfin, comme d'un buisson qu'on frappe, s'envolent des multitudes d'oiseaux joyeux. Que ne peut-on s'envoler aussi, fendre les airs, et retourner d'une aile empressée au doux séjour que l'on a fui pour si peu.

Hier nous avons profité d'un demi-beau temps pour courir jusqu'à Pouzzoles. En descendant de la Solfatare, nous nous trouvâmes au milieu d'une gorge dont l'aspect me frappa singulièrement. Des deux côtés, la montagne s'élevait avec des formes et une végétation tellement pareilles à celles des collines qui entourent P***, que pendant un moment l'illusion fut complète. De plus, l'Angélus sonnait aux Camaldules, et, pour un catholique, toutes les cloches parlent le langage de la patrie... Je crus que j'étais de retour, et qu'en débouchant j'allais saluer encore mon vieux clocher. Hélas ! je ne vis que la mer Thyrrhénienne, Ischia, Caprée, Naples, sur le bord ; dans le fond, Sorrente, et le Vésuve dominant tout. Beaux noms ! grand spectacle ! mais que m'importait ? ce n'était pas là le spectacle que je demandais à Dieu. Un instant le soleil, comme s'il eût voulu me dédommager, se montra dans toute sa splendeur, et couvrit de ses rayons l'immense tableau que je contemplais. Je vis sans voile ce golfe bordé de volcans et de fleurs ; le vent m'apporta les parfums de la terre et les murmures des flots ; la pensée me redit toutes les grandes choses dont la plage est semée ; enfin je touchai du doigt le but de mes désirs, je me sentis bien réellement là où si souvent dans ma vie j'avais désiré d'être... Mais

> Non è questo 'l mio nido,
> Ove nudrito fui si dolcemente.
> Non è questa la patria !...

Il est doux de citer d'aussi jolis vers, et j'éprouve quelque plaisir à rendre ici à Pétrarque la poétique injure qu'il a faite à la France... Sans rancune pourtant.

On ne saurait guère parler de Naples, et ne dire mot du Vésuve. Mais je crains d'être injuste : le Vésuve ne fit point de frais pour nous, et j'avoue qu'il me paraît aujourd'hui vivre sur sa réputation. Les Napolitains font tout pour la lui conserver, cette réputation, qui leur vaut tant de tributaires de tous les pays ; ils sont les dévoués flatteurs de leur volcan, ils applaudissent ses moindres efforts, ils feignent d'avoir peur toutes les fois qu'il s'émeut. A les entendre, le voyageur arrive toujours le lendemain ou repart toujours la veille d'un désastre. Pure politesse ! le Vésuve ronfle quelquefois, mais c'est qu'il dort.

J'ai cependant, comme les autres, voulu grimper jusqu'à la gueule de cette vieille cheminée d'enfer. J'avoue franchement que, contemplé de là, le volcan conserve encore une certaine physionomie. Lorsque, après avoir vu, depuis longtemps déjà, disparaître toute trace de végétation, vous marchez enfin sur ce sol brûlant et sonore, entouré de vapeurs suffoquantes qui s'échappent par des milliers de crevasses à travers lesquelles vous pouvez vous chauffer au feu immense qui brûle et fermente sous vos pieds; lorsque vous sentez frémir la mince croûte de terre qui recouvre ces abîmes, je ne sais quel désagréable souvenir de Pompéi, d'Herculanum et d'Empédocle vient tout d'abord vous tracasser le cœur : on se prend à trouver bien belle la verdure des champs qu'on aperçoit au loin. Dans le fait, il n'y a réellement pas de danger; y en eût-il, on se laisserait encore séduire à ce spectacle, si

Sorrente.

grand pour un œil parisien. Je suis resté là près d'une heure, faisant redire, avec une joie d'enfant, aux échos du cratère les noms que j'aime le plus. J'attendis que la nuit fût tout à fait venue, afin de pouvoir m'arracher aux délices de cette contemplation; chaque étoile qui se montrait aux cieux m'apportait une pensée sainte : j'éprouvais un immense besoin d'incliner mon intelligence et mon cœur devant Celui qui a fait les étoiles, la mer et les volcans.

On stationne, avant de quitter la montagne, chez un fameux ermite qui vous fait manger (sans mauvaise intention, le digne homme!) d'un fort vilain macaroni au fromage de jument, et goûter d'une boisson qui reçoit pour la circonstance le nom de *lacryma-christi*, particulièrement cher aux voyageurs novices. De plus, cet ermite offre aux pèlerins du Vésuve un registre où ils déposent leurs pensées. Il y en a deux gros tomes, que j'ai feuilletés pour prendre une idée de la littérature qui se fait en cet endroit, et voir comment l'esprit de l'homme se tient à la hauteur des œuvres divines : c'est humiliant! Ce registre est plein de balivernes affreuses, écrites dans toutes les langues européennes. Après m'en être fait traduire quelques-unes, je me suis réjoui, pour l'honneur de l'humanité, de n'entendre que le français; mais je m'en suis affligé pour la France. Si vous allez quelque jour au Vésuve, ne luttez pas d'éloquence avec le volcan : tout vieilli qu'il semble, il serait plus fort que vous.

XXVIII

MAZANIELLO ET M. DE GUISE

Je sais peu de souvenirs dans l'histoire qui me touchent autant que celui de Mazaniello. C'est une figure candide; on l'admire, on le plaint franchement, et sa folie, vraisemblablement déterminée par les fatigues et les scènes d'horreur et de révolution, n'est qu'un motif de plus pour le plaindre et pour l'admirer. Il avait tous les penchants honnêtes, toute la naïveté d'action, toute la probité simple d'un sauvage chrétien : il adressa au peuple de Naples des allocutions pleines d'éloquence; il montra durant les cinq ou six premiers jours de son règne, qui dura dix jours en tout, une perspicacité, une sagesse, qui étonnèrent de vieux politiques; il eut des inspirations de piété sublimes. On le vit, lorsqu'il se rendait en grande pompe auprès du vice-roi pour traiter avec lui d'égal à égal, arrêter son cheval, se jeter à genoux devant sa vieille mère qu'il rencontra sur son chemin, et lui demander sa bénédiction. C'est une belle histoire, parce qu'autour de cette figure se groupent tous les abominables caractères qui sortent de la boue des populaces remuées par une révolution. Il est bien rare qu'un peuple, en cette circonstance, ne se donne pas tout de suite pour chefs les plus hideux misérables qu'il y ait dans le pays; les Napolitains n'y manquèrent pas, comme firent en pareille occasion beaucoup d'autres. — Je me rappelle qu'en juillet 1830 les volontaires d'une grande ville arrivèrent à Paris sous la conduite d'un homme dont la profession, au-dessous de celle des égoutiers et des valets de bourreau, ne peut se désigner autrement; et j'ai vu, l'année d'après, en présence de la garde nationale sous les armes, ce vainqueur recevoir du préfet la croix et l'accolade. — Mazaniello donc avait pour amis, lieutenants et collègues, une cohue de scélérats qui finirent par l'assassiner et par rétablir, de trahisons en trahisons, les tyrans qu'il était possible de chasser tout à fait. Mais c'est là l'éternelle péripétie des révolutions, toujours la même, toujours nouvelle, et dont il paraît bien qu'on ne se lassera jamais. Toujours les anciens tyrans se trouvent préférables aux libérateurs; à peine les a-t-on chassés, qu'on leur fait des yeux doux, qu'on les appelle; et c'est à leur tour comme libérateurs qu'ils reparaissent les chaînes en mains.

Aucune révolution ne durerait quinze jours, sans le grand nombre de ceux qui, durant ces quinze jours, ont mérité la potence au moins quinze fois. M. de Maistre dit qu'un peuple ne choisit jamais ses maîtres : cela est vrai; mais l'on peut ajouter que, s'il les choisissait, il ne saurait, avec toute sa stupidité, les prendre pires qu'il ne les reçoit pour sa honte et pour son châtiment. Lorsqu'on regarde quelque révolte un peu considérable que ce soit, il faut bien conclure, avec ce puissant philosophe, que rien, dans le cours des choses, ne montre mieux qu'un peuple en révolution la justice régulière qui préside au gouvernement de l'univers. L'esprit attentif, qui compte et qui pèse les torts réciproques, les punitions communes et extraordinaires, le commencement, la suite et la fin de ses drames aux péripéties diverses, marchant tous au même dénouement par des coups de destinée aussi frappants qu'inattendus, a de quoi se divertir de la sagesse des politiques et de la présomption des ambitieux. Dieu ne semble réellement pas tant mépriser la volonté d'un seul homme que les efforts de tout un peuple. On voit, sous l'action de ces lois inconnues, mais immuables et certaines pourtant comme celles qui font mouvoir les mondes dans les espaces, on voit les cœurs et les volontés se transformer en un clin d'œil; les passions se soulever ou s'apaiser comme la mer, sous un souffle soudain qui vient on ne sait d'où ni pourquoi; les révolutions les plus violentes tourner en avantage à ce qu'elles voulaient anéantir; les plus assurés triomphes n'être qu'une voie rapide au dernier abaissement, à la dernière infortune; et, en définitive, l'ancien ordre rétabli sur ses bases, qu'on avait cru détruire et qu'on a seulement rajeunies. Cela prouve, je crois, plusieurs choses : qu'un peuple se révolte encore plus pour sa punition que pour celle de ses tyrans; que ces tyrans ne sont jamais aussi méchants qu'on les fait noirs; que toute société viable, régulière, par les lois, par les mœurs, de façon ou d'autre, comporte toujours assez de liberté pour qu'on y puisse vivre aisément; enfin qu'aucun progrès ne se fait par voie révolutionnaire, parce qu'il faut toujours revenir à l'ordre, qui est le point de départ de toute révolution. Pestes, guerres, famines, tremblements de terre, révolutions : fléaux de Dieu qui battent le monde, sans que le monde puisse savoir jusqu'où il sera battu, quand et comment il cessera de l'être! Puis, quand le redoutable batteur est satisfait, d'ordinaire il brise son arme; et le conquérant, ou le révolutionnaire, est la dernière victime qu'il foudroie, sur tant de victimes amoncelées. Ne craignez point, ne vous plaignez pas : la main qui frappe tient le van et nettoiera l'aire, elle saura séparer le bon grain de l'ivraie. Quelques méchants paraîtront triompher, beaucoup de justes seront morts : ne vous plaignez point! Là-haut se donnent des couronnes, et l'enfer est éternel comme Dieu. Seulement, qui que vous soyez, soyez prêt à partir, et, pour bien mourir, vivez bien. Voilà tout le pouvoir et toute la sagesse de l'homme.

J'avoue que, pour moi, dans ces idées réside à peu près tout l'intérêt des révolutions. J'y cherche l'accomplissement de ces vengeances formidables qui poursuivent la violation des lois divines imposées à l'humanité, et je ne trouve pas dans l'histoire du monde, depuis dix-huit cents ans, de faute politique qui ne soit un outrage fait aux commandements de Dieu et de l'Église; je n'y vois pas non plus une page terrible où le sang innocent ne coule pour racheter l'homme mortel, comme le sang même de Dieu a coulé pour racheter les âmes. Cette seconde rédemption, qui marche de pair avec l'immolation des méchants, et qui brise dans le même supplice, sur le même échafaud, des destinées pour qui la vie immortelle va commencer si différente, — ce Calvaire toujours sanglant où le juste meurt entre deux larrons, — c'est la grande leçon de l'histoire; le reste est peu de chose, en vérité. Je ne regarderai jamais comme un progrès de l'esprit humain quoi que ce soit qui tende à éloigner les hommes de l'austérité religieuse; et l'époque la plus corrompue, quel que soit son éclat, me semblera toujours la plus déplorable et la plus barbare. Ces époques ressemblent aux fusées qu'on lance dans les airs; l'instant où elles atteignent l'extrémité de leur course, où elles éclatent en étoiles brillantes, est celui où elles s'éteignent et meurent dans la nuit. Si vous voulez connaître l'époque la plus honorable et la plus heureuse de l'humanité, cherchez le moment où il y eut le plus de vrais chrétiens sur la terre.

Me voici loin de l'histoire de Mazaniello! dût-on m'accuser d'y rester trop longtemps, j'y reviens encore. Ce fait n'est pas aussi connu qu'il mérite de l'être; ceux qui ne l'ont étudié qu'à l'Opéra pensent que tout fut fini par la mort du fameux pêcheur; ils ne savent pas tous la suite très curieuse de cette révolution théâtrale, dont le dernier acte fut joué, avec beaucoup de bravoure et d'éclat, par un gentilhomme français d'une naissance quasi royale, et d'un nom si célèbre et si malheureux, que, la première surprise passée, on s'étonne à peine de voir Henri de Lorraine, duc de Guise, figurer comme troisième successeur de Mazaniello sur la courte liste des capitaines généraux de Naples. M. de Guise, en effet, jeune, brillant et beau, déjà fourni d'aventures étrangères comme il en arrivait aux grands seigneurs en ce temps-là, se trouvait à Rome lorsque éclata la révolution de Naples. Il y poursuivait la rupture d'un mariage inconsidéré, pour en contracter un autre plus inconsidéré encore. L'état de solliciteur lui laissait du loisir; il imagina, pour se désennuyer, d'aller se conquérir une couronne chez les Napolitains, et là-dessus il partit avec quinze hommes et quelques milliers de francs, après avoir écrit à sa mère pour lui demander sa bénédiction. — Singulier trait de ressemblance entre le prince français et le pêcheur d'Amalfi! — Guise traversa la mer, seul dans une barque, au milieu de la flotte espagnole, qui fit feu sur lui de toute son artillerie. Mais il était de cette bravoure qui décourage le danger. L'écervelé jeune homme, lorsqu'il eut pris terre, se conduisit comme un héros, on devait s'y attendre, et comme un sage politique, ce qui est plus surprenant. Tout, même la raison, était possible à ces étourdis. A force de fermeté, de présence d'esprit, de courage, de bon sens, il se créa un parti, car il n'en avait point; des soldats, chose qu'il lui fallut avoir faite avant de la croire possible. Il nourrit son peuple sans argent; sans poudre il gagna des combats; enfin il échappa aux assassins et aux empoisonneurs. Mais il ne put échapper aux traîtres; et, après six mois de cette incroyable royauté, il alla, prisonnier des Espagnols, réfléchir durant quelques années aux inconvénients de l'ambition. On ne le jugea point trop malheureux à la cour de France, parce que cette longue captivité l'empêcha d'épouser la belle dame dont l'amour avait été la raison déterminante de toute son équipée. Guise, que le cardinal de Retz appelait le héros de la fable (et c'était fort justement dit), peut être regardé comme le type de ces paladins et de ces gentilshommes qui fondèrent en Europe la réputation si joviale, si folle, si spirituelle, si magnifique, si généreuse, et à tant d'égards si peu méritée aujourd'hui, du caractère français. On nous la conserve encore, faute de savoir à qui la donner. Ce ne sont pas les Anglais, — les seuls gentilshommes cependant qu'il y ait dans le monde à l'heure où nous sommes, — qui en hériteront. Il y a bien loin des farces de lord Byron à la grâce charmante de Guise et de ses contemporains.

Un siècle et demi après Guise, Naples, où s'attachent, depuis Robert Guiscard, tant de souvenirs de la France, revit à sa tête encore un aventurier français; et, si les peuples avaient, comme on le dit, de la mémoire, les Napolitains auraient pu retrouver quelques traits dégénérés de Henri de Lorraine dans la figure impétueuse de Joachim Murat. Nos chers compatriotes se montrèrent, lors de ce dernier passage à Naples, ce qu'ils y furent toujours, et ce qu'ils ont le malheur d'être assez généralement partout : braves soldats et bons cœurs, mais trop peu soucieux de l'honneur des familles et trop indifférents en matière de religion pour jamais pouvoir s'établir chez un peuple moral et religieux. Un intrigant fort habile qui préparait la voie à M. de Guise lui conseillait de paraître souvent à l'église, afin « que le peuple « perdît l'opinion que les Français ne sont occupés qu'à mettre à mal « tout ce qui se rencontre de femmes sur leur passage. Il serait même « important, ajoutait-il, que l'on pût obtenir à cet égard quelque « retenue des Français qui feront partie de l'expédition. » Je ne sais si M. de Guise suivit ce conseil; mais, à coup sûr, les compagnons de Murat n'y songèrent pas; et ceux qui ont profité de la domination française à Naples pour y étudier les mœurs publiques, ont eu raison d'en parler comme ils ont fait. Ces messieurs songeaient à se bien divertir : toujours en fêtes, toujours en festins, prodiguant l'argent qui ne leur coûtait guère, et prouvant en maintes occasions qu'il n'est pas besoin d'avoir des titres de noblesse pour se croire en droit d'écraser les manants. Il y en eut quelques-uns d'assassinés, et c'était une belle occasion d'appeler les vaincus un peuple lâche et sauvage; mais la débauche fit parmi eux plus de victimes que le couteau des époux outragés ; et si Murat fut mal soutenu par son peuple, le peuple pourrait en donner plus d'une excellente raison. Nous autres voyageurs, nous nous montrons avec orgueil quelques belles et utiles constructions qui signalent le séjour de nos drapeaux : c'est fort bien ; mais après avoir admiré ces monuments glorieux, glissons-nous discrètement dans quelque église ; et là, au milieu de ces pauvres gens qui prient, agenouillons-nous tristes et humiliés ; prions pour nous et pour les autres, demandons pardon à Dieu du mal que ceux de notre pays ont pu faire ici dans les âmes. Qui sait ? près de nous peut-être gémit en secret une douleur, s'épanche un remords dont un de nos parents fut autrefois la coupable cause.

XXIX

SAINT THOMAS D'AQUIN

Justement nous avons près d'ici la belle église Saint-Dominique-le-Majeur, solide, solennelle, grandiose, comme tout ce que firent les dominicains. Saint Thomas, le Docteur angélique, habita sous la bure monacale, humble parmi les plus humbles, le couvent qui touche à cette église, où maintenant la piété des fidèles rend un culte public à ses vertus. Héros du monde, dont nous répétions tout à l'heure les noms célèbres ; princes, tribuns, rois, conquérants, à genoux ! et rougissez de votre gloire. Le moine qui vécut en ces lieux n'eut point de courtisans, quoique gentilhomme ; point de richesses, quoique le plus savant docteur de son temps ; point de pouvoir humain, quoique éloquent à remuer des mondes. Il enseignait, ici et ailleurs, la théologie, avec un traitement de vingt-cinq francs par mois ; dans l'intervalle de ces cours, il composa des ouvrages sublimes ; il mourut à quarante-huit ans, en demandant pardon à Dieu et à ses frères des péchés qu'il avait commis : c'est sa vie tout entière. Et cependant, depuis six siècles, sa mémoire est vénérée. On a conservé précieusement jusqu'aux moindres vestiges des humbles choses qui furent à lui : un crucifix, un débris de sa chaire, un lambeau de sa robe ; son étroite cellule est devenue une chapelle, où nos lèvres pieuses cherchent la trace de ses pas. Savez-vous pourquoi ? Ce n'est pas parce qu'il fut un orateur puissant, un philosophe prodigieux, un écrivain illustre, un docteur lumineux au sein de l'Église ; d'autres le devancèrent dans la voie qu'il suivit, parlèrent aussi éloquemment peut-être, déployèrent une science aussi vaste, écrivirent avec non moins de sagesse ; mais il fut un ange de pureté, il se montra plein de tendresse et d'amour pour ses frères; mais il se forma toujours à l'école de celui qui disait : *Apprenez de moi que je suis doux et humble de cœur;* mais il aima et pratiqua constamment la justice. Voilà pourquoi ses reliques sont honorées sur les autels, et pourquoi nous disons dans nos prières : Saint Thomas, priez pour nous.

XXX

L'ATELIER DE VIANELLI

A la Magellina, quartier des pêcheurs, dans la *via del Dattero,* laquelle doit son nom au plus beau palmier qu'il y ait dans toute l'Italie, côté de Naples plus particulièrement chéri du soleil, d'où l'on voit tout le golfe, toute la ville et toute la mer, Vianelli le peintre a placé son nid, avec le double instinct de l'artiste et de l'oiseau. Si l'on veut contempler un des plus splendides spectacles du monde, causer avec un homme des meilleurs et des plus spirituels qu'il y ait, admirer les plus beaux dessins d'architecture qu'on ait faits depuis Piranèse, il faut aller frapper à cette petite maison de la *via del Dattero,* qui est indiquée au loin par la tête ronde et charmante de ce grand palmier. Ne craignez point d'importuner l'artiste. Premièrement, Vianelli, pauvre comme tout homme distingué a toujours droit de l'être, vit de son travail, et, pour vendre ses dessins, il faut qu'il les fasse voir; secondement, il est si désintéressé, qu'il lui est égal de ne rien vendre, pourvu que le visiteur ne soit pas un sot, ce que je ne soupçonnerai jamais de vous, mon lecteur. Présentez-vous donc de pied ferme, Vianelli vous recevra bien ; il vous ouvrira avec toute la bonne grâce italienne et tout le sans-façon français trois ou quatre vastes cartons, où sont rangés les merveilles architecturales de l'Italie et ses plus remarquables points de vue : vastes panoramas où l'œil retrouve un portrait fidèle des montagnes et des villes qu'il a parcourues, monuments grandioses de l'art antique et moderne, qu'on regrettait de n'avoir pas assez longtemps admirés, et que l'on revoit avec leurs belles lignes, leurs singularités caractéristiques, leur ensemble imposant ; images tracées par un crayon si fidèle et si intelligent, qu'en se bornant à copier il paraît créateur. J'insiste là-dessus ; car là est le mérite éminent et singulier de Vianelli. Ses dessins de monuments ne sont pas des portraits qui posent ; ce sont des portraits qui parlent, qui remuent, qui vivent ; il sait mettre ce je ne sais quoi que le copiste le plus exact, lorsqu'il n'est qu'un copiste, oublie toujours ; ce je ne sais quoi que le daguerréotype n'a pas le temps de saisir; ce je ne sais quoi qui est une inexactitude enfin plus vraie que l'exactitude même. Les colonnades, les frontons, les grandes rues, les belles places ont le caractère qui leur convient. Au pied de ces portiques, la belle invisible qui accompagne l'artiste et le rêveur dans toutes leurs expéditions, la Pensée est assise; elle se promène là-bas, sous l'ombre de ces maisons magnifiques; elle habite le demi-jour de ces nefs majestueuses où vous avez prié si vous êtes chrétien, où vous avez senti, comme un doux tourment, le désir de la prière si votre pauvre cœur ignore encore la foi, c'est-à-dire s'il ignore son besoin, sa consolation, son espérance, sa véritable vie.

XXXI

A PROPOS D'UN MOINE

La vraie foi est la seule foi ; car elle seule produit des œuvres de foi pleinement honorables pour celui qui les accomplit, pleinement secourables pour tous les autres. Dans l'Église catholique, n'y eût-il que les ordres religieux, ce serait assez pour prouver sa divinité. Consacrer sa vie à Dieu, c'est-à-dire au prochain pour l'amour de Dieu ; embrasser toutes les privations, toutes les fatigues, dans l'unique vue des récompenses célestes, c'est un *acte de foi* qu'aucune autre religion n'a pu produire ; c'est un *acte d'espérance* qu'elles sont incapables de former ; c'est un *acte de charité* qu'elles n'opéreront jamais. La religion catholique y parvient sans peine, au moyen de trois vertus, la pauvreté, la chasteté, l'obéissance, qu'elle a seule le droit et le pouvoir de conseiller. Cherchez, essayez : ces arbres-là, et les fruits qu'ils donnent, ne se trouvent que dans le jardin de l'Église ; ils ne vivent point et ne se reproduisent point ailleurs. Ailleurs ne luit point le soleil et ne tombe pas la rosée qu'il leur faut.

XXXII

L'ÉPREUVE

I

Je vous appelle, et vous revenez en hâte, — et c'est par ma faute que je suis condamné à vous contempler encore, — ô fantômes dangereux ! indomptables images, rêves pleins de vanité, souvenirs chargés de langueurs ! légions funestes et trop chères, formées de tout ce qui ne doit plus être et de tout ce qui n'est plus ! Comme un meurtrier voit partout l'ombre de sa victime, meurtrier de ma jeunesse, je la vois qui me poursuit ; elle me montre tous mes souhaits fauchés dans leur fleur, et tous mes plaisirs saintement immolés. Qui dira la profondeur des misères humaines ? J'ai fait l'action d'un chrétien ; j'ai dit adieu pour jamais aux vanités du monde, et mon cœur, après ce généreux effort, retombant dans la détresse en dépit de tant de longs anathèmes, est épris plus que jamais de ces vanités. — Oh ! il n'avoue pas qu'il voudrait les voir revivre ; mais il les évoque sans cesse ; il va pleurer sur elles, avec un secret espoir que ces pleurs leur rendront la vie.

Seigneur, délivrez-moi du tourment de ma jeunesse, éteignez les ardeurs de cette intelligence troublée par le péché ; délivrez-moi de mes regards et précipitez mes jours, ou tout au moins vieillissez mon cœur, si rien ne peut l'épurer.

Hélas ! la nature entière est mon ennemie ! les parfums de l'air me sont funestes ; je crains l'ombre des chemins et le murmure des fontaines ; et il m'a fallu fuir en tremblant la chanson de l'oiseau dans les bois. J'ai cherché la solitude, et je me suis trouvé sans défense contre moi-même. J'ai abordé le monde, et je me suis laissé prendre à tous les pièges de l'orgueil.

O douleur ! les promesses de la vie ne renferment pas un mensonge que je ne connaisse très bien ; mais ma raison est le jouet volontaire de toutes leurs apparences et de toutes leurs tromperies. Le moindre danger à fuir me coûte d'immenses efforts ; la séduction la plus vulgaire a de l'empire sur moi.

D'où vient ce jeune homme ? il sort de l'église, il emporte la bénédiction du prêtre et le prix du saint sacrifice. Parmi cette foule où se heurtent tant de corps sans âme, qu'il doit s'estimer heureux de connaître les dons du Seigneur, et de se savoir frère de Jésus-Christ !

— Il y songeait, il en bénissait Dieu !... Mais il a vu passer devant lui, comme une vapeur de l'abîme, quelque image de ses anciens jours, et voilà sa paix disparue. Tout à l'heure il chantait les louanges du Très-Haut dans l'assemblée des saints et des anges; il adorait Dieu et l'appelait son père; il sentait planer sur son âme, comme le plus doux et le plus vivifiant soleil, les maternels regards de Marie... L'orgueil et le plaisir a traversé son chemin, et tout aussitôt il se lamente, il se dit seul dans le monde, il trouve la vie un fardeau trop lourd pour sa lâcheté. Ne lui parlez plus de grâces immenses répandues à foison sur son âme. Je ne sais si cette âme ingrate et basse n'est pas toute prête à regretter ses ténèbres et sa stérilité.

O mon Dieu, quelle épreuve! et que cette importune jeunesse est insatiablement éprise de ses maux! Si je vous sers, j'y recherche encore ma gloire; et j'aime tant à fixer l'attention du monde, que, quand je m'agenouille dans vos temples, ce n'est pas toujours devant vous que je me prosterne, mais souvent devant lui. Je voudrais être aimé, je consentirais à être haï; mais d'être indifférent à tous, mais d'être oublié, mais d'être inconnu (ce à quoi il faudrait viser sans cesse), hélas! où en trouver le courage, et comment parvenir à le désirer? Aidez-moi contre mes propres vœux, ô mon secours suprême! revêtez-moi d'une ombre impénétrable, et que mes désirs, si vous m'en laissez le supplice, se consument et se dévorent dans leur inutilité.

Jésus, Fils du Dieu éternel! Jésus, mort pour mes péchés, ne me laissez pas périr!

II

Et la voix, la douce et consolante voix de mon Dieu, s'élève au milieu de ces tempêtes. D'abord elle est faible, et je ne l'écoute pas, car telle est ma misère; je me plains, et je crains d'être consolé. Mais la voix devient plus forte; bientôt elle domine l'orage, et Dieu parle seul à son pauvre enfant :

« Ne crains pas, c'est moi, je suis là. Ta jeunesse touche à son terme, chaque jour en emporte un lambeau; et, si tu veux regarder, tu verras de combien d'épreuves j'ai délivré tes jours.

« Déjà tu peux voir sur ton front la place où seront bientôt les rides; tes cheveux, tombant comme la couronne de fleurs des convives, t'avertissent que le banquet de la jeunesse touche à sa fin; tes yeux affaiblis vont ne pas saisir d'aussi loin les images funestes, et j'ai par là dépeuplé l'espace de mille choses que tu n'y vois plus.

« Combien de fois t'ai-je retiré des lieux où ton cœur avait pris racine dans une terre de péché, pour te promener au loin, parmi des spectacles propres à fortifier ta croyance et ton amour! Aussi souvent que le danger a été véritable, autant de fois que je t'ai vu trop faible et obstiné à te perdre, le cours des choses a changé pour toi, comme on voit souvent changer le vent. Je t'ai emporté jusqu'au delà des mers, et pourtant j'ai choisi parmi les saints un tuteur pour tes frêles résolutions.

« Je t'avais promis que tu ne m'appellerais jamais en vain : tu m'as appelé, je suis venu. Lorsque tu m'appelleras, je viendrai toujours ; ma providence sera là, toujours pour te soutenir.

« Mais cependant ne compte pas qu'un jour tu n'auras plus à lutter. Je ne t'ai sauvé du sommeil de l'erreur que pour t'appeler au combat. C'est le combat qui fait la gloire, et l'on ne récompense le soldat qu'après qu'il a bien combattu. Prends sur ta jeunesse abandonnée au mal une revanche généreuse. Au prix de tes larmes, et, si je veux, de ton sang, triomphe de toutes ces passions naguère encore si vite obéies. Chacune de tes victoires est une expiation que ma bonté te prépare ; et plus elle est pénible et douloureuse, plus grande aussi est la tache qui s'efface à mes yeux.

« Et bénis ma providence si j'éloigne de ton cœur des joies légitimes ; car je pourrais tenir un compte rigoureux de tous ceux de tes plaisirs qui furent une offense mortelle ; et alors quel repos laisserais-je à ta vie ? Tu souffres parce que je t'aime.

« Oui, tu les reverras souvent, ces fantômes de ton passé. C'est moi qui ne veux point qu'ils meurent ; ils tourmenteront tes jours et tes veilles, ils troubleront tes prières ; je te les enverrai pour que tu fasses, armé de mon nom, subir, malgré toi-même, l'humiliation d'un refus à ces vanités, à ces séductions, à ces émissaires du Maudit, qui te redemandent toujours...

« Et de tout refus dont tu les humilies, de toute distraction et de toute tentation dont tu cherches à te sauver à mes pieds, je fais, dans la plénitude de mon immense amour, la couronne et la palme que tu porteras devant moi par delà les éternités de l'éternité. »

III

Eh bien, j'aime à sentir que ma nature est rebelle, et qu'il faut quelques efforts pour la dompter. J'aime à sentir en moi la force qui me contraint, la force mystérieuse et sensible qui fait tout plier, passion, orgueil, habitude, et qui soumet au frein le délire même. Cette force est Dieu. J'aime à voir qu'il ne se retire pas avec dégoût devant les instincts d'une chair maudite, mais qu'il est là pour la mater, pour sauver mon âme... près de périr dans ses liens mortels.

J'obéis à la crainte ; mais cette crainte n'est pas avilissante... Et, après tout, je veux bien qu'elle le soit ! A quel titre, en effet, vous demanderais-je, ô mon Dieu, cette grâce accordée aux plus chers de vos saints, de n'obéir qu'à l'amour ? Je suis un misérable esclave, délivré d'hier, malgré moi-même ; je porte encore des stigmates de la servitude, je ne sais pas être libre ; il faut qu'on me commande, il faut qu'on me menace. Vous m'avez donc bien aimé, mon Dieu, pour vous souvenir de moi dans le triste état où j'étais réduit, et pour briser, sans que je l'aie même voulu, des fers dont je chérissais le poids honteux!...

L'homme s'abandonnerait à un orgueil effroyable s'il n'était pas soumis à ces luttes, à ces misères, à ces continuelles tentations, à ces chutes dont l'imminence le rabaisse sans cesse devant lui-même, tandis que la force de Dieu sans cesse le relève et le contient.

S'il lui suffisait de faire une fois le signe de la croix pour amortir sa mauvaise nature, il tomberait dans les dangers de l'oubli ; et non seulement il n'aurait plus les mérites du combat, mais il se fatiguerait de n'avoir rien à faire ; et bientôt il querellerait Dieu de cette quiétude éternelle, où il faudrait dormir jusqu'au sommeil de la mort.

Acceptons-nous tels que Dieu nous a faits : capables d'apprendre la vérité, capables de la connaître, de l'aimer, de la servir ; incapables de nous dépouiller, pour l'amour d'elle, des impressions contre lesquelles elle veut que nous luttions continuellement... Et louons le Seigneur, qui, de ces imperfections mêmes, fait sortir notre avantage, et, nous laissant voir jusqu'où nous pouvons tomber, nous montre également jusqu'où son amour daigne descendre pour nous secourir.

XXXIII

UN JOUR DE SOLEIL

J'ai maltraité Naples ; nous ne la quittâmes point toutefois sans y avoir vu le beau temps ; et il faut avouer qu'elle est aussi belle et brillante au soleil que déplaisante et maussade sous un ciel de pluie. Imaginez, dans ce dernier cas, une pauvre fille qui court les rues pendant le carnaval en oripeaux de théâtre : plus elle a mis de rubans et de dentelles, plus elle a de fleurs dans les cheveux, plus ses ajustements rassemblent d'éclatantes et de fraîches couleurs, — plus aussi la boue y paraît, plus le vent et la pluie la défont et la fanent ; et tout ce dont elle s'est parée pour plaire la rend odieuse à voir. Mais que le lendemain l'air soit doux, limpide et sonore, que le soleil revienne et qu'elle revienne avec le soleil : tout son fol attirail est charmant ; elle est pimpante, elle est légère ; ses rubans chatoient à l'œil, son rire est agréable, sa chanson réjouit. Voilà vraiment Naples. Elle est arrangée pour vivre au soleil. Si le soleil s'efface, adieu beauté, sourire, splendeur, tout s'en va ; c'est un fard, c'est une poussière. Si le soleil reparait, tout reparaît avec lui; les bords du golfe étincellent comme un collier de diamants, l'air est plein de bruits joyeux; tout semble danser, tout semble fleurir; le haillon du pauvre même a je ne sais quoi dont les regards ne s'offensent plus; il cesse d'être misérable et devient pittoresque. Pour quiconque n'a pas vu Rome, on comprend alors que Naples ait des attraits.

Profitant d'un de ces jours de fête qui furent trop rares pour nous, nous allâmes visiter le *Bosco-Real,* maison de plaisance du souverain, bâtie au milieu d'un parc immense, sur le sommet d'une montagne

Naples.

d'où l'œil embrasse à la fois Naples, le Vésuve, la campagne et la mer. L'édifice a la majesté dure de la royauté espagnole. On y reconnaît l'œuvre grave et forte de cette monarchie, qui semblait ne se plaire qu'aux choses faites pour ne changer jamais. Il ne se peut rien de moins orné ni de plus imposant: des cours solennelles à pleurer d'ennui; des arcades dessinées comme un arc-en-ciel de fer; des escaliers et des corridors à physionomie claustrale; des chambres vastes, sans tentures, blanchies seulement à la chaux; et sur les murailles rigides des tableaux, des chefs-d'œuvre, mais des chefs-d'œuvre dignes en tout d'y briller, et par leur prix inestimable et par les sujets qu'on y a représentés: supplices, ensevelissements, moines en prière, portraits plus sombres encore que tout cet ensemble, d'un grandiose morne et terrifiant. Si l'on entend quelque bruit, involontairement on se range comme pour laisser passer un de ces pâles et raides personnages qui froncent les sourcils dans les tableaux de Velasquez; mais on ne voit que le valet de pied aux couleurs de la maison de Naples, dont la bonne figure et la livrée fatiguée de servir vous disent qu'il n'y a plus qu'une image de tant de puissance et de tant de hauteur.

Lorsque, sorti de ce lugubre palais, on se retrouve au grand air, dans la profusion de la nature napolitaine, qui rit de toutes parts comme un enfant, et qu'on ne peut mieux caractériser qu'en disant qu'elle est joyeuse, — le palais et ce qu'il renferme paraissent bien n'avoir pas été faits pour le pays. Ces choses ont été apportées là par des étrangers, qui les ont oubliées au moment du départ ; ils ont oublié aussi cette fière montagne, qui gronde et menace toujours au milieu du grand horizon.

Ah ! que ce parc du *Bosco-Real* est beau ! qu'il a de fleurs ! quelles magnifiques allées ! quels épais berceaux toujours verts, impénétrables à la neige, impénétrables au soleil ! quelles percées majestueuses sur un panorama d'heureuses merveilles, les plus variées que l'on puisse concevoir ! La main espagnole s'y fait sentir encore : elle a, d'un compas austère, ménagé ces espaces, régularisé cette profusion, distribué comme des haies de courtisans tous ces beaux arbres ; de la nature même elle a fait un salon royal, où l'étiquette, plus forte que la sève, mesure aux branches la longueur qu'elles doivent avoir, assigne aux fleurs la place où elles doivent s'épanouir. Mais l'étiquette n'empêche pas le vent d'agiter les feuilles, le soleil d'y sourire, l'oiseau d'y chanter, ni les montagnes d'onduler à l'horizon, ni la plaine bigarrée de richesses de s'étaler au loin, ni la mer d'aller là-bas confondre son azur avec l'azur du ciel, ni le cœur des enfants de Dieu d'éclater en cantiques d'allégresse au grand spectacle des œuvres de Dieu.

XXXIV

BON USAGE DE LA VIE

J'admire comme tout le monde a lieu d'être fier de ses philosophes, qu'il estime si haut, et qui ne peuvent se mettre d'accord. Il semble merveilleux qu'au lieu de perdre du temps, ainsi qu'on le fait quelquefois, à vouloir les concilier, pour reconnaître ensuite que c'est là chose impossible, et s'abandonner alors avec malaise à ces instincts de l'homme qui ne sont pas moins obscurs et moins contradictoires que toutes les philosophies, on ne se fasse pas un simple raisonnement : il n'y a que deux écoles : une qui admet la révélation divine et l'institution d'un ministère de réconciliation entre la créature et le Créateur;

une autre qui, dans la multiplicité de ses sectes et de ses divisions, admet tout hors ce point. Cette dernière école n'a jamais réuni deux hommes intelligents dans une croyance identiquement la même; ses écrivains et ses docteurs se contredisent : donc rien ne prouve que la vérité soit avec aucun d'eux. L'autre école, au contraire, offre au monde, depuis dix-huit cents ans, l'imposant spectacle d'une foule de puissants génies réunis dans la plus miraculeuse unité de croyances et de sentiments. Il n'y a pas un docteur luthérien ou calviniste qui pense exactement comme Calvin et Luther, et là même où je vois plusieurs esprits garrottés dans les liens d'un même système, je ne vois rien qui m'indique une religion. Mais partout où sont les catholiques, il n'y en a pas un qui ne pense, qui ne croie, qui ne prie, qui ne s'efforce d'agir absolument comme saint Pierre et saint Paul. Tels ils ont été au commencement, tels ils sont encore, tels ils seront jusqu'à la fin. Rien ne prévaut contre ces pensées, contre ces croyances : ni l'âge, ni les événements, ni les malheurs. Tandis qu'ailleurs l'esprit dépouille, en vieillissant, tout ce qui l'avait le plus charmé, et prend, comme des vêtements mieux en harmonie avec son âge, des opinions nouvelles à mesure qu'il prend de nouvelles années, le catholique, stable dans ses croyances premières, n'éprouve que le besoin de s'y s'attacher plus fortement. Là est donc la vérité, ou tout au moins convient-il de l'étudier si elle y est.

Oh! oui, certes, la vérité est là; et vous ferez bien, mes frères, de vous en enquérir. Lisez nos livres, écoutez nos docteurs; tous parlent de même, tous ont les mêmes promesses, et vous trouverez dans tous, je dis dans les plus humbles et les plus ignorés, la solution éclatante des plus inextricables problèmes où se sera brisée votre raison. Vos philosophes vous ont-ils dit clairement ce que vous avez à faire dans le monde? Et s'ils vous l'ont dit, l'ont-ils fait eux-mêmes? Et si vous l'avez voulu faire, en avez-vous été contents? J'affirmerais que non. Mais un livre pieux me tombe sous la main : qui l'a écrit? Je l'ignore; je l'ouvre et je lis ces simples paroles : « Nous avons le passé à réparer, l'avenir à préparer. Le présent nous est donné pour combattre, expier le passé, préparer l'avenir. » Eh bien, je vous le dis, le chrétien, l'enfant de l'Église, quel qu'il soit, dont l'intelligence s'élèvera seulement jusqu'à comprendre cet enseignement si limpide, — s'il veut s'en ressouvenir, et user, pour s'y conformer, de la force qui est en lui, — celui-là est plus savant que tous vos systèmes et peut défier le monde et l'enfer.

XXXV

VIE ERRANTE

De Naples nous étions revenus à Rome; nous y étions revenus comme chez nous. Tout chrétien comprend que Rome peut aisément devenir une patrie; et où donc, en effet, a-t-on plus d'amis, plus d'ancêtres, et sous les yeux plus de merveilles, et pour le cœur plus d'objets de vénération et d'amour? A Rome, véritablement, le monde entier n'est plus que le champ d'une seule famille, qui veille, travaille et prie, sous le regard paternel d'un seul chef et d'un seul pasteur. Nous y passâmes encore d'heureuses journées, visitant nos chères églises, et Raphaël, et la croix du Colisée, et Michel-Ange, et le Capitole, et toute cette foule de prodiges... que l'œil et le cœur embrassent d'une admiration douloureuse, en songeant qu'on va les quitter et que peut-être on ne les reverra plus. Nous allions aux Quarante heures à Saint-Pierre, à Saint-Louis-des-Français; nous disions adieu à ces hommes excellents qui sont à Rome les doux frères du pèlerin... Hélas! que la dernière bénédiction de l'un d'eux nous fut chère et cruelle! Enfin il fallut partir. O Rome! ton inexpugnable rempart, c'est le concert incessant de ces prières qui s'élèvent pour toi vers Dieu de tous les points du monde!

Le Seigneur m'a donné pour croix une vie errante. J'ai quitté de bonne heure ma famille; le nid n'était pas assez large pour la couvée, et mes parents eux-mêmes, forcés comme moi de quitter les leurs, m'avaient emporté du lieu natal lorsqu'à peine je venais de sortir du berceau et d'essayer mes pas sur une terre que je n'ai point revue; trop jeune pour en conserver longtemps la mémoire, assez âgé déjà pour m'affliger de ce premier départ; en sorte que le souvenir le plus vif que j'aie gardé de mon pauvre pays, c'est le souvenir des larmes que je ne pus contenir en voyant le clocher du village disparaître à l'horizon. Quelqu'un me dit alors en souriant : « Adieu, Boynes! » Adieu! il me semble que c'est le premier mot qu'ait entendu mon oreille, et je me suis dit quelquefois qu'il était comme un présage de toute ma vie. J'ai couru, dressant ma tente aujourd'hui dans un lieu, demain dans un autre, toujours obligé de partir au moment où, sentant mon cœur prendre racine, il m'était doux de croire que je pourrais rester. Et ainsi il m'a fallu traverser, dans la prospérité, des fleuves de tristesse qu'aux jours de mon infortune je ne connaissais pas. Cela est dur, on ne s'y habitue point. Il est plus douloureux de changer à mesure que l'on a plus changé. Il y a des fleurs d'amitié qu'on a semées et qui naissent, et qu'il faut abandonner quand leurs parfums sont plus doux; il y a de bons cœurs, de belles âmes, qui semblaient vous avoir attendu là pour vous aimer; on s'était fait de leur commerce une chère habitude, ils avaient toute votre confiance, on comptait les posséder toujours..., on ne les reverra plus! Il faut s'en aller pour ne plus revenir! C'est une mort; partir plusieurs fois, c'est plusieurs fois mourir. Dans les commencements, on se console par la pensée que des liens si précieux ne seront pas rompus, mais seulement relâchés, que l'on s'écrira, que l'on se confiera toujours l'un à l'autre. Hélas! que cette pauvre consolation dure peu! Mille choses arrivent que l'on ne peut se confier; mille circonstances empêchent d'écrire; peu à peu d'autres amitiés se forment, des deux côtés l'oubli se fait, on s'écrit moins, on ne s'écrit plus, on finit par perdre presque tout souvenir de ceux qu'on a tant aimés; ils finissent par perdre tout souvenir de vous. C'est bien une mort, et le cœur est une terre qui consume tous ces morts : voilà ce qui est triste lorsqu'on ne l'ignore plus, et ce qui rend si navrant de partir.

Je le dis, mais vous savez, mon Dieu, que j'ai cessé de m'en plaindre; j'ai accepté cette loi comme toutes vos lois, et vous m'avez appris que la destinée du voyageur est celle de tout homme sur la terre. Vous faites des parts égales : que l'on reste ou que l'on s'en aille, la mort est toujours là! Toutes les fleurs de la vie humaine sont périssables, et celles qui promettaient d'avoir le plus d'éclat et de durée meurent les premières bien souvent! Est-il bien triste de les laisser brillantes et d'être assuré qu'elles se faneront dans l'absence, ou de les voir se faner sous ses yeux, par sa faute, ou sans même que l'on puisse savoir pourquoi? Qu'importe? puisqu'elles doivent se faner et périr, puisque ni vœux, ni soins, ni larmes ne les peuvent maintenir éternelles; puisque l'implacable mort est toujours là, dépouillant lentement la vie de toutes ses douceurs, et, comme on arrache un chaume inutile, arrachant enfin la vie!

Qu'importe où l'on pleure et sur quoi l'on pleure! Puisque vous avez dit : « Bienheureux ceux qui pleureront, » c'est encore dans un dessein de votre miséricorde que vous nous envoyez tant de sujets de larmes. Puisque vous êtes partout, qu'importe où l'on s'en va! Puisque vous serez toujours, qu'importe ce qui meurt! Ah! mon Sauveur et mon Père, c'est à votre ciel qu'il faut arriver, et le chemin est toujours assez bon qui peut nous y conduire. J'avais une seule chose à demander : c'était de savoir que toute offrande vous agrée, et que tout sacrifice consenti par nous-mêmes est un engagement que vous prenez envers nous. Vous avez daigné me l'apprendre, soyez-en béni. Amen.

XXXVI

IMPRESSIONS DE VOYAGE

Je ne veux point parler d'un livre que je n'ai pas lu, et qu'on dit être assez agréable en certaines parties. Je prends ce titre génériquement, comme dénomination de toute une mine littéraire dont il est vrai que j'estime peu les produits; mais je n'en condamne spécialement aucun. Simplement je désire venger ici la vérité d'un outrage qui lui est fait souvent, dont j'ai naguère eu même la pensée de l'affliger, sans remords, je dirais presque innocemment : tant c'est aujourd'hui chose commune et toute naturelle de dire ce que l'on ne sait pas, d'étaler pour connaissances véritables et légitimement acquises les chimères d'un esprit frivole et paresseux, de sacrifier le bon sens, l'exactitude, l'honneur des institutions, la dignité des peuples, à la moindre pointe de bel esprit dont on espère chatouiller l'apathie des lecteurs! Défauts qui, plus ou moins condamnables, se retrouvent, tous et toujours, dans le nombre effrayant de ces narrations éphémères dont c'est la mode, depuis quelques années, d'inonder les journaux et les librairies. Ainsi se répandent en France, sur les pays étrangers, notamment sur les pays catholiques, et très notamment sur Rome, les plus folles, les plus odieuses erreurs.

Le commis voyageur en littérature d'agrément fait son métier de lire peu, de peu voir : cela coûte; mais de beaucoup écouter et d'écrire beaucoup, c'est le profit. Un propos de voiturin, le discours du moindre Anglais qui daigne ouvrir la bouche, un regard négligemment jeté par la portière du carrosse, une coutume qu'il n'approfondit pas, — et qui le choque, parce que l'ignorance française, aujourd'hui proverbiale, se choque de tout, — mille observations et mille découvertes de pareille importance, auxquelles il est aisé de donner un grossier vernis de lecture, et que l'on sait pailleter de ces bons mots philosophiques et constitutionnels dont la mine est partout à fleur de ruisseau, lui suffisent pour bâcler un keepsake, un feuilleton, un volume, dix volumes; et voilà le pays dont il s'occupe jugé par tous les estaminets de France. Quand ces beaux ouvrages parviennent à l'étranger, on y juge l'auteur; mais qu'importe à celui-ci, quand le libraire l'a payé? Il ajouterait, pour cent francs, cent pages à toutes ces billevesées; il les y ajouterait pour moins. Où est aujourd'hui la conscience littéraire? Dans le naufrage général que font de nos jours tant de probités, on peut dire que la probité si fragile des lettres a disparu la première, et qu'à peine en voit-on çà et là surnager de rares débris; c'est encore une chose que, nous autres chrétiens, nous avons à restaurer. Nous y parviendrons, s'il plaît à Dieu; et si nous n'y parvenons pas, nul n'y parviendra. Nous seuls serons assez retenus dans l'usage de ce pouvoir exorbitant que chacun a d'écrire et d'imprimer à sa guise, pour ne nous permettre jamais ni l'éloge menteur, ni la basse calomnie, ni la falsification des faits, ni ces témoignages imprudents portés sur ce que l'on ignore, ni surtout cette manière (la pire de toutes) de manquer aux devoirs de l'honnête homme, en souillant par le sophisme et la peinture immorale des vices la pureté si délicate de la conscience et de la pudeur. En attendant que Dieu nous suscite en assez grand nombre, et que nous ayons assez travaillé, assez prié, pour opérer dans les lettres une réforme salutaire, pour y porter sur toutes les voies la lumière de la foi et l'épée tranchante du vrai savoir, nos écrivains de journaux, — et quelques autres qui s'estiment plus sans mieux valoir, — continueront d'abrutir le triste peuple qui les écoute, et de nous déshonorer aux yeux du monde intelligent.

Je reviens à mon discours. Je n'étais point parti avec de si bonnes intentions. Je nourrissais des prétentions littéraires. Au fond du cœur, quoique *écrivain politique*, — titre dont mes confrères et moi ne nous vantions pas modestement, — j'ambitionnais de faire des feuilletons, des romans, et, si j'avais été bien heureux, des vaudevilles. Non que la gloire m'y tentât beaucoup : j'y voyais, prosaïquement, un gain facile et de faciles plaisirs. C'est certainement le mobile auquel le plus grand nombre des hommes de lettres obéissent volontiers, malgré tant de protestations vertueuses qu'ils font sonner très haut. Je les accuse de beaucoup de choses; je ne les accuse point de la niaiserie ni du crime de vouloir sérieusement enseigner la société. Ils sont, non pas sans exception, mais en masse, les amuseurs du public; d'habiles, de tristes, de maladroits, de coupables et souvent d'infâmes amuseurs; ils ne se croient et ne se soucient d'être rien de plus.

Ne prévoyant donc aucunement ce qui allait m'arriver, je m'étais mis en voyage un peu avec la pensée de recueillir des sujets d'articles, des descriptions, des figures, tout ce que l'on infuse dans les romans. Et au milieu du trouble intérieur que j'ai voulu décrire, j'avais cependant commencé à Rome de prendre des notes que je retrouve dans mes papiers. J'ai honte, en les relisant, de ma propre intelligence, et je suis effrayé de voir où j'allais. Je ne produirai point ces notes; ce que je pourrais en faire voir ne serait que ridicule, le reste est odieux. Quelle petitesse de vue! quels jugements erronés (par ignorance souvent, et souvent aussi de dessein formé) contre le sacerdoce, contre l'Église, contre les plus douces et les plus légitimes habitudes de la piété populaire! Quels misérables jeux d'esprit pour charmer la grossièreté du commun des lecteurs! Hé quoi! sans être cependant un sot, ni ce que le monde peut appeler un méchant, c'est là ce qu'à vingt-quatre ans je savais voir dans Rome, et ce que j'en voulais rapporter!

C'est là pourtant ce qu'y croient voir, et ce que reviennent nous en dire avec un peu plus d'esprit que je ne l'aurais fait, — pas même toujours, — la foule de ces touristes dont les faux témoignages sont acceptés comme articles de foi. Le mensonge est le texte fécond du mensonge; le bon sens, la vérité, sont outragés sans mesure; le public admet tout.

Il n'entre pas dans mon plan de combattre en masse, ni dans le détail, ce ramas d'erreurs et de brutalités; je le ferai peut-être un jour, si de plus habiles ne le font avant que je puisse l'entreprendre; car je n'ai point dit adieu à Rome; quiconque a prié là s'éloigne le cœur plein de regrets, et veut y revenir. Mais il me faut, à cette heure, accomplir d'autres desseins. Qu'il soit seulement proclamé ici, par une bouche sincère, que tous ces récits, qui voudraient nous faire rougir de Rome, ne sont pas fondés. On peut signaler à Rome des imperfections sans doute; mais à côté de ces imperfections, qu'on exagère, combien de nobles et resplendissantes choses que l'on ne veut pas voir! Et quelle abjecte infamie n'est-ce pas surtout que de s'appliquer, comme l'a fait le plus écouté de ces touristes menteurs, à tirer, de faits souvent sans valeur aucune, des conséquences funestes à la morale ou à la religion!

Dieu soit loué! ce n'est pas la chose dont je le bénis le moins, de n'avoir point épaissi de mon encre cet égout déjà si noir et si troublé, où la pensée publique s'enivre de nos jours. J'y avais certainement toutes sortes de dispositions.

Nous nous plaignons quelquefois, dans la vie, de mille chagrins passés, dont Dieu détruit les traces avec un soin constant, comme il efface au printemps les traces de l'hiver; mais nous ne songeons guère à remercier ce bon et grand Dieu de ne nous avoir pas permis de faire tout le mal que nous projettions, et, pour ne parler ici que de nous autres *gens de littérature,* ainsi que nous qualifie Bossuet, de s'être opposé par mille moyens à ce que notre esprit pût vomir sur le monde tout ce qu'il renferme d'orgueil, d'effronterie, de conceptions abominables, d'enseignements funestes. Quelle grâce cependant n'est-ce point là! et qu'un mauvais livre doit être un terrible poids sur le cœur d'un chrétien!

XXXVII

PAX DOMINI SIT SEMPER VOBISCUM

Dans un jardin, au printemps, vous voyez les plantes bourgeonner et quelques-unes commencer à fleurir. Elles fleuriront, elles auront des parfums, elles donneront des fruits, chacune à son heure. Il leur faut pour cela seulement ce que le ciel leur distribue de soleil et d'air. Elles ne changent point de place; Dieu prend soin de les féconder où elles sont. Elles ne se jalousent pas; le brin d'herbe a sa beauté comme la fleur et comme le fruit, parce qu'il a aussi son utilité; car, dans la nature, telle chose est utile parce qu'elle est belle, et la beauté de telle autre consiste dans son utilité. Pourquoi donc vous plaindre de votre rôle? Pourquoi le trouver trop borné, trop humble? Pourquoi vous inquiéter et vouloir faire tant de choses? Restez où Dieu vous a mis; portez les fruits qu'il vous demande.

Petit brin d'herbe, le passant vous dédaigne, mais Dieu prend soin de vous faire croître; son soleil est tout entier pour vous.

Et le sage sait bien que dans votre frêle enveloppe se cache un suc précieux.

Parfois nous croyons que notre destinée va changer de face et de voie : Dieu nous conduit en des lieux où il semblait que nous ne dussions jamais aller, nous met dans des situations où nous pensions ne nous trouver jamais. Nous sommes émus, tout près de pleurer. Il faut dans ces grands doutes, dans ces circonstances solennelles, se confier en Dieu, détourner ses yeux de la vie, se réfugier dans la prière, ouvrir les ailes de la foi, et, des hauteurs où elle s'élève, se contempler soi-même comme si l'on n'existait déjà plus. Quand l'âme est au ciel, qu'importe où s'en ira souffrir le corps! D'ailleurs, si Dieu nous assigne tel devoir pour lequel nous aurions de la répugnance, c'est qu'il est bon d'y être soumis, et nous devons compter que la force de le remplir ne nous manquera pas. Songeons toujours à la vie éternelle, comptons toujours sur la bonté de Dieu. Toute journée n'a qu'un certain nombre d'heures, et il n'est point de malheur terrible qui puisse empêcher le lendemain d'arriver. Un de ces lendemains sera le jour de la mort. Il n'est point de tyran qui puisse nous empêcher de mourir. Voici une belle maxime; elle est de sainte Thérèse : « Que rien n'inquiète, que rien n'épouvante : tout passe. » Mais Dieu ne passera point.

Ne nous décourageons point parce qu'une chose juste que nous demandons avec instance ne nous est pas accordée. Dieu est grand, le temps est à lui. Sainte Monique demanda pendant quinze ans la conversion de son fils; Dieu paraissait vouloir être sourd à ses prières; ce fils fut pourtant un jour saint Augustin.

Pourquoi donc toujours cette tristesse sur la rapidité des destins de l'homme? La vie est courte! Eh! qu'importe! quel besoin avez-vous de rester si longtemps sur la terre? Le ciel est aux bonnes œuvres, et non pas aux longues œuvres. Craignez de vivre mal, ne craignez pas de vivre peu. Vous êtes ici pour travailler; si vous travaillez bien, avez-vous peur de recevoir trop tôt la récompense? Au contraire, souhaitez-la. Dieu permet que vous la souhaitiez : ce qu'il permet est juste et sage. Si vous travaillez mal, de quoi se plaint votre cœur, plus vertueux que vos œuvres? Convertissez-vous, et désirez de mourir aussitôt, afin de ne point retomber dans le péché. « Celui-là qui veut vivre afin d'atteindre la perfection, disait un saint docteur, qu'il désire de mourir, et il est parfait. »

Mais ne croyez pas la vie si courte; vous laissez longtemps après vous le bien ou le mal dont vous avez rempli vos jours. N'eussiez-vous gâté qu'un cœur, combien en gâtera-t-il d'autres! N'eussiez-vous préservé qu'une âme, combien d'âmes ne préservera-t-elle pas!

Je suis seul, isolé : qui pense à moi dans le monde? Qui? — Dieu, la sainte Vierge, les anges, les saints, tout le ciel..., et toujours!

Songeons à ce que nous projettions de faire il y a deux ans, à ce que nous avons fait, à ce que nous étions alors, à ce que nous sommes. Dans deux ans, à pareille époque, où serons-nous? que ferons-nous? Dans quelques jours j'irai peut-être mourir en un lieu et parmi des personnes dont je n'ai jamais entendu prononcer le nom. Quelle folie de former tant de projets qui n'intéressent que nous, et encore ce que nous devons le moins considérer en nous! Il n'y a qu'un plan à se dresser, plan d'une exécution facile, et qui a plus de chance que tout autre de n'être point déjoué : c'est de bien servir Dieu, c'est de l'aimer, c'est d'obéir, c'est d'être prêt à tout faire, à tout supporter pour lui, et surtout d'être toujours prêt à mourir.

Hé quoi! du trouble, de l'inquiétude encore, lorsqu'à peine vous sortez du tribunal de la pénitence. Regardez une image de Jésus Sauveur. Il est sur la croix pour vos péchés; mais il y est par son amour. Ne doutez point de sa justice, ne doutez pas non plus de sa miséricorde. Dieu pardonne tout, il oublie tout, puisqu'il vous commande de pardonner et d'oublier, car pourrait-il exiger des hommes une vertu qu'il n'aurait pas, et tromper, lorsqu'il punit le mensonge? Tenez votre âme en une sainte joie, écartez les souvenirs pénibles. N'est-ce point par un secret orgueil que vous craignez de n'avoir pas obtenu pardon, et par une secrète concupiscence que vous revenez aux mauvais souvenirs? Que tout cela soit oublié comme Dieu l'oublie. Formez dans le recueillement la sincère résolution de ne point recommencer; — allez en paix.

Sommes-nous à ce point asservis au démon, qu'il puisse nous importuner du bruit que d'autres font dans le monde, et de l'éclat dont ils paraissent entourés? Songeons à ce qu'est la gloire humaine! Où vont ces œuvres de l'esprit et de l'art que l'on jette aux admirations de la foule? Je veux qu'elles durent autant que les siècles, toujours brillantes et belles, et toujours applaudies; mais les siècles aussi mourront, et toute gloire humaine mourra, quand, sur la limite du dernier jour de l'humanité, comme un conquérant blessé au sein de la victoire, expirera enfin la mort; et sans attendre la fin des siècles, dans un petit nombre d'années, dans un petit nombre de jours, quel plaisir le succès de son ouvrage pourra-t-il procurer à l'artisan qui sera dans le cercueil et que rongeront les vers? Dieu ne daigne pas entendre les bruits de nos renommées, mais il entend jusqu'au moindre souffle d'orgueil qu'elles excitent en nous; il l'entend et il en tient compte. Ne croyons point avoir fait quelque chose de bien considérable parce que nous avons jeté une pierre dans la mer sans fond et sans rives de l'éternité : toute œuvre de l'homme n'est que cela devant Dieu. Nous pensons que nos petits mouvements préoccupent l'univers; cependant les astres roulent au-dessus de nos têtes, nous les voyons à peine, et nous ne les entendons pas. Il n'y a que Dieu qui sache bien et toujours tout ce que nous faisons, et qui s'en souvienne. Pensons-y, car il nous en parlera.

XXXVIII

THÉORIE

Un voyage est une halte dans la vie : j'entends un voyage qui n'est ni d'affaires ni de science, ni à certains égards même de simple curiosité; car, s'il faut combiner des entreprises, étudier, prendre des notes pour parler au retour; en un mot, si l'on traîne après soi ses intérêts, sa pensée, sa petite gloriole d'homme qui veut voir tout ce que les autres n'ont point vu, où est la liberté, où est le repos? Ces choses-là vous dominent, et voilà qu'au lieu d'un délassement vous rencontrez la plus compliquée des fatigues. Nous étions, nous, des voyageurs, comme je rêve toujours voyager : sans le moindre souci, pas même d'examiner, dans le pays où nous passions, tout ce qui ne se présentait pas naturellement à nos yeux; très débarrassés, dès les deux ou trois premiers jours, de cette curiosité morne et homicide qui fait entreprendre aux Anglais et à beaucoup d'autres, mais spécialement aux Anglais, tant de longues pérégrinations sous l'ardeur du soleil, à travers les chemins semés de cailloux roulants, pour aller voir quoi? le gardien de quelque vilaine masure, la maison de quelque garnement célèbre, ou, dans un champ désert, la pierre qu'avala Saturne croyant manger un de ses enfants. Nous ne chargions pas non plus nos mains des redoutables volumes où l'on dit tout ce qu'il faut voir, et presque tout ce qu'il faut penser : prétention bien exorbitante, malgré le mérite des auteurs. Nous allions, libres et libérés comme de francs promeneurs, à ce qui nous plaisait, seulement à ce qui nous plaisait, n'emportant jamais que ce que nous pouvions savoir d'histoire et ce que nous pouvions avoir de goût; ne remportant que ce que nous avions pu butiner nous-mêmes de miel ou d'émotions; nous inquiétant comme de rien de pouvoir dire si cette muraille était d'un temple de Jupiter et de Vénus, si cette colonne venait d'Auguste ou d'Antonin. Combien de fois même, ne pouvant offrir que de courts moments à quelque ville d'ailleurs très bien notée par le guide, au lieu d'aller en toute hâte aux curiosités, nous sommes restés tranquillement agenouillés dans la plus voisine église, priant pour nous-mêmes, pour nos amis dont nous venions de causer! Douce manière de tenir encore, malgré l'éloignement, à la patrie absente, et de s'entretenir avec ces plus chers de tous les amis, que le chrétien a le bonheur de rencontrer partout dans les pays catholiques : d'abord le bon Dieu, la sainte Vierge, et puis le saint spécialement vénéré dans l'église où nous nous trouvions. Le sacristain était toujours là pour nous dire quelles reliques on exposait à notre vénération sur l'autel; nos pauvres cœurs aussi étaient là toujours, avec les peines, les inquiétudes, les regrets que la mort seule en effacera, pour prolonger et rendre bien intéressante la conversation. Oh! si l'on pouvait dire, si l'on pouvait confesser tout ce que l'on sent ainsi de douleurs heureuses, de consolations, d'espérances; si l'on pouvait peindre avec quelle ardente et confiante tendresse l'âme, comme une vigne sauvage et abandonnée, embrasse de tous ses jets tantôt un saint, qu'elle se choisit soudainement pour protecteur, tantôt une forte vérité de la foi, qui la soutient et la relève, tantôt Dieu même, qui se fait toujours si bon dans nos tristesses, ce serait là un beau livre! Mais qui le fera aussi beau qu'il est écrit dans le cœur de tous les enfants de l'Église? Et celui qui ne l'a pas dans le cœur, qu'en retrouvera-t-il sur le papier?

Souvent, poussant encore plus loin nos hauteurs envers les *cose da vedere*, nous ne leur donnions d'autres rivaux que nous-mêmes et les propres charmes de l'esprit. Assis sous un bel arbre, quelque recoin charmant de paysage sous les yeux, nous causions; et de quoi? Ah! vraiment de peu de chose : quelquefois de cet air si pur, dans la transparence duquel le profil des arbres se découpait si nettement; quelquefois d'une plante dont l'un de nous faisait l'anatomie, et qui nous montrait plus d'éclatants prodiges que n'en pouvait offrir ce trente-sixième cirque ou ce quarantième arc de triomphe jusqu'où nous nous décidions sans peine à ne pas aller. Est-il possible! nous a-t-on dit souvent au retour, vous étiez si près de telle curiosité, vous n'aviez qu'un pas à faire, et vous ne l'avez point vue? — Non; mais sur la route nous avons trouvé le plus beau chêne qui se puisse voir, le plus charmant ruisseau où jamais se soient mirées les étoiles; une jolie haie parée de fleurs, derrière laquelle le soleil se couchait, et qui semblait pour fleurs porter encore des éclats de soleil; nous avons vu là tout doucement la nuit venir, et soudain les lucioles, prenant leur volée, illuminer la prairie d'autant d'étoiles qu'il y en avait dans les cieux. Et toutes ces choses, arbres, ciel, étoiles, lucioles, ruisseau, formaient dans nos cœurs je ne sais quel bouquet d'émotions divines d'où s'exhalait pour parfum la prière.

Voilà comment un voyage est une halte dans la vie. Voilà comment nous avons passé en Italie quelques mois qui se sont écoulés plus doucement et plus vite que ne s'écoule une heure de repos dans un jardin magnifique, où l'on se promène avec ses rêves et ses souvenirs, où l'on compare volontiers le souvenir à la tige fanée, le rêve à la fleur épanouie, qui va se faner à son tour. Et jamais (n'est-ce pas, toi qui m'écoutes et qui te souviens de ces bonnes journées?), jamais on ne nous fera croire, malgré nos négligences et tant de choses extraordinaires dont nous ne savons ni le nom ni la figure, que ç'a été là un voyage perdu. Voyage à recommencer peut-être, si Dieu nous en fait la grâce; mais perdu, non! car l'un de nous au moins en est revenu meilleur. Dans cette absence de préoccupations étroites, à force d'admirer, de sentir, il a trouvé Dieu; ayant trouvé Dieu, il s'est trouvé lui-même. Dieu est le seul guide de l'homme qui veut descendre sans effroi et sans désespoir dans son pauvre cœur.

Italie, terre d'asile! vieux refuge de la pensée, — et refuge encore de l'âme dont les sens, ces éternels barbares, veulent éteindre le flambeau, — jadis les lettres et le savoir allaient dans tes solitudes et parmi tes débris toujours vivants chercher un abri, des lumières, des leçons. Mais aujourd'hui que les lettres triomphent, et que leurs clartés orgueilleuses jettent le trouble et la flamme où elles devaient porter la lumière et la paix, aujourd'hui que leur feu, dérobé au foyer du ciel, prétend animer l'argile, et veut follement refaire ce que Dieu a fait..., il faut, ô Italie! aller chercher dans ton sein le jour pur et légitime des croyances; il faut s'y mettre à l'abri de ces sophismes révoltés qui s'éblouissent aux rayons de leur fausse sagesse; il faut demander à ton silence, à tes saints, à l'ombre de tes églises, à l'exemple de tes peuples pieux, un bien plus précieux mille fois que tout le savoir jadis révélé par tes ruines et les veilles studieuses de tes illustres enfants.

XXXIX

FALLERI

Partis le matin de Rome, nous étions arrivés deux heures avant la tombée du jour à *Cività-Castellana,* une de ces villes pontificales au sombre aspect, qui montrent de loin leurs grandes murailles ruinées, dans lesquelles on pénètre par quelque porte délabrée, moitié antique, moitié moderne, et qui vous offrent tout d'abord de rudes visages, trop en harmonie avec la tournure austère, on pourrait dire sauvage du pays. Bienvenu soit néanmoins Cività-Castellana! On vient de traverser une contrée si rude, la route solitaire vous a fait longer parfois des bois ou des ravins si affamés, que c'est plaisir de retrouver des habitants et des habitations.

Cependant, dérogeant pour cette fois à nos coutumes, j'insistai auprès de mes compagnons pour que nous allassions sur-le-champ visiter *Falleri,* qu'un livre lu à Rome m'avait indiqué être tout près de là. Mais qu'est-ce que Falleri? C'est la ville des Falisques, un des peuples étrusques qui succomba l'an 359 de Rome, sous Furius Camillus, deux ans après Véies. On en voit la muraille, encore debout après tant d'années. Mes compagnons, fatigués, se souciaient assez peu d'aller contempler ces pierres, d'autant plus que nous ne pouvions trouver dans l'auberge personne qui connût Falleri; ce qui donnait une pauvre idée de la célébrité du lieu. Pour moi, je sentais que je dînerais mal si je ne voyais préalablement mon débris étrusque. Je me le figurais noir, juché sur quelque noir rocher, parmi toutes sortes d'arbres fièrement plantés à l'aventure, deçà, delà, dans les escarpements d'un site à loger une population de farfadets. Quel voyageur à l'imagination vive et de peu de scrupules sera donc jamais si bien inspiré par la muse des bonnes moqueries, qu'il nous fasse un beau voyage imaginaire où les choses seront représentées non comme elles sont, mais comme on croit souvent qu'on les verra !

Enfin j'eus la fortune de rencontrer un marmiton, qui tira tout le monde de peine en prononçant qu'évidemment les seigneurs étrangers voulaient parler de *Santa-Maria di Falleri*. Dans ma préoccupation classique, j'avais oublié qu'en effet, après Furius Camillus, la ville des Falisques avait eu un autre conquérant, dont le doux nom préserve de l'oubli son vieux nom, enterré comme elle-même. « Eh bien, que voit-on à Santa-Maria? demandèrent mes compagnons. — A dire la vérité, seigneurs, répondit l'aubergiste avec l'inimitable moue des Italiens, peu de chose, très peu de chose. » Mais j'étais féru d'un trop grand désir de voir ces malheureux murs pour me laisser dégoûter par aucune raison, et l'on vit bien qu'il fallait m'en passer la fantaisie. Élisabeth et Adolphe y consentirent; Gustave, le moins curieux des hommes, qui nous avait laissés un beau jour au milieu du Capitole pour aller causer avec un moine de l'Ara-Cœli, s'y résigna; en un clin d'œil une petite calèche fut disposée, et nous nous lançâmes à la découverte de Falleri, suivis par les regards quelque peu narquois des gens de Cività-Castellana.

A peine en chemin, nous comprîmes pourquoi l'on avait paru trouver difficile de nous faire voir Falleri, et en même temps quel singulier pays nous allions visiter : il n'y a pas de chemin. Après avoir suivi durant quelques minutes une espèce de carrière plus bossuée qu'un champ de vigne, notre calèche s'aventura tantôt à la traverse d'étroits sentiers, tantôt en pleines landes toutes couvertes d'ajoncs et de genêts, faisant mille détours, nous laissant voir sous divers aspects la ville que nous venions de quitter, et le Soracte, ce diamant de l'Étrurie, teints l'un et l'autre d'éclatantes couleurs par le soleil couchant. L'air était doux, plein de senteurs, plein d'harmonies; notre calèche, lentement tirée parmi ces genêts qui l'environnaient de toutes parts, avec un mouvement de tangage et de roulis assez semblable à celui d'une barque, semblait voguer sur les flots d'or d'un lac parfumé, et comme on peut d'une barque, en étendant la main, toucher l'eau, l'aimable dame que nous accompagnions pouvait, en allongeant le bras, se faire des bouquets sans quitter sa voiture.

Au bout d'une heure de cette course (je pourrais bien dire de cette navigation), le cocher ayant tourné, viré, réfléchi, questionné le ciel, ses chevaux, et surtout l'utile marmiton qui se tenait derrière la voiture en façon de gouvernail, arrêta, nous fit descendre, et, montrant je ne sais quoi dans la plaine étendue sous nos yeux, nous dit gravement : *Ecco!*

O douleur! nous ne vîmes rien.

Mes compagnons partirent d'un navrant éclat de rire, et je me tournai de nouveau vers le marmiton, lui jetant un regard mixte où se mêlaient sans doute l'indignation et la prière. Mais dans le fond de ma pensée, je lui disais d'un ton terrible : Qu'as-tu fait des murs de Falleri? puis j'ajoutais avec une voix suppliante : Si tu les as, fais-les-nous voir. Je n'oserais affirmer qu'il comprit tout cela. Cependant, marchant résolument jusque sur la cime d'une petite dune au pied de laquelle nous étions restés, il dit joyeusement à son tour : *Ecco Santa-Maria di Falleri? — Viva Gesù!*

En effet, sur le tapis vert d'un champ de blé se dessinait, au centre du vallon, dans les lueurs sombres du crépuscule, une ligne de constructions noirâtres, dentelées par le temps, d'une hauteur inégale, et d'une étendue d'un quart de lieue environ. Je me hâtai d'y courir : la porte était ouverte, — elle est toujours ouverte depuis plus de deux mille ans, — et je me vis dans un champ encore. Les murs existent, la ville n'existe plus, il n'en est plus vestige. Une herbe menue en a recouvert la place, et dans l'enceinte toujours debout de cette cité si bien morte on ne retrouve pas même un tombeau. Pourtant Falleri fut habitée après sa ruine, la vieille enceinte n'a pas vu mourir qu'une seule cité. Un débris plus triste que tous ces débris qui ne se voient que par la pensée s'offrit à nos yeux : c'est une église sans porte, sans toiture, mais dont les restes donnent l'idée d'un édifice assez considérable, et indiquent une construction qui ne remonte pas à plus de trois siècles; cette église est dédiée à la sainte Vierge : Santa-Maria di Falleri. Elle indique assez que derrière les murailles d'un peuple étrusque un nouveau peuple, plus oublié que l'ancien, avait tout récemment bâti ses demeures; que sur ces murs où flottaient les enseignes des adversaires de la vieille Rome, les enfants de Rome nouvelle ont aussi planté leur bannière. Mais tout a disparu, tout est sous la terre, et le nom seul de l'église, dont les ruines elles-mêmes ne se retrouveront bientôt plus, est resté dans la mémoire des gens du voisinage pour préserver de l'oubli les noms de ces deux villes et de ces deux peuples anéantis. Près de l'église on a construit quelques hangars, qui servent de refuge aux ouvriers de la campagne dans le temps des moissons, et, au milieu de l'espèce d'enceinte que forment ces hangars, s'élève sur la margelle d'un puits une croix formée de deux branches d'arbre. Là quelques pourceaux fouillaient l'herbe sous la garde d'un enfant de dix à douze ans, seul propriétaire ou du moins seul habitant de ce territoire, qui durant plusieurs siècles fut, pour tant d'hommes, tout ce que représente le mot le plus grand de toutes les langues après le mot Dieu : une *patrie!* Cet enfant s'était couché par terre, sous le bois de l'humble croix, comme pour y passer la nuit, enveloppé des pieds à la tête d'un grand sarrau de toile grossière, dont les plis ne laissaient voir de toute sa personne que deux yeux mornes et fatigués.

Nous nous approchâmes de lui; il ne fit pas un mouvement, il ne nous demanda point l'aumône, il ne daigna pas même tourner la tête pour nous voir passer. Dans le lieu où il vivait successeur de deux peuples et de deux villes, c'était trop peu sans doute que quatre étrangers pour mériter son attention.

Nous jetâmes, avant de partir, un dernier regard sur les remparts des Falisques. Bien que le temps y ait fait en beaucoup d'endroits les ravages que n'a pu opérer l'homme, ils ont bien la mine de vouloir survivre encore à la troisième cité qu'on s'aviserait d'élever derrière eux. Ils sont plutôt cyclopéens qu'étrusques, élevés en certaines parties de dix à douze mètres, sur une épaisseur de deux mètres et demi; ils sont formés d'énormes pierres volcaniques très artistement taillées et posées régulièrement les unes sur les autres, sans mortier, — au moyen de cette puissante mécanique des anciens, dont les nombreux tours de force en ce genre indiquent la science avancée.

Nous revînmes par les genêts, causant de toutes ces choses, de ce silence, de cet enfant, des peuples étrusques, et de Furius Camillus, et du général français Macdonald, qui, il y a quelque quarante ans, avec une petite troupe de trois à quatre mille hommes, battit dans les environs de Cività-Castellana une armée de trente mille Napolitains, exploit supérieur à celui du vainqueur de Falleri; puis enfin, fort satisfaits de notre excursion, nous rentrâmes à l'auberge, où nous trouvâmes la soupe un peu froide, dénouement vulgaire d'une si grande journée.

XL

SPOLETTE ET FOLIGNO

On conçoit bien qu'il y ait une foule d'histoires, d'aventures et de légendes des ducs de Spolette. Cette petite ville s'est plantée dans les montagnes avec un certain air de casse-cou qui ne devait rien promettre de fort soumis il y a quelques centaines d'années. Ces montagnes sont toutes noires; mais c'est dans la plus noire de toutes que Spolette s'élève, entourée de ravins et de cimes que notre voiturin trouvait encore difficiles à franchir, quoique les passages n'en fussent plus défendus que par la poussière et le soleil de mai. Spolette aujourd'hui a fait sa paix avec le monde; sauf de petits tremblements de terre qu'elle éprouve de temps en temps, rien ne trouble la profonde tranquillité de sa vieillesse. Elle paraît ne plus penser qu'à Dieu, et lorsque l'on parcourt sa principale rue, on croirait se promener dans le long corridor d'un immense couvent. Chaque maison a l'air d'une cellule. Presque toutes les portes adressent, comme dans une communauté religieuse, de pieux avis aux passants : *Iddio ci vede. — Eternità. — Viva Gesù!* — A l'angle de la rue vous voyez une affiche ; c'est un *invito sacro;* l'on vous annonce que tel jour, à telle heure, telle paroisse de la ville ou du voisinage célébrera la fête de son saint patron, et que ce jour-là l'Église, « comme une bonne mère, ouvrira le trésor de ses « indulgences à ses enfants. » Il y a partout des madones ornées de fleurs nouvelles ; nous remarquâmes une certaine file de personnes qui semblaient toutes se rendre au même endroit ; nous les suivîmes ; elles nous menèrent jusqu'à une vieille église byzantine qui se trouve au fond d'une place aux pavés encadrés d'herbe, comme dans un musée. L'on ne peut s'imaginer la paix qui règne dans ce pays, et comme, si l'on en croit les visages, les gens y sont doucement heureux. Nous n'y fûmes point d'ailleurs favorisés du moindre tremblement de terre, et tout l'événement qui se rattache à notre passage dans la cité guerrière de l'Ombrie, c'est un coup de soleil que j'y gagnai, en allant reconnaître, sur son élégant et célèbre aqueduc, les lézardes que le dernier tremblement de terre y a, nous avait-on dit, occasionnées. J'ai vu les lézardes ; elles ressemblent beaucoup à celles que fait le temps aux murs bâtis depuis deux mille années. Mais le moyen de croire qu'une construction des Romains puisse être jamais lézardée ! Un tremblement de terre a fait à l'aqueduc ces égratignures ; n'en doutons pas.

Foligno, c'est Spolette dans la plaine. Nous y arrivâmes un jour de frairie ; toute la route était couverte de ces équipages qui ne sont ni champêtres ni citadins : des charrettes à prétentions urbaines, des carrosses démantelés et lamentables, et de ces vieux chevaux de famille qui ne marchent plus qu'à leur fantaisie ; mais tout cela chargé d'une population en belle humeur. Je n'ai vu que les Italiens pour s'amuser comme ils font quelquefois, en honnêtes gens qui n'ont pas besoin de se presser ni de s'étourdir. Et qu'ont-ils à faire de mieux ? Ils vivent de peu, ils vivent sans inquiétudes ; l'humble fortune qui suffit à leurs désirs n'est pas vacillante toujours entre une banqueroute et une révolution ; ils ne reçoivent pas tous les matins dix journaux qui leur crient que le ministère va trahir le pays, et que la chose publique est perdue si la loi de l'impôt n'est pas contresignée par Pierre, au lieu d'être contresignée par Jean ; ils n'ont point une armée de professeurs qui leur enseignent, dans un mauvais jargon d'Allemagne, à ne rien croire et à ne rien espérer ; ils ne sont point forcés de livrer leurs enfants à des collèges qui les gâtent et qui leur renverront de petits grimauds philosophes, tout disposés à manger leur héritage et à se faire sauter le crâne après. Ils se contentent de leur soleil, de leur morceau de pain, de leurs vieilles croyances... Ah ! certes, ils méritent bien de vivre et de mourir en paix !

Nous errions, Gustave et moi, dans les rues de Foligno, cherchant les églises. Il s'en trouva encore une ouverte, et nos yeux y furent frappés d'un spectacle singulier. Au beau milieu de la nef, devant l'autel, sur un tapis à dessins éclatants, nous vîmes un cadavre étendu : c'était une femme âgée ; on l'avait revêtue de ses habits de fête, qui indiquaient une médiocre position. Une jeune femme, sans doute quelque parente, s'occupait à lui mettre des gants ; un tout petit garçon contemplait cette scène avec la curiosité profonde des enfants, immobile et tenant dans ses mains une belle fleur ramassée parmi celles dont un soin pieux avait entouré la morte. Nous étions seuls dans l'église ; il y faisait un grand silence ; le jour baissait, la veilleuse allumée devant le tabernacle commençait à jeter d'immenses ombres sur les murs. Nous nous mîmes à genoux, et nous priâmes pour les âmes du purgatoire, pour le repos de cette sœur inconnue, dont les restes mortels étaient là devant Dieu et devant nous. La jeune femme qui achevait d'habiller la défunte nous regarda faire avec un étonnement qui me parut n'être pas sans quelque mélange de gratitude. Nous priâmes de bon cœur, dans l'espoir qu'un jour peut-être, pour un mort qui nous serait cher ou pour nous-mêmes, il se trouverait un passant pieux qui voudrait bien prier à son tour. Et en regardant le visage de cette trépassée, qui semblait dormir et sourire dans son sommeil, je pensai qu'elle était morte doucement, le crucifix sur les lèvres, le cœur fortifié de paroles saintes, ayant près d'elle une main amie pour lui fermer les yeux. Je demandai à Dieu de m'accorder les mêmes secours dans ce moment terrible, puisque les saints mêmes l'ont redouté après l'avoir désiré toute leur vie ; je dis encore à la sainte Vierge, à saint Joseph, patron de la mort : *Ora pro nobis, nunc et in hora mortis nostræ.* En quittant l'église en même temps que l'enfant et la jeune femme, nous y laissâmes le cadavre de notre sœur sous la garde de l'Éternel.

Ce fut la première mort qui me fit prier. Depuis que j'étais chrétien, rien ne m'avait encore aussi puissamment rappelé cette inévitable pensée de notre destruction. Elle ne me vint pas cette fois avec le cortège de terreurs et d'épouvante qui l'environnaient jadis ; car je ne la regardais pas avec les seuls yeux de mon corps, soumis à ses coups, mais aussi avec les yeux de mon âme, que je venais de reconquérir, et qui bravait son atteinte, réfugiée en Dieu, où nul ennemi n'est à redouter.

Dans mes souvenirs, ces rêves que l'on fait tout éveillé, j'ai revu souvent la morte de Foligno. C'est un des visages amis que j'aime à saluer parmi ce peuple d'ombres que tout homme traîne à sa suite et se plaît à évoquer souvent. Mais une fois pourtant j'ai senti ce souvenir exciter dans mon cœur des mouvements de rage et presque de désespoir. C'était dans une demeure affligée, au milieu d'une nuit d'hiver. Pendant que les pluvieuses tempêtes de mars gémissaient au dehors, moi, avec ma famille en larmes, je priais pour mon père agonisant. Hélas ! cet homme dont toute la vie n'avait été qu'un effort de courage, cet homme d'une probité sans ombre et d'un dévouement toujours plus grand que ses devoirs, il s'était trouvé faible dans la mort. Il avait bien su travailler, souffrir, se dévouer aux plus pauvres que lui, se dévouer à ses enfants, se dévouer à l'honneur : son digne cœur le lui avait appris; mais personne, personne au monde ne lui avait appris assez tôt qu'il y eût dans le ciel un Dieu pour récompenser tant de labeurs, et que s'endormir dans le sein de ce Dieu clément, c'est revivre pour l'éternité. Une société sans entrailles pour le pauvre peuple, et sans intelligence pour tout ce qui s'élève au-dessus des plus grossiers intérêts d'une abjecte vie, avait écarté de lui, dès sa naissance, les dépositaires de la parole sainte; elle l'avait laissé croître, comme tant d'autres, dans l'ignorance de son âme, de son Dieu, et, stupidement indifférente sous la garde des bourreaux qui la protègent, ne s'était point mise en peine s'il deviendrait un honnête homme, ou si les passions en feraient un forcené contre lequel il faudrait déchaîner bientôt les machines brutales qu'on appelle encore des juges et des lois. Il était resté vertueux, et ses enfants n'en doivent rendre grâces qu'à son baptême; il avait résisté, dans sa droite ignorance, à toutes les misères, à toutes les tentations, à tous les exemples infâmes dont on le pressait, dont on l'accablait, dont il fut la victime souvent. Sans se plaindre, sans accuser le sort ni personne, sans envier la prospérité des fripons, qui triomphent impunis de toutes parts ; sans être fier de sa probité, qu'il ne savait point si méritoire, et de son courage, dont il ignorait la grandeur ; toujours bon, secourable, tendre, il avait traversé presque autant de jours mauvais qu'il avait vécu de jours. Mais, comme il ne s'était plaint de rien, il n'avait aussi rien espéré. Ses regards ne voyaient au ciel qu'un espace vide, et dans l'existence qu'une chaîne à porter péniblement, n'ayant d'autre bonheur que d'en alléger le poids, par un surcroît de fatigue pour lui-même, à sa compagne dévouée et à quatre pauvres enfants qui marchaient autour d'eux. O mon vénéré père ! Dieu sait tout, il vous a connu : je ne désespère point. Mais est-ce assez d'avoir une conscience tranquille, quand l'agonie s'avance enfin avec toutes ses douleurs, quand tout secours mortel est impuissant à rassurer la nature épouvantée, quand le messager de paix et d'espérance, le prêtre, ce gardien des portes du ciel, n'est pour les yeux du moribond, prévenu par cent mille mensonges abominables, que le héraut détesté qui précède l'inévitable mort ? Oh ! non, ce n'est pas assez, Seigneur ! il faut encore vous aimer et savoir que c'est à vous que l'on va ; et malgré ses longues vertus, malgré ses enfants réunis autour de son chevet et qu'il laissait dans une voie plus heureuse, mon infortuné père, qui ne le savait point, souffrit presque sans consolation toutes les angoisses du trépas. Ce fut alors que dans mon affliction je tressaillis de colère, en me rappelant cette mort de Foligno, dont le visage gardait la douce empreinte de l'espérance qui avait charmé ses derniers moments. Ainsi serait mort mon père s'il avait connu Dieu, si les chefs de la société dans laquelle il a vécu lui avaient donné ce qu'elle doit par tous les moyens s'efforcer de donner à tout homme venant au monde : la connaissance de Dieu. Ah ! vous faites bruit de vos mensonges ; vous vous vantez des progrès que la civilisation accomplit sous votre souffle, de l'état meilleur où vous appelez le peuple remis à vos soins!... Mais moi, je vous demande ce que vous avez fait de ces institutions sublimes qui le protégeaient sans cesse, qui le consolaient partout, qui le forçaient en quelque sorte à connaître Dieu; je vous demande ce que vous avez fait de cette foi chrétienne qui formait l'espérance de toute sa vie, qui garantissait la paix de sa dernière heure. Oui, voilà ce que je vous demande, et bien d'autres vous le demanderont; et bien des fils éplorés vous ajournent dès à présent au tribunal de Dieu, pour y rendre compte de leurs larmes et du sang de Jésus-Christ, par votre faute inutilement versé!

XLI

GLOIRE A DIEU

Que ferons-nous, lorsque, à mesure que nous avancerons en âge, nous comprendrons mieux le vide, le mensonge et les douleurs de la vie;

Lorsque nous verrons toute fleur se faner, toute illusion mourir, et qu'à force d'avoir été trompés dans nos espérances nous ne voudrons plus espérer;

Lorsque nous aurons vu le roseau des affections humaines, sur lequel nous comptions pour franchir les passages difficiles, se briser et nous percer la main;

Lorsque ceux que nous aimions nous feront voir qu'ils dédaignent notre tendresse; lorsque ceux que nous admirions se seront à nos yeux rendus dignes de mépris;

Lorsque la vertu des saints eux-mêmes nous paraîtra moins éclatante, et que là où nous comptions trouver la perfection, nous aurons reconnu avec tristesse la chancelante humanité;

Lorsqu'un cœur infidèle non seulement nous abîmera de douleur, mais encore nous couvrira de honte, et nous montrera la plus chère de nos affections terrestres souillée, trempée de boue, livrée aux risées du crime, et comme jetée aux pourceaux;

Lorsque nos propres enfants, armés contre nous, et vengeurs cruels de nos pères, se joueront de notre amour, placeront sur nos cheveux blancs la couronne de dérision, et nous pousseront par mille offenses à maudire le jour où ils sont nés;

Lorsque nous aurons mille et mille fois reconnu dans nos propres cœurs l'ingratitude et l'égoïsme qui nous font tant souffrir dans autrui, et que, dégoûtés du monde, nous le serons encore plus de nous-mêmes ;

Lorsque nous saurons bien et que nous aurons bien vu que le mal est sur cette terre; qu'arraché d'un lieu il renaît plus vivace en un autre, et que ni travaux, ni veilles, ni prières, ne le peuvent détruire entièrement ;

Lorsqu'à toutes les angoisses qui font la vieillesse et la caducité du cœur se joindront toutes les infirmités du corps ; quand la lumière aura brûlé nos yeux ; quand nos oreilles affaiblies, quand nos pieds lents et sourds, quand nos mains débiles, frappés de mort avant nous, feront de tous les agents de la vie comme autant de pierres posées sur un tombeau ;

Lorsque nous serons enfin, par l'âme et par le corps, cette immense ruine, cet informe débris de toutes choses, qui pèse au monde et que l'on nomme un mourant, ô mes frères ! que ferons-nous?

Nous retiendrons la dernière étincelle de vie près de s'éteindre ; nous rassemblerons en un dernier souffle toutes les parcelles de force et d'intelligence qui pourront nous rester encore, et nous bénirons Dieu !

Gloire ! gloire à vous, et soyez béni, Dieu tout-puissant, Dieu juste, Dieu vengeur, Dieu éternel et plein de miséricordes ! Où s'est emporté, dans ces désirs ingrats, ce cœur que vous saturez d'amertumes? Ces pieds, ces mains, ces yeux infidèles, qu'ont-ils cherché, qu'ont-ils poursuivi, qu'ont-ils voulu retenir dans le monde? Et ce mal, qui croît sans cesse, qui l'a produit sans cesse? qui en a jeté l'inépuisable semence à tous les vents du ciel, et qui leur a demandé d'en couvrir tous les champs d'ici-bas? Et ces âmes fragiles, qui leur a fait un autel dans nos âmes, au mépris de vos commandements?...

Frappez donc, punissez, détruisez, faites des ruines de tout notre orgueil, de toutes nos tendresses ; et frappez encore sur ces ruines elles-mêmes, jusqu'à ce qu'elles se dissipent en poussière, comme Tyr, Babylone et Ninive, qui n'ont plus de lieu sur la terre et dont le vent a dispersé les tours... — Car le jour de la fin sera la fin des convoitises funestes, sera le jour du pardon et de l'espérance ; et bienheureux ce jour, où je ne pourrai plus voir, ni entendre, ni aimer, ni désirer que vous, ô mon Dieu !

XLII

LA CLOCHE, L'ENCENSOIR ET LA ROSE

Mon Dieu, la cloche pieuse qui nous appelle aux pompes de votre Église; cette cloche solennelle qui nous avertit qu'un de nos frères expire et qu'il faut vous implorer pour lui; cette cloche joyeuse, qui célèbre vos fêtes et dont le chant remplit le vaste espace des airs; cette cloche amie et vigilante, qui le soir, au milieu de tous les troubles de la vie, nous arrache à l'oubli du ciel, et nous recommande doucement d'invoquer le bien-aimé nom que jamais les pauvres pécheurs n'invoquèrent en vain; cette cloche n'est pourtant qu'un bronze insensible suspendu entre quatre murs, et qu'une main grossière met en mouvement.

Seigneur, ces encensoirs d'argent et d'or qui fument au pied de vos tabernacles, qui s'élèvent et se balancent devant votre présence réelle, remplissant les temples d'une odeur de piété et d'une blonde fumée qui s'étend comme le parfum visible de nos prières, ces encensoirs ne sont encore qu'un métal stérile, et des bras charnels les agitent à nos yeux.

Créateur tout-puissant, qu'est-ce que la fleur aux couleurs si vives, qui embaume nos terrestres chemins? Tandis qu'elle envoie vers nous, sur les ailes de l'air, tant de suaves émanations, elle reste fixée à la terre comme nous. Sa tige, sans beauté, sans éclat, sans odeur, n'offre souvent que de rudes épines, dont elle déchire le pied du pèlerin.

Ainsi de mon âme, cette ignorante et cette captive : comme la tige des roses, elle est attachée à la terre, elle est couverte de poussière; comme la cloche et l'encensoir, elle obéit à de viles impulsions.

Mais par votre grâce, ô Père saint, cette âme qu'ébranlent des passions grossières jette aussi vers vous, dans ses vibrations, des accents pieux; dans cet encensoir froid et stérile, vous avez mis un feu divin qui consume et purifie, lorsqu'on l'agite, je ne sais quoi de lui-même qui prend alors des ailes, qui vous cherche et que vous ne refusez pas; cette fleur enfin, cette fleur épineuse, fleur de la terre qui ne peut quitter la terre, s'épanouit au soleil de vos miséricordes, et dégage vers vous, comme des messages d'amour, de pures et célestes émanations.

Soyez béni, mon Dieu, d'avoir donné au bronze une voix si douce, à l'encens des ailes si puissantes, à la fleur des parfums si légers, à la pauvre âme humaine une foi si vive et des prières dont ses captivités n'arrêtent point l'essor!

Parfois cette poudre où je suis retenu, cette boue où mes pieds se plongent, ces mauvais sentiments qui me poussent et m'emportent, tout cela m'épouvante, et j'ai peur de vous voir repousser avec dédain le faible hommage que je vous rends. Mais vous êtes bon, je me rassure : vous prenez ce qui s'élève. Et le son qui monte vers vous, et l'encens que je vous offre, et le peu de parfums qui s'épanchent de mon âme, c'est l'indigente rançon du captif, à l'insuffisance de laquelle votre grande miséricorde saura bien suppléer.

XLIII

BOLOGNE

Bologne, çà et là très animée, a aussi de grands quartiers déserts, et, grâce à ses longues arcades, on y voit la solitude, encore qu'il y ait des passants. Lorsqu'on s'y trouve la nuit, par un clair de lune, il semble qu'on se promène sans fin dans les bas côtés d'une église gothique dont la voûte est le ciel; le silence aide à l'illusion, et les lanternes allumées devant les madones brillent comme les lampes d'une chapelle. La grande et bizarre place de l'église Saint-Pétrone, pleine de mouvement et de boutiques, avec ses fenêtres bariolées de damas aux vives couleurs, sa belle fontaine, chef-d'œuvre de Jean de Bologne, ses facchini qui jouent en criant, ses arcades qui s'interrompent, son vieux palais qui se noircit, sa belle cathédrale aux imposants souvenirs, présente un coup d'œil plein de charmes et tout à fait italien. Nous sommes arrivés à Bologne un jour qu'on avait amené de son sanctuaire à la ville la célèbre et tant vénérée madone de saint Luc. C'était une foule, un empressement, des signes de croix et des manifestations de joie intérieure à toucher les plus indifférents. Voilà sous quel aspect s'offrit à nous la ville la plus *libérale* (et l'on sait ce que l'on entend à Paris par ce mot) de toute l'Italie.

Mais quelle que soit la beauté de Bologne la Grasse, et de la grande place et des arcades, nous passions notre vie au musée. Il y a là des chefs-d'œuvre qui épuiseraient l'admiration. Au premier rang, la sainte Cécile de Raphaël, l'un des tableaux les plus complètement beaux qui soient au monde. Rien n'est magnifique et grandiose comme le saint Paul rêveur, appuyé sur son épée nue, qui occupe la droite du tableau. C'est tout le grand apôtre, tel qu'il paraît dans les Actes et dans ses Épîtres : la force assurée d'elle-même, la paix et la sérénité dans les plus hautes entreprises, et l'instrument du martyre devenu entre ses mains comme un bâton pour l'aider à marcher vers la vie éternelle. Saint Jean n'est pas compris avec moins de bonheur; ses yeux, attachés sur sainte Cécile, expriment le respect et l'attachement d'un cœur chrétien. La sainte est réellement sainte; on ne se lasse pas de l'expression parfaite avec laquelle elle entend le concert des anges, et brise, en les laissant tomber, les instruments de la musique terrestre. L'autre sainte placée près d'elle a quelque chose de la Fornarine des *Uffizii.* C'est sans doute, et malheureusement, le portrait de cette personne, inconvenance que Raphaël s'est rarement permise; encore, pour poétiser un peu cette robuste fille, a-t-il eu soin de lui donner une belle couronne de cheveux blonds. A côté de Raphaël, place qui lui est due, on voit le Martyre de sainte Agnès, du Dominiquin; ce tableau est presque à la hauteur du saint Jérôme, pour la sûreté du dessin et la vigueur du coloris. La sainte, qu'on égorge, a sur le visage la pâleur de la mort, toute la faiblesse, toute la crainte de l'humanité, mais dans les regards toute la foi des bienheureux; ses mains expriment une affreuse douleur; mais ses yeux voient Dieu, invisible pour tous les autres, qui du milieu du chœur des anges lui tend la couronne des martyrs; le bourreau est épouvantablement sauvage; le proconsul bourgeonné, qui regarde avec une curiosité indifférente la sainte, le bourreau et le bûcher, est encore plus hideux. Il y a dans cette peinture autre chose qu'une peinture magnifique : il y a de l'histoire et de la philosophie. Il est certainement impossible de mettre d'une manière plus frappante et plus vive la corruption païenne en présence de la chasteté, du courage et de la foi des chrétiens. Quels hommes étaient ces peintres qui savaient faire simplement de si belles et si intelligentes choses, et combien, avec toutes nos poétiques, nous sommes présentement loin d'eux!

On ne trouve pas cependant à placer, auprès des tableaux du Dominiquin, sa figure telle qu'il l'a laissée, rêveuse, souffrante, réfléchie... La peinture du Dominiquin est pleine de décision, d'énergie, d'éclat. Il était dans son œuvre l'homme de ses rêves sans doute, et non celui de la réalité; ou plutôt il était tout bonnement un homme d'un grand savoir, d'un grand génie et d'une modestie parfaite. Ses tableaux ne sont point dans sa physionomie peut-être; mais ils sont dans le livre qu'il s'est mis à la main, lui qui avait si bien le droit d'y placer des pinceaux.

Et ce saint Bruno, de Guerchin, quelle ardeur de prière! quelle foi! Comme cette admirable page semble bien écrite entre deux communions! et quelle science d'exécution s'unit à tant de vigueur de pensée! On peut s'éloigner, traverser les mers et laisser passer les années : cette grande figure blanche, à genoux, éclairée avec une si éclatante profusion; ces pieds, ces mains, cette tête, qui vivent, qui prient; cette robe qui semble se soulever aux soupirs de l'oraison..., tout cela reste dans le regard à jamais.

Et le vieux maître Francia, qu'il est pieux encore et charmant! quelle douce paix dans ces figures de bienheureux qui entourent le trône où il se plaisait à asseoir la Vierge Marie! et que je l'aime se mettant lui-même dans son tableau, au-dessous des saints personnages, avec quelque naïve légende qui exprime sa dévotion!

Mais voici l'ouvrage le plus pieux certainement et le plus séduisant peut-être de toute la galerie : il est dû au Pérugin. C'est, comme presque toujours, une Vierge dans sa gloire, l'enfant Jésus au bras; une auréole de têtes d'anges avec des ailes de couleur; et au bas, deux saints et deux saintes, les plus chers au peintre ou au propriétaire du tableau. Les saints sont ici saint Jean l'évangéliste et saint Michel archange; les saintes, sainte Catherine et sainte Apollonia. Sainte Catherine regarde la Vierge avec une céleste expression d'amour; l'autre sainte baisse et penche la tête; elle sourit intérieurement de bonheur et d'ivresse chrétienne, elle berce dans son esprit la céleste vision qui remplit encore son regard; je ne sais laquelle est la plus belle et la plus sainte des deux. Saint Jean lève les yeux sur la sainte Vierge; l'archange regarde le spectateur et semble l'engager à prier. Cette tête d'archange se retrouve souvent dans les tableaux du Pérugin, et semble une réminiscence inspirée du visage de Raphaël adolescent.

On peut, à Bologne, — entre le Dominiquin, le Guerchin, le Guide d'une part, Francia et le Pérugin de l'autre, et Raphaël au milieu de tous, — juger sur pièce la difficile question du système qui convient le mieux à l'art catholique. Mais pourquoi juger, c'est-à-dire, en ce cas, retrancher? De tous côtés il y a bien assez de chefs-d'œuvre, ce me semble, pour laisser le différend *in statu quo*. Les vieux peintres représentent des saints qui sont déjà dans le ciel; les autres les laissent sur la terre et dans le combat. La Sainte Agnès ne ressemble point à la Sainte Apollonia; elles sont belles toutes les deux, et la Sainte Cécile, leur sublime sœur, sans ressembler précisément à l'une ni à l'autre, est pourtant leur sœur, et elle est bien sainte aussi. Acceptons franchement tout ce qui est beau, tout ce qui prie, tout ce qui est pieux; et cependant permettez que mon dernier regard soit pour le Pérugin.

Sainte Cécile (tableau de Raphaël).

XLIV

FERRARE

De grandes rues pleines d'herbe, de soleil et de solitude; un vieux château tout étrange; des souvenirs politiques, littéraires et dramatiques à défrayer une existence d'érudit; d'autres souvenirs plus doux et plus utiles, des souvenirs pieux, qui remplissent une belle et magnifique église, et qui fourniraient des modèles à la charité d'un saint; une bibliothèque abondante en manuscrits lisibles, chose qui n'est pas d'un médiocre prix; un bruit continuel de musique et de chansons : voilà Ferrare; et en voilà aussi, je pense, bien assez pour en rendre le séjour charmant. Et encore je ne parle pas de ces couvents où l'on trouve toujours de dignes et savants prêtres, habiles ordinairement dans les sciences divines et humaines, aussi capables d'élever et d'éclairer l'esprit que de consoler le cœur : je ne les compte point, car c'est là le lot ordinaire des villes d'Italie, la richesse qui leur est commune, et qui explique parfaitement pourquoi toute une existence à passer dans l'une de ces bourgades effrayerait moins qu'un séjour de quelques mois dans n'importe quelle ville de France, où l'on a toujours tant d'affaires, et, pour seule distraction à ces affaires, les journaux et les romans de Paris.

Lorsqu'on se promène dans les rues de Ferrare, on a bientôt franchi le petit cercle où se remue la population (population de vingt-quatre mille âmes cependant; mais la ville était faite pour en contenir cent mille), et l'on se trouve alors dans de vastes quartiers tellement délaissés, que nous y rencontrâmes en tout, dans l'espace de plus d'une heure, deux personnes et un chien. Les pas du curieux retentissaient sur le pavé avec ce grand bruit qui nous étonne malgré nous, quand par hasard nous nous trouvons seuls à une heure très avancée de la nuit dans ces rues de Paris où mille bruits assoupissent tous les bruits. Çà et là la cime d'un arbre en fleur vous donne un coup d'encensoir par-dessus les murs d'un long jardin; plus loin un petit carillon de guitare qui accompagnait en sautillant votre rêverie s'arrête tout à coup, une jalousie se soulève, deux yeux noirs et curieux vous regardent passer. En voyant tout cela on se prend à songer à ces comédies de Molière dont la scène, indiquée sur une place et dans une rue, choque nos habitudes, qui n'admettent point de pareilles vraisemblances. Mais à Ferrare, comme à Palerme et à Messine, dans la rue on est encore seul et chez soi. Ergaste y peut causer avec Cydalise, Scapin y peut voir Géronte, le tout sans craindre les survenants.

Nous avons demandé à visiter la prison du Tasse : nous l'avons vue... avec les yeux de la foi. C'est un fort vilain trou, si sombre et si noir, qu'il nous a été impossible de nous y attendrir. Il n'est guère croyable qu'on ait enfermé un honnête homme, pour lequel on ne manquait pas d'ailleurs d'attachement ni de pitié, dans ce cachot sans lumière et sans air. On dit que la vraie prison de Torquato, celle-ci ou une autre, avait une fenêtre donnant sur le palais, aujourd'hui détruit, du prince de Ferrare, et de laquelle il voyait même la fenêtre d'Éléonore : ce fut le souvenir qui nous toucha. Sans doute plus d'une fois il aperçut cette dame, brillante, entourée d'hommages; puis la belle vision s'est évanouie. N'est-ce pas la vie de l'homme et du poète? Tous au fond du cœur nous nourrissons un amour immense pour quelque vision chère; elle apparaît dans la nuit de nos misères; nous tendons les mains, nous voulons nous élancer vers elle; mais nous nous heurtons contre les froids barreaux qui nous environnent, et tout disparaît. Heureux qui, à force de voir disparaître ainsi les chimères, ne les regarde plus, et, rassemblant toutes ses pensées, tous ses désirs, n'en fait qu'un seul jet puissant qui prend son essor vers le ciel, sans qu'il y ait des murs assez épais ni de tyrannie assez dominante pour jamais pouvoir l'arrêter! Dans sa prison, le Tasse eut parfois ce bonheur. Il y composa des poésies pieuses, qui lui font un aussi beau titre que la *Gerusalemme* à l'admiration des écrivains et des penseurs. Il y travailla beaucoup aussi ce dernier poème, dont on montre à la bibliothèque un manuscrit surchargé de variantes et de ratures. Bien des vers, bien des stances sont changés, effacés, puis rétablis, et puis effacés de nouveau. On est touché du respect de ce grand homme pour lui-même et pour son œuvre, et de cet admirable soin à faire de son mieux. Parfois on voit des vers, des stances, entre lesquels il n'a pas osé choisir. Les deux leçons demeurent en présence, attendant sans doute le conseil d'un ami sûr pour savoir laquelle doit disparaître et laquelle doit vivre sur cet airain que font les âges aux belles œuvres de la pensée. Mais ce qui touche encore plus, ce sont deux mots placés à la fin du manuscrit. Ces deux mots, le poète, après sept années de captivité, d'abandon et de douleurs, ne les a point effacés comme tant d'autres, les voici :

Laus Deo!

Et ils sont là bien éloquents.

Une de nos tristesses à Ferrare, ce fut de voir l'éclat qu'y jette l'heureux et méchant rival du Tasse, cet impur Louis Arioste. Après avoir consommé son égoïste vie dans toutes les splendeurs de la faveur, — riche pour un poète, choyé, caressé, privilégié, aussi bien avec les puissants par l'effet de ses vices et de ses flatteries que le pauvre Tasse, par un effet contraire, était mal avec ces gens-là, — Louis possède encore une statue dans Ferrare, où l'auteur de la *Gerusalemme* n'a qu'un nom sur la porte d'un cachot. Bien que la postérité ait équitablement fait les parts, cette statue de l'Arioste, à Ferrare, semble toujours envers le Tasse une injustice et une oppression. Quoi de plus naturel, cependant? Le poète railleur, le bel esprit qui se moquait de ce qu'il faut toujours respecter, et qui faisait passer, sous le couvert de ses flagorneries pour les puissants, tant de poisons funestes à l'autorité, ne doit-il pas être le héros de la foule, et obtenir de préférence à tout autre cet hommage d'une statue?

Encore un souvenir. Un jour, sur la place de Ferrare, un homme qui venait de prier longtemps à l'église fut entouré par les pauvres. Son équipage n'annonçait point quelqu'un en état de faire de grandes libéralités; cependant il s'empressa de donner tout ce qu'il avait, et si bien tout, qu'un moment après, comme la nuit commençait à venir, il ne se trouva plus rien pour son gîte et pour son souper. Alors il mendia lui-même; ce que voyant, les pauvres, tout émus, s'assemblèrent autour de lui, et se mirent à crier : Le saint! le saint! L'étranger n'était pourtant encore que le gentilhomme espagnol Inigo de Loyola.

Je me suis figuré qu'un jour, dans un bois désert, sur la route de Rome, deux hommes s'étaient rencontrés : l'un, un paysan, faible, pâle, aux yeux hagards, au front abattu, aux vêtements en lambeaux, la besace pendue au cou, s'appuyant sur un bâton grossier; l'autre, un frère, porteur aussi du bâton et de la besace, déguenillé aussi, faible et malade aussi, les pieds à peine enveloppés de sandales usées, et par-dessus tout cela boiteux, mais le visage serein et les yeux animés d'une espérance surhumaine. Le premier semble vouloir éviter l'abord de tous les hommes, il se méfie, il a peur; l'autre ne se refuserait pas à faire route avec un compagnon qui paraîtrait avoir besoin de secours. Ils se joignent au pied d'un arbre ou à la porte d'une méchante hôtellerie, ayant l'un et l'autre à la main leur chapelet. Le paysan veut s'éloigner; mais le frère a de bonnes paroles qui le rassurent; enfin ils mettent en commun les pauvres provisions de leurs besaces, ils causent, et ils s'étonnent mutuellement de la bonne façon de leur langage et de l'élévation de leur esprit. Le paysan parle des cours en homme qui les aurait longtemps fréquentées, des sciences en homme à qui elles sont familières; le frère l'écoute modestement, et lui répond sans embarras sur tous ces hauts sujets. Le paysan se plaint des vanités du savoir, de l'ingratitude des hommes; le frère l'exhorte à l'espérance; il lui parle des choses qui sont toujours plus belles, de l'ami qui ne trahit point, de la gloire qui ne se ternit pas. Le pauvre compagnon, dont l'esprit accablé se relève à cette voix forte et tendre, se répand alors en actions de grâces et en transports d'amour pour Dieu, deux parfums que la religion sait tirer d'un cœur brisé; mais à ces cantiques la voix du bon frère mêle encore des accents pleins de courage, dont l'éloquence vigoureuse domine tous les sens. Enfin les deux pèlerins, charmés l'un de l'autre, se demandent leurs noms, et ces noms sont les deux plus illustres peut-être d'un siècle fertile en noms glorieux. Le paysan, c'est le Tasse, qui se rend à Rome pour y mourir; le frère, c'est Ignace de Loyola, qui se rend à Rome pour y établir sa compagnie de Jésus.

Par malheur cette rencontre, d'ailleurs si vraisemblable, n'a pu avoir lieu; la chronologie s'y oppose formellement.

En sortant de Ferrare, on gagne les rives du Pô, et l'on commence à voir cet étrange ciel du pays lombard, qui n'offre plus le même bleu que les autres cieux. C'est quelque chose de plus pâle, de plus doux à l'œil; une teinte toute particulière, et qui semble, comme les femmes blondes des tableaux de Paul Véronèse, être un apanage propre du territoire vénitien.

XLV

MONSELICE

De Rovigo à Monselice, la route, plantée de beaux arbres, semble traverser l'Éden des richesses agricoles. Nous n'apercevions que charrues parcourant d'immenses terres, et parmi ces vastes champs les laboureurs menaient leur attelage, les filles de la campagne se livraient à leurs travaux dans un costume qui nous rappelait, de loin sans doute, mais enfin qui nous rappelait les personnages de Florian. Tournure vive et printanière, air de bonne humeur, quelque chanson sur les lèvres, et toujours une rose à la coiffure ou dans les cheveux. C'est cette rose surtout qui nous plaisait, et qui, par un enchaînement d'idées faciles à comprendre, faisait voyager avec nous Estelle et Némorin. Je ne prétends nullement qu'on ne puisse avoir meilleure compagnie, plus sensée, et plus digne de deux *sages* qui pouvaient largement composer un demi-siècle du total de leurs années réunies; mais on n'a pas toujours autant de bon sens que de barbe au menton. Les créations de Florian sont vraiment d'ailleurs de ces importunes qu'il n'est guère nécessaire d'écarter; elles viennent sur la route avec l'odeur d'un buisson, avec le chant d'une bergère, et le faible vent qui les apporta les laisse tomber au premier détour du chemin. Va! dors en paix, bonhomme Florian; je te fais volontiers cadeau des heures perdues à te lire, et je ne veux point charger ta conscience des larmes que tu m'as dérobées. Qu'un clair ruisseau coule auprès de ta tombe; que les âmes mélancoliques, s'il en est encore, y entretiennent un gazon taillé en cœur; qu'elles y placent deux myrtes dans des caisses de bois peint en vert, et que, sur les branches de ces myrtes, des fauvettes empaillées aient l'air de chanter un tendre duo!

Monselice est une assez chétive bourgade, où se voit une maison de campagne bâtie autrefois par je ne sais quelle famille sénatoriale dont

Venise, ainsi que moi-même, ignore sans doute aujourd'hui le nom; édifice comme ils ne sont pas rares en ce pays, et comme déjà nous les rencontrons en grand nombre, où beaucoup de dénuement donne la main à beaucoup de splendeur. La porte, magnifique, est fermée par un misérable loquet; on entre, on se trouve au milieu de mille choses qui dénotent à la fois une richesse prodigue et une pauvreté qui n'a plus rien à craindre des larrons. Un demi-swantziker, que nous mettons dans la main d'une femme à mine affamée, nous rend pour tout le jour, si cela nous plaît, possesseurs de cette maison de plaisance d'un prince des *Mille et une Nuits.* Les murs sont chargés de statues grotesques, bouffons que le temps a rendus plaintifs, et dont il s'est cruellement amusé, enlevant à l'un sa jambe difforme, à l'autre son doigt narquois; de celui-ci crevant l'œil, et de celui-là partageant la bosse en deux moitiés, dont l'une gît tristement sur la muraille, et l'autre reste à son poste comme un bon mot qu'un faux plaisant ne peut achever; les dalles se disjoignent pour faire place au brin d'herbe, vainqueur de la pierre et du ciment; les marches des vastes escaliers sont branlantes, moussues, pleines de secrets asiles où le lézard se réfugie, ornées çà et là des fleurs sauvages où l'abeille vient butiner. Destruction, abandon, misère, c'est le sceau de tout ce qui est de l'homme; mais partout, à côté de ce cachet douloureux, la riche nature, développant en paix les dons du Ciel, met cent et cent signes brillants de sa jeunesse inépuisable et de sa fécondité. Au-dessus de ces statues mutilées, à l'ombre de ces murs croulants, sur l'emplacement de ces chemins devenus déserts, dans les fentes de ces pierres rompues par le coup de vent et par la goutte d'eau, partout la nature, bonne, belle et compatissante, comme si elle avait pitié des détresses de l'œuvre humaine, comme si elle voulait consoler les regards affligés du passant, accourt, se montre, sourit. Elle est active, elle est empressée et charmante, et plus libérale encore d'agréables profusions que ne le furent les créatures de ces lieux dévastés. A la statue brisée elle fait un dais de verdure; elle met un tapis de velours sous ses membres abattus. Au mur crevassé elle donne un manteau de lierre, un panache de verveine ou de giroflée sauvage, et des guirlandes de chèvrefeuille qui courent et qui folâtrent plus gaiement que ne le fit jamais propos de bouffon et chanson de troubadour. Dans l'escalier de marbre, elle bouche un trou avec une touffe de thym. Elle place les ronces en sentinelle près du débris de sculpture que pourrait outrager le pied du passant. Pour peupler ces solitudes en même temps qu'elle les pare, elle y appelle les oiseaux, les insectes, les papillons, hôtes chantants, bourdonnants, agiles, joyeux maîtres des palais aériens qu'elle leur construit. Ils viennent en plumage d'azur, d'écarlate ou d'ébène, en corselet d'acier, d'argent ou d'or, en parure de rubis, d'escarboucle et de saphir; ils gazouillent, ils bruissent, ils voltigent, ils butinent; ils habitent sur la feuille et dans la fleur. Vraiment, vraiment, sénateurs et belles dames de Venise, vous ne pouviez, dans cette magnifique maison, voir plus douce compagnie, ni vous trouver mieux logés, ni (sauf la joie de se connaître une âme immortelle) vous sentir plus heureux.

Vous voyez, lecteur, où nous sommes ; car ce sont là choses qui se disent quand deux amis se promènent dans un chemin embaumé des senteurs de la campagne, lorsqu'en poussant du pied les cailloux et cassant d'une main distraite les jeunes pousses des arbustes sauvages, on cause, les yeux errants autour de soi ; ici la pensée, là le regard ; l'âme partout où va le regard et partout où il ne va pas. Nous grimpions, en tournant par une rampe aisée, au sommet aigu d'un monticule qui couronne fièrement l'habitation dont je viens de parler et ses jardins. Arrivés au faîte, nous y trouvâmes, au centre d'un massif d'arbres, une tour guerrière du moyen âge, démantelée, non abattue ; sombre, rude, mais solide, et qui probablement doit survivre longtemps au colifichet pompeux et colossal qu'elle regarde à ses pieds, comme la mémoire des gens forts et braves survit à toute trace de passage des riches et des voluptueux. Ceci soit dit pour l'hommage de la vieille tour, qui mérite bien cet honneur sans doute, mais à laquelle, pour être vrai, nous ne fîmes pas grande attention. Ah ! nous avions à contempler quelque chose de plus rare : dix lieues de plaine dans la brume de midi, dix lieues d'une plaine aussi unie que la mer, et du sein de laquelle surgissaient, comme les mâts de cent vaisseaux gigantesques, une multitude de tours et de clochers ! Dans ce vaste bassin, le soleil s'étendait, régnait, dominait à son aise ; tout semblait se taire et se dérober sous ses rayons ; on ne voyait que sa lumière, je dirai presque on n'entendait que lui. Des flots d'or se jouaient dans des vapeurs confuses, et je ne sais quel mirage nous faisait voir mille objets que nous savions bien cependant ne pas voir. Nous passâmes un assez long temps sans rien dire, couchés sur l'herbe, au pied de la vieille tour, et nous laissant éclairer en pleine lumière, comme tout ce que nous apercevions. Il ne semblait pas qu'on pût faire autre chose, ni qu'on fût fait pour autre chose dans un pareil moment. Enfin nous voulûmes connaître le nom de ce lieu splendide ; car jusqu'ici, fidèles à notre coutume, nous n'y avions pas songé ; notre seul instinct nous l'avait découvert. Ouvrant donc le *Guide* et mettant le doigt sur Monselice, voici ce que Gustave lut à haute voix :

« Admirable vue de l'Adriatique et des plaines de la Lombardie. Les vipères y sont très nombreuses ; c'est là qu'on en recueille pour les employer à la thériaque de Venise. »

Là-dessus nous bondîmes sur l'herbe, où nous étions nonchalamment étendus, et nous nous trouvâmes debout par un effort de gymnastique instinctive dont nul prodige de ce genre ne donnera l'idée. Couchés à midi, au grand soleil de mai, dans un nid de vipères ! Nous nous regardâmes dans une muette stupeur, et, j'aurai la bravoure de le dire, nous nous trouvâmes si pâles, que nous nous mîmes à rire tous deux. Mais en riant nous laissâmes de côté la ruine, le beau coup d'œil, et nous descendîmes la montagne, regardant bien où nous mettions le pied.

XLVI

VUE DE VENISE

Le jour décline, l'air est doux; la mer, calme, d'azur au levant, enflammée au couchant. Bruit, murmures, chansons au loin. C'est le moment où, tous les soirs, un vent assez vif se lève, et jette sur le môle la fraîcheur des eaux. Tout Venise vient se promener sur les quais et sur la Piazzetta. Les filles du peuple s'en vont deux à deux, causant, laissant flotter leurs cheveux et leurs voiles; Polichinelle commence ses représentations; les improvisateurs, leurs histoires. Les bourgeois prennent des glaces, les matelots accourent à terre; les soldats, par groupe de trois ou quatre, comme dans tous les pays du monde, vont ainsi faire un quart de flânerie, et les cloches sonnent, car à Venise les cloches sonnent toujours; toujours leur chanson se mêle au doux bruit de la mer. Les pauvres gens font en passant une petite prière devant la madone du môle; une femme y porte son enfant, une jeune fille y laisse un bouquet de fleurs nouvelles. Çà et là un Asiatique, gravement assis à la porte de quelque café, fume sa pipe à long tuyau.

Nous, nous sommes des étrangers, le faste nous est imposé; nous aimons la gondole et la mer, nous allons au Lido. En même temps que la nôtre, deux gondoles quittent le rivage; l'une, montée par six vigoureux pêcheurs de Chioggia, bondit sur l'eau dormante, que les rames font jaillir en milliers de perles argentées, et disparaît bientôt; l'autre s'en va tranquillement, sans bruit, sans efforts: elle porte des hommes du peuple qui chantent en chœur les plus jolies barcarolles de Venise; leur chef, gros Arion joufflu, les dirige, marquant la mesure avec sa pipe. Ils nous suivent, et nous avançons doucement, étendus en vrais patriciens sur le tapis de la gondole, nous laissant bercer par la mer, par les chansons, par nos souvenirs. Nos yeux se promènent à la fois sur le palais du Sénat, sur les colonnes de la Piazzetta; nous voyons le grand canal tourner et se perdre entre ses deux files de palais dentelés; nous voyons les coupoles de Saint-Marc, les dômes de la *Salute,* de Saint-Georges et du Rédempteur; d'autres clochers encore dominent à l'horizon les îles lointaines qui se confondent avec les nuages; et au milieu de la mer arrive jusqu'à nous, du jardin public, le parfum des acacias en fleur. Oh! malheureux, stupide et méchant, qui contemple un pareil spectacle sans songer à remercier Dieu et sans regretter de n'avoir pas là tous ses amis!

XLVII

LORD BYRON

Ravenne est pleine de sa mémoire; on montre à Pise le palais qu'il habita; tous les gondoliers de Venise l'ont conduit au Lido : cela ne laisse pas de faire grand plaisir aux voyageurs. Les récents échappés du collège soupirent, les artistes frappent d'un brusque mouvement leurs fronts sublimes, les auteurs prennent des airs enflammés ; il en résulte beaucoup de tirades. Gloire à toi, Byron, type radieux des amants de l'idéal, prophète, génie, ange, démon, etc. Voulez-vous que nous en causions aussi quelque peu ? Et pour commencer franchement, l'admirez-vous encore? Je fus, pour mon compte, grandement de ses admirateurs autrefois. A présent le poète me paraît médiocre, et le personnage encore plus. J'en connais seulement, il est vrai, ce que les traducteurs et les biographes m'en ont fait voir; mais c'est là-dessus que je l'estimais.

C'est un pauvre mérite, après tout, que celui du scandale, et ce mérite a été trop largement compté à lord Byron. Il entre pour beaucoup dans sa gloire d'avoir audacieusement injurié son pays, et, par ses récits autant que par ses actes, d'avoir refusé à ce qu'on appelle *vertu* cet hommage de l'hypocrisie qui, du moins, est encore une condamnation tacite du mal que l'on commet. Braver, comme il l'a fait, les convenances, ce n'est pas seulement outrager la morale : c'est bien pis, c'est la nier ; et j'y vois l'acte d'une perversité si profonde, qu'elle touche au délire et à la folie. Il y a deux manières de rompre en visière à son temps : — Ou l'on s'abstient des infamies qui le souillent ; retranché dans le fort isolé du devoir, de la probité, de l'honneur, on acquiert, par une vie exemplaire, le droit de proclamer à haute voix l'éternelle sainteté des principes qui condamnent toutes les ignominies ; on flagelle, on flétrit tous les crimes, ceux que la société avoue, ceux qu'elle essaye de cacher : c'est le rôle de l'honnête homme, et si l'on a encore, avec le grand courage qu'il faut, du génie pour remplir ce rôle, tant mieux, on peut ordinairement espérer de guérir beaucoup d'âmes, et de passionner pour le bien beaucoup de jeunes cœurs. — Ou donnant à ses passions les plus mauvaises un essor effronté, se livrant aux débauches, recherchant avec une ardeur forcenée le facile éclat du scandale, pour toute excuse on crie à ceux qui s'indignent qu'ils sont de lâches hypocrites et qu'ils en font autant : c'est le rôle d'une âme abominable, je le répète, ou d'une cervelle de fou.

Ce fut là l'œuvre de lord Byron. Si je le dépouille des mesquines et fortuites *illustrations* du bruit, de la renommée, de la fortune; si j'ôte à Byron son vieux château, son manteau gonflé par la tempête, ses chevaux, ses maîtresses, tout ce qui appartient, aussi bien qu'à lui, aux moindres fats qu'on a vus dans tous les temps manger un beau patrimoine et déshonorer un vieux nom, je ne trouve plus (chose malheureusement peu rare!) qu'un triste esclave de ses passions, obéissant à tout ce qu'elles lui commandent d'impur, de honteux même et de digne d'anathème; qui, n'ayant pas le courage de combattre en lui les penchants de la nature corrompue, s'imagine se relever en disant qu'il ne veut pas avoir ce courage; qu'il se croit grand en divinisant l'extrême orgueil qui l'avilit devant les lois sociales et divines...; ce qu'on appelle, il faut bien enfin le dire, un méchant homme; et, dans ce cas, fît-on les plus beaux vers du monde, on est *toujours un méchant homme,* ou bien il faut nier la morale, qu'il est important d'honorer plus que les beaux vers.

Je ne doute pas que ceci ne paraisse à beaucoup de gens fort exagéré. Cependant je prie les personnes de bon sens d'y réfléchir; les autres, et en particulier les petits poètes et les femmes auteurs, voudront bien croire que j'écris surtout dans l'espoir de ne point présenter au public les idées dont ils s'appliquent à le régaler ordinairement. Il existe dans les mansardes de Paris, dans les villes de province, et jusqu'au fond des sous-préfectures de la Champagne, une désagréable engeance de journalistes, d'avocats, de clercs, de commis, de poétesses, de toutes sortes d'avortons désœuvrés, tristement étouffés sous leur impuissance, qui ont l'impertinence de professer un véritable culte pour les usages privés de lord Byron. Ils appellent cela, dans leur plus beau style, une *vie échevelée,* et ils en essayent comme ils peuvent, avec les revenus de leur génie, une imitation qui aboutit à de très odieux résultats. Mais cela n'ouvre pas encore les yeux de tout le monde : tant ces mauvaises cordes de l'âme humaine, la révolte, le mépris des devoirs, l'audace des déportements, vibrent aisément sous tous les doigts! N'avons-nous pas eu dernièrement le spectacle de cet assassin, poète et bel esprit, pour lequel il se trouva des éloges dans toute la France, et dont les putrides autographes ont été recueillis par des albums parfumés? Il était grand byronien, ce misérable : c'était Lara devenu pirate dans les rues de Paris. Les autres vont moins loin, je le sais; il ne se conforment à la théorie que jusqu'aux limites du code pénal. Ils respectent ce que le procureur du roi ne permet pas absolument qu'on outrage, et c'est assez pour eux de tout ce qu'ils peuvent souiller à l'abri des coutumes. Est-ce donc une excuse, que tout le monde en fasse autant? Tous ceux qui le font sont infâmes; plus infâmes ceux qui le font sans honte et sans remords; encore plus infâmes ceux qui s'en vantent hautement..., cherchant à répandre autour d'eux, par leurs écrits, par leurs exemples, l'abominable effronterie de la corruption. Et c'est là proprement le courage des coquins, qui n'est que la lâcheté de l'homme contre lui-même. Dites là-dessus tout ce que vous voudrez dire, faites-en des odes pompeuses, le vrai, l'éternellement vrai, c'est que l'emporté qui brave les anathèmes du monde, qui affronte le courroux des lois divines, la vengeance des lois humaines, s'il n'est point un fou, n'est qu'un lâche, vaincu par les instincts coupables que l'homme a toujours la force de dominer. Mais je me trompe, il peut n'être ni précisément un fou, ni précisément un lâche ; il peut n'être qu'un poète, — incapable de résister, quoi qu'il advienne, à l'envie de produire au grand jour quelques centaines de ses vers qu'il ne trouve pas mal tournés.

Dira-t-on sincèrement, quand de pareils scandales éclatent dans la société, quand de pareilles œuvres l'épouvantent, qu'il n'y ait que des voix hypocrites dans le grand concert d'anathèmes qui s'élève aussitôt, et que tous les fronts qui s'indignent portent encore un reste du masque qui vient d'être arraché? Je ne puis l'admettre, je crois que c'est surtout le parti des honnêtes gens qui donne le signal, et que les plus mauvais, épouvantés eux-mêmes, réclament à leur tour, moins parce qu'on les imite que parce qu'ils sont dépassés. Mais n'y eût-il, dans toute société, pas un homme dévoué aux saintes lois du bien, du juste, de la probité, de la décence, de l'honneur..., qu'importe! ce n'est qu'une raison pour essayer d'être cet homme-là. Byron n'y a guère songé, je pense. Il avait de mauvais instincts, vieux comme le monde; il leur a obéi, il s'en est vanté : tout cela n'est ni beau, ni neuf, ni même très hardi ; je demande la permission de ne pas m'incliner devant cet Anglais. Quant à son individu, je suis chrétien; quant à son talent, je ne puis estimer qu'un écrit sain et clair ; j'aime à désaltérer mon intelligence d'un vin généreux, et non pas à l'enivrer d'opium ; je me plais dans la lumineuse simplicité du génie de ma nation, éclairé de deux lumières, celle de la foi et celle du soleil ; et j'ai beau contempler tous les prodiges de la fantaisie germanique ou de la fantaisie anglaise, je n'y vois que du protestantisme, du matérialisme et du brouillard.

Avec tant d'autres, j'ai cherché longtemps, et j'ai cru saisir un sens profond dans ces œuvres fameuses. Je me suis extasié sur Manfred et sur Faust; j'y ai vu des allégories, des mythes, des révélations; et, comme j'étais parvenu même à me servir du patois que l'on a créé tout exprès afin de les célébrer dignement, je pensais en mesurer la portée surhumaine. Je m'explique bien mieux aujourd'hui ces poèmes; je m'en explique l'origine, le succès ; je m'explique aussi le mépris suprême où je les tiens, et où je suis assuré qu'ils tomberont prochainement. Faut-il le dire? ce sont simplement les rêves et les cauchemars d'une ignorance païenne. Ils se sont trouvés à la hauteur des conceptions philosophiques de ce temps, et les intelligences, redevenues païennes, par une raison semblable les ont aimés. Ils devaient éclore où ils sont éclos, dans un pays où trois siècles d'hérésie ont étouffé la foi, et avec la foi cette lumière que tout homme a pour se reconnaître dans les ténèbres de son âme, de sa raison, de sa destinée. Manfred et Faust agitent avec emphase des problèmes qu'un enfant de douze ans saurait parfaitement résoudre, son catéchisme à la main. Par malheur, quand Byron et Gœthe ont proposé leurs énigmes, peu d'hommes se trouvaient autour d'eux en état de donner ces solutions, cependant si simples. Ils ont paru très merveilleux pour avoir chanté avec une certaine éloquence, au milieu de la nuit générale, les rêves dont tant de poitrines étaient oppressées ; mais ils sont restés dans cette nuit profonde et sous le poids de ces rêves. Ils ont confessé la misère de leur intelligence, et ils en ont tiré vanité. Gloire étrange ! c'est

Le palais ducal.

toute leur gloire cependant. Il y a des gens qui les honorent presque comme des révélateurs : beaux révélateurs, en vérité, qui prennent l'homme dans le doute, qui l'y laissent, et qui n'enseignent d'autre pratique que la raillerie des souffrances, des vertus et de la destinée, où ils ne comprennent rien !

Que pouvait enseigner un révélateur comme Byron? « Quelques voyageurs qui l'ont vu à Athènes racontent encore comment le noble lord vivait dans l'asile pieux qu'il s'était choisi (le couvent des missionnaires), n'ayant pour commensal qu'un pauvre cénobite. Tantôt il se moquait du compagnon de sa solitude ; tantôt il écoutait les saintes paroles du missionnaire avec la docilité d'un enfant. Rien n'égalait l'inconstance de son humeur, la mobilité de son esprit, la rapidité avec laquelle il passait d'un sentiment à un autre. On le voyait tour à tour dévot, superstitieux, incrédule, pleurant au seul nom de l'humanité, dévoré par une sombre misanthropie. Les méditations de la mort mêlées à toutes les petitesses de la vanité, les amusements et les jeux de l'enfance, les inspirations du génie, quelquefois les orgies de la débauche, remplissaient ses nuits et ses journées. Tandis qu'on se demandait dans notre Europe quel nouveau poème il allait publier, on citait dans la ville de Platon et de Socrate ses contradictions, ses caprices, ses ridicules; tandis qu'au delà des mers les nations éclairées le plaçaient parmi les grands poètes, dans la rue des Trépieds il était devenu l'objet des railleries populaires, et le jouet des petits garçons qui le regardaient comme un fou[1]. » Voilà de quelle bouche sortaient ces poèmes, ces oracles de dérision qu'attendaient les nations civilisées pleines de mépris pour l'Évangile; voilà quel était cet écrivain passé maître en moquerie. O justice de Dieu!

Et nous autres, enfants délaissés d'une société marâtre; nous qu'elle déposait dans nos langes au coin ténébreux des carrefours, sans nous dire le nom de notre père et sans nous indiquer la route du bien, nous écoutions ces voix, que comprenait notre ignorance et qui caressaient les instincts de la mauvaise nature, les seuls qui se fussent développés en nous. Nous disions: Voilà les poètes, voilà les inspirés! Toute flamme était douce à nos yeux dans l'absence du jour, et les marécages obtenaient l'hommage de notre idolâtrie.

Mais le génie français ne s'accommoda pas longtemps de ces nuages: réalisant le bien comme le mal, et demandant avant tout quelque chose de vrai, il transforma l'école des vapeurs et des fantômes, il en fit l'école du sensualisme et des brutalités. La chair, le bruit, la couleur, inspirèrent nos poètes, qui n'avaient plus, comme autrefois, le flambeau de la vérité chrétienne, avec laquelle on apprend à lire dans le cœur humain. Ils nous amusèrent, comme des enfants, d'un cliquetis de mots et de couleurs d'où la pensée était absente; ils nous intéressèrent au récit de mille aventures horribles, dont les passions abandonnées à tous les délires formaient la trame, dont une fatalité railleuse et brutale conduisait et coupait le fil. Et nous, à qui l'on n'avait rien appris de la loi des destinées; nous qu'on laissait maîtres, en définitive, d'expliquer comme nous l'entendrions l'origine et l'autorité du devoir; cœurs ignorants fermés à nous-mêmes, machines sensuelles faites pour ne trouver de bonheur que dans l'usage grossier des facultés extérieures..., cette littérature des Cafres et des sauvages nous plaisait, et nous disions encore: Voilà la poésie!

Que d'autres continuent de le dire; ce n'est plus moi que je reconnais dans ces images hideuses, et mes yeux ni mes oreilles ne se plaisent plus à ce tapage discordant de bruits et de tons divers. Ces bruits éclatants n'ont plus d'écho dans ma pensée; cette nature est morte; cette machine humaine n'est pas l'homme intelligent de son avenir, maître de lui-même, libre sous la protection de Dieu, que la méditation et la foi m'ont fait voir; cette morale qui justifie tous les crimes par la

[1] *Correspondance d'Orient.*

fatalité des événements et par le despotisme des instincts me fait horreur et me fait pitié, et je brûle avec une joie inexprimable tout ce que mon ignorance adora jadis.

Vieux princes du langage, flambeaux durables des lettres françaises, Corneille, Racine, et toi aussi maître Boileau, dont nous avons dit tant de mal, vous n'avez pas besoin, pour nous intéresser, d'évoquer mille démons, de déterrer Arimane, de faire dogmatiser les villes, les arbres, les grenouilles, les buissons; de disserter sur les principes cachés dans les profondeurs; de peindre et de repeindre sans cesse les cailloux, les flots verts, les horizons bleus, les bois noirs, le ciel rouge; vous n'inventez pas des voitures versées, des poisons, des contrepoisons, des revenants, des flammes de Bengale, des dagues de Tolède, des armures damasquinées; vous n'êtes ni des antiquaires, ni des pythonisses, ni des machinistes, ni des magnétiseurs; vous n'avez point fait des évangiles, vous n'avez pas traversé l'Hellespont à la nage, vous ne vous êtes point donnés en spectacle de scandale à vos contemporains: vous avez simplement connu la vérité, et par elle votre cœur, et par votre cœur tous les cœurs, et vous en avez fait des peintures où l'humanité se plaît toujours, parce que toujours elle s'y trouve sans honte, mais non pas sans profit. Vous avez mis au service de la droite raison et du ferme bonheur la pompe chaste et majestueuse d'un langage toujours doux à l'oreille, toujours clair à l'esprit; vous êtes véritablement de grands poètes! et cependant, que vous demeurez loin encore de ces sages, si souvent inspirés par la sagesse même, dont la parole, s'élevant dans les temples entre le tabernacle et les fidèles, avec la mission sublime de relier l'homme à Dieu, savait montrer tant de grandeur à tant de misères, dérouler le tissu des infirmités humaines, célébrer l'immensité des beautés célestes, sans dépasser l'intelligence de ses auditeurs, et sans manquer à la dignité des lieux où elle retentissait! Bossuet, Fénelon, Bourdaloue et tant d'autres: voilà des philosophes, voilà des poètes, voilà de profonds investigateurs de nos noirs abîmes; voilà de dignes chantres de la bassesse et tout à la fois de la splendeur de nos destinées! — Et je trouve, en effet, que ma nation est déchue, lorsque, devant les merveilles de son ancien génie, je la vois s'éprendre d'enthousiasme pour les cauchemars d'un songe-creux d'Allemagne, ou pour le scepticisme d'un moqueur anglais.

XLVIII

A SAINT-MARC DE VENISE

Mes amis n'étaient plus avec moi. J'avais à leurs côtés, l'œil et le cœur attachés sur leur exemple, commencé le doux apprentissage de la vie chrétienne; j'en connaissais les chères habitudes : observer les pratiques, prier par la pensée, mettre ses discours sous la garde de Jésus et de Marie; ne point songer ordinairement à ceux que l'on aime sans invoquer pour eux les miséricordes d'en haut. Je connaissais aussi, de cette existence nouvelle, ce que je croyais en être ici-bas le plus excellent prix : je veux dire la confiance profonde que j'avais dans ces cœurs, où la lumière qui éclairait enfin mon propre cœur me laissait voir la sainte et solide vérité des affections chrétiennes.

Après avoir fait près de moi la veille des armes, ces bons frères m'avaient donc quitté; Adolphe revenait en France, Gustave était allé m'attendre à Lorette. Je les avais vus partir avec une secrète inquiétude. « Seigneur, disais-je dans le trouble de mon âme, déjà vous me séparez d'eux; n'est-ce pas trop tôt me laisser seul? » oubliant qu'il me restait, ce divin ami des solitaires et des abandonnés! Mais j'allais mesurer sa force à ma faiblesse même. Je connaissais de la vie chrétienne quelques-uns de ses innocents plaisirs : j'allais, au milieu de l'isolement, apprendre à en goûter les ineffables consolations.

J'errais, tout dolent et songeur, sur le quai de Venise; je pensais qu'il n'était pas dans cette ville un seul être qui me connût; que j'y pouvais être malade, que j'y pouvais mourir. — Vulgaires idées sans doute! mais c'est ainsi qu'est fait naturellement mon cœur, toujours prêt, si Dieu n'y mettait un peu de force, à s'abattre au moindre vent. — J'arrivai sur la *Piazzetta*, et voyant l'église Saint-Marc : Voilà, dis-je, au moins une maison dont la porte n'est pas fermée au pauvre étranger. J'entrai : c'était le matin; la douce odeur du sacrifice régnait encore sous ces voûtes, à la fois resplendissantes et sombres. Je m'agenouillai dans un coin, entre un soldat hongrois et une de ces jeunes filles du Frioul qui vont pieds nus vendre dans Venise l'eau puisée au palais ducal. — Mon Dieu! si l'on ne craignait pas de vous tenter, on vous demanderait des douleurs pour recevoir des consolations! l'ombre des temples est douce; le cœur brisé s'y endort, s'y refait. Sur cette terre lointaine, entre ces pauvres gens étrangers comme moi, je me sentis dans la maison paternelle, et Dieu me dit si tendrement : « Ne crains point, je suis là, » que l'amertume de mon âme se répandit en pleurs de joie. Il me sembla que

Saint-Marc.

jusqu'alors je n'avais point senti le bonheur d'être chrétien. Que de fois depuis je l'ai retrouvé, ce bonheur, toujours si vif, si puissant, si nouveau, que je croyais toujours le sentir pour la première fois! Non seulement, Seigneur, dans nos épreuves, mais encore au sortir de nos fautes, vous nous montrez cette bonté généreuse; et qui pourra dire quand vous êtes plus tendre, lorsque vous effacez nos péchés, ou lorsque vous essuyez nos larmes; quand vous daignez compatir, ou quand vous voulez bien pardonner? Dans le cours de votre vie mortelle, seul entre tous les apôtres, l'apôtre vierge et bien-aimé avait le privilège de dormir sur votre sein; mais aujourd'hui, c'est au dernier des pécheurs que vous ouvrez vos bras, et un mot, un seul mot de repentir, nous fait vos enfants et vos bien-aimés.

Après avoir longuement, savoureusement épanché mon âme, la sentant bien affermie, je jetai les yeux autour de moi : le soldat hongrois et la fille du Frioul étaient là encore; je n'avais plus rien à demander, Dieu m'avait comblé, il me vint au cœur de le prier pour eux. Peut-être en faisaient-ils autant de leur côté pour moi. Doux échange! charité que l'Esprit-Saint enseigne, et qui révèle aux enfants de Dieu, quelle que soit leur indigence, l'immensité des richesses qu'ils peuvent distribuer! Donnez-leur ce qu'ils demandent, osai-je dire au Seigneur; et peut-être qu'ils le priaient, ayant entendu mes soupirs, de m'accorder la paix, qui venait de descendre sur moi comme une vivifiante rosée.

De ce jour, qui fut grand dans ma vie, je commençai de me plaire à la vue des saints autels, à la pompe des cérémonies sacrées, aux chants, aux aspects, aux bruits, à l'atmosphère des églises; j'y compris des mystères, j'y sentis des merveilles et des sublimités qui m'étaient restés inconnus. Hélas! si tout le monde pouvait soupçonner combien sont belles et odorantes ces simples fleurs de la science de Dieu! Le plus humble des lieux saints est un palais enchanté où toute chose a son enseignement, son charme, son âme, et parle au fidèle avec un accent dont rien ne peut rendre l'ineffable profondeur. Dieu s'y révèle dans la majesté de son divin abaissement, dans les splendeurs de sa mansuétude et de son infini pouvoir : il y est grand et humble; il y est roi; mais surtout il y est père; il y reçoit les hommages d'un peuple immense prosterné devant lui; il y attend, solitaire et abandonné, la visite d'un enfant soumis et malheureux, qui vient l'adorer ou lui demander secours.

J'appris à pénétrer le sens divin des rites catholiques, à lire dans ces emblèmes, dans ces coutumes, dans toutes ces choses du culte dont pas une n'est arbitraire, et qui toutes rappellent aux chrétiens une haute leçon, un doux et grand souvenir. Les murailles elles-mêmes et le pavé de l'église devinrent pour moi un livre d'oracles adorés. Je sus pourquoi tant de sagesse et tant de lumières sont dans l'esprit du pauvre et de l'ignorant qui sait aimer Dieu; je le devinai par ma propre ignorance. Qu'est-il besoin de tant de savoir! Quand ma voix psalmodie des chants que je ne puis comprendre, je m'associe aux intentions de l'Église ma mère; je sais bien que je prie, et Dieu prend ma prière comme il prend la prière de l'enfant. Un jour, durant une procession de l'avent, je priais, ou plutôt j'adorais, anéanti sous la présence réelle de Dieu qui traversait les rangs serrés du peuple, dans la vapeur sacrée des encensoirs. Des prêtres, les fidèles, mille voix pieuses chantaient. Mais qu'ont pu vous dire en ce moment les anges que je ne vous aie point dit en mon cœur, ô Jésus! quand mon oreille ignorante reconnut dans l'essor des chants religieux cette seule parole : *Credo!*

XLIX

RÊVE A VENISE

Vous vous trompiez : j'ose répondre. N'oubliez pas que vous l'avez voulu.

Vous ne pouvez me comprendre? Moi, je vous comprends trop bien : — vous ne songez point à Dieu, donc vous ne supportez point qu'on y songe; cet homme que Dieu ravit au monde, vous vous feriez gloire de le ravir à Dieu, n'est-ce pas? — L'entreprise est au-dessus de vos forces! Cherchez ailleurs vos succès; et si vous souhaitez que je ne garde pas sur vous des pensées bien sévères, croyez-moi, laissez-vous oublier.

Il est vrai, votre pouvoir a été grand; vous avez tenu dans vos liens toute mon âme. N'en prenez point cependant trop d'orgueil : vous voyez que mon âme vous échappe.

Apprenez encore qu'elle était asservie au péché plus qu'à vous. Non, vous ne dominiez point par vous-même, comme vous l'aviez pu croire! vous n'étiez qu'un agent de l'enfer; et, l'enfer vaincu, c'est maintenant peu de chose que vous. Vos oreilles s'étonnent à ce langage : le monde ne vous parle point ainsi. Vous avez tous les dons qui lui plaisent, à son tour il veut vous plaire. Il vous flatte, il vous caresse, vous n'entendez que des louanges; c'est assez pour le but que vous poursuivez, c'est assez aussi pour le prix que le monde attend et vous demande... Dans la joie de vos triomphes, subissez la vérité : j'ai assez pitié de vous pour vous la dire une fois.

Au milieu de ces admirations, de ces jalousies et de ces hommages qui semblent vous porter si haut, sachez-le, dans l'esprit même de ceux qui vous la prodiguent, vous descendez si bas, qu'on ne saurait exprimer votre immense abaissement. Vous n'êtes qu'un objet de plaisir; on vous aime comme une chose! Quant à l'estime, n'y prétendez point. Moi-même, qui vous ai certes obéi, — moi, que vous avez vu docile à vos goûts, soumis à vos moindres caprices, et qui vous avais enfin donné tant d'empire, que la pensée de Dieu pour vous vaincre (combien j'en rougis!) a lutté longtemps, — je vous le dis, puissiez-vous m'en croire : jamais! entendez bien, jamais vous ne m'inspirâtes rien d'aussi tendre qu'en ce moment où, sans vous aimer ni vous haïr, tout au moins, dans mon indifférence, je vous plains.

Tel est votre lot, idoles du monde! On se pare de vous, vous êtes un hochet de la mode, un enjeu que l'on veut gagner; vous êtes ce que l'on recherche le plus, ce à quoi l'on sacrifie le plus, repos, avenir, vieux amis, vieilles croyances, et serments, et devoirs : vous n'êtes rien que l'on estime, lors même que l'on vous aime; et, si l'on vous aime, bientôt on se lassera de vous. Car l'ennemi du péché n'est pas votre unique ennemi. Vous en avez un autre qui suffit à vous vaincre, à vous enlever courtisans, esclaves et flatteurs : c'est le temps. Que dis-je, le temps? c'est le jour et l'heure qui passe. Ennemi, celui-là, contre lequel il n'y a point de révolte et qui n'accorde point de délai. Il faut le laisser faire; il faudra vous laisser détruire : encore un instant, et vous ne serez plus qu'un débris offert au dédain railleur de tout ce qui vous entoure, vous admire et vous loue. Demain les agréments de l'esprit suivront les autres, disparaîtront; et si quelque nouvel arrivé dans le monde, ayant entendu parler de vos jours célèbres, vous regarde, il dira : « Quoi! c'était cela! » — Et alors les triomphes passés, devenus d'humiliantes histoires, se relèveront dans les souvenirs de chacun pour vous accabler. On sera cruel comme on était adulateur; on ne vous pardonnera ni un scandale, ni une trahison, ni une légèreté; chacun voudra se montrer plus dur et plus inexorable, s'il est possible, que vos propres remords; vous vous verrez méprisée même de qui vous imitera, même de vos complices; et, condamnée si durement, vous n'aurez pas l'inutile consolation de condamner à votre tour : vous serez coupable, coupable sans remède; coupable de n'avoir plus de jeunesse, plus d'agrément, coupable de vos ruines et de vos années! N'eussiez-vous point de remords, le poids des jours vous sera trop pesant. Vous songerez à fuir ce monde barbare. Comment le fuir? où le fuir? Plus il vous refuse ce qu'il vous offrait tant naguère, plus vous en souffrez l'âpre besoin. La solitude est pleine pour vous des insuportables supplices de l'ennui. Vous revenez au monde pour qu'il vous déchire et vous abreuve des témoignages de son dégoût, vous y êtes tout ce qu'est la vieillesse impuissante : le triste objet de l'insulte des jeunes et des heureux. Parasite morose des banquets de Satan, vous lui demandez par grâce à ronger les plus grossiers restes de ses impurs festins; et, vous découvrant dans l'ombre, quelque convive, se levant de table ivre à demi, vous rappelle avec outrage au respect de vos cheveux blancs, dont la vue a troublé ses plaisirs. « Pourquoi, dit-il, nous viens-tu montrer ta décrépitude et l'état funeste où nous serons un jour? Hors d'ici la vieillesse! hors d'ici la laideur et le chagrin, et la main tremblante qui renverse la coupe, et la bouche édentée qui croit sourire, et l'impudeur au front ridé! Je ne veux point me souvenir encore qu'un jour aussi je chancellerai dans la poursuite des joies de la vie, et que mes chères voluptés, me fuyant d'un air moqueur, ne me laisseront comme à toi que le tourment de leur inconstance et la honte de leur refus! »

Et c'est pour en venir là, non pas dans une longue suite d'années, mais demain, mais tout à l'heure, que vous profanez ces dons, si nombreux et si beaux, que le Seigneur vous a faits! Voyez donc ce que Dieu semblait attendre de vous.

Vous avez vu le jour dans le sein de l'Église catholique; l'eau du baptême a coulé sur votre front, et ainsi la naissance vous a fait une place parmi les héritiers légitimes du ciel; Dieu, pour vous en assurer la possession, à mesure que vous avez grandi a su vous entourer de nouvelles faveurs; la fortune a facilité pour vous les soins de la tendresse paternelle; une vive intelligence, autre et plus noble richesse, vous a rendu facile encore d'acquérir les ornements de l'esprit; en même temps, pour vous ôter tout sujet d'envie et tout prétexte d'amertume, la beauté extérieure vous revêtait comme d'un manteau splendide, et chaque jour ajoutait quelque fleur au frais éclat de vos jeunes ans. Vous eûtes le rare bonheur que l'on ne se contentât pas de ces privilèges; votre âme et votre cœur ne furent point négligés; dès votre premier âge on vous fit connaître la loi de Dieu, on vous la fit aimer, et vous l'aimâtes!... Ne le niez point; car vous-même souvent me l'avez dit, quand nous ne pensions pas que, l'adorant un jour, cette loi divine, je vous rappellerais tout ce qu'en la méconnaissant vous avez perdu. Quel souvenir! Cent fois vous m'avez peint, comme vous le savez faire, avec ce talent d'artiste qui ne pouvait, hélas! me tromper, les joies de votre innocence et de votre foi, les ravissements de la prière, les larmes d'un heureux repentir, les candides transports de la table mystique, où vous n'avez pas seulement paru durant votre enfance, mais encore plus tard, avec les lumières du cœur et de la raison. Vous me disiez toutes ces choses; elles étaient de la veille, et vous ne pleuriez point! — Lamentable victime des sens et de la vanité! jusqu'à ce moment n'ai-je donc pas su combien vous êtes coupable, ni combien vous êtes à plaindre! Est-ce de cet instant que je vois quelles menaces terribles et quelle punition déjà formidable pèsent sur vous? Tenez, je ne puis m'en tenir! vous affrontez trop de vengeances! il faut que je vous éclaire; vous vous donnez au monde, vous lui sacrifiez tout, et pourvu que vous y trouviez quelques âmes à dominer, cela vous suffit... Eh bien, qu'avez-vous plus dominé que moi?... Eh bien, non seulement je ne vous aimais guère, non seulement je ne vous estimais point, mais cent fois vous m'avez fait horreur. Je ne dis pas depuis que je me souviens; non, je dis du temps même, du temps détestable où vous pétrissiez comme une cire obéissante mes volontés et mes résolutions, du temps où je vous élevais contre Dieu, du temps où je ne vivais que pour vous; c'est en ce temps-là que vous me faisiez horreur, et j'aurais cherché la mort de quiconque m'aurait dit à demi ce que je pense de vous, ce que j'en disais moi-même tout haut; car je ne pouvais me délivrer, et je ne pouvais me taire; et je proclamais partout le supplice des liens que je pensais ne pouvoir briser sans en mourir. Ah! justice de mon Dieu, justice vengeresse et salutaire, que j'ai souffert et que j'ai haï durant cet implacable succès de mes plans de bonheur! quelles malédictions désespérées! quels sombres rêves! combien ai-je souhaité de voir anéantir tout ce forfait dont je ne pouvais me déprendre! Et c'est de la sorte que vous régnez, complices de l'enfer; c'est là votre pouvoir sur les âmes que vous perdez, et la part glorieuse que vous y laisse le démon. Vous vous imaginez que l'on vous aime! non, on se relève de vous obéir en vous haïssant; et l'on vous traite par avance comme on le fera le jour où l'on sait que, le charme étant détruit, enfin l'on ne vous obéira plus. Sous votre joug funeste, savez-vous ce que j'aimais incomparablement dans mon âme, avec encore plus de respect que vous ne m'inspiriez de frénésie? C'était la chaste image de vos vertus passées; cette âme limpide, et ce cœur pieux, et ces désirs célestes, et cette suave majesté de l'innocence, dont plus rien ne paraissait en vous. Mais vous n'avez donc pas vu que toujours je vous amenais là, toujours je voulais vous en faire parler? Je vous écoutais avec un ravissement stupide; je vous étudiais comme le mystère de la lyre qui rend d'augustes accords sous les doigts d'un misérable pris de vin. Tranquille, vous poursuiviez ces récits qui me bouleversaient, et je me demandais, moi, par quel prodige vous pouviez inventer de telles choses, et par quel autre prodige, étant ce que je voyais, vous osiez bien les raconter. Mais vous n'inventiez point, mais tout le prodige était que le mal avait détruit en vous jusqu'au sentiment de votre splendeur perdue, et jusqu'à la conscience de votre abjection.

Vous souriez peut-être; regardant tout ce qui se courbe à vos pieds, vous ne pouvez trouver que vous ayez tant descendu. Je vous dis, moi, d'y prendre garde! Je vous dis que vous êtes au plus bas des punitions que Dieu fait subir à la créature humaine, et que si le ciel est encore ouvert sur votre tête, puisque vous vivez, il n'y a plus cependant sous vos pieds que l'abîme éternel. Ceux que Dieu traite comme vous; ceux qui l'ont connu, qui l'ont oublié, et qu'il ne tourmente plus d'aucun trouble intérieur dans l'insolence de leur oubli; ceux qu'il laisse dormir dans la fange de l'orgueil et du plaisir; ceux qu'il laisse rire, la bouche pleine des récompenses abominables de Satan, et le cœur joyeux du butin qu'ils font pour l'enfer, en se servant des dons qu'ils ont reçus du ciel : malheur à ceux-là! Malheur à vous qui riez sur la terre, et qui n'y faites qu'offenser Dieu!

Vous l'avez donc bien oublié, ce Dieu! Vous en avez donc bien entièrement perdu tout souvenir et toute notion, que vous osiez encore m'écrire, quand vous savez que je suis à lui! Comment! vous avez cru qu'il vous suffirait de parler, que tout soudain vous me verriez revenir, et vous me menacez de me laisser longtemps vous demander grâce, parce que j'ai osé suivre Dieu préférablement à vous! Votre intelligence vous abandonne-t-elle, ou n'avez-vous d'intelligence, comme vous n'avez de pouvoir, qu'autant que peut bien vous en offrir le démon? Revenir à vous! Je suis faible, et je puis revenir au péché; mais pour vous c'en est fait! Rien ne vous relèvera dans mon cœur, où Dieu lui-même a daigné vous abattre. Il n'est point d'objet avili qui approche de l'état effroyable où je vous vois. Allez! Dieu a voulu vaincre, il a bien vaincu.

Raillez maintenant, si cela vous plaît! et cependant épargnez-vous de faire pour moi ces frais d'esprit et de belle humeur. Ne vous mettez pas davantage en travail de raisonnements philosophiques et de considérations de fortunes et d'état. Ne parlez pas de votre attachement, je n'y crois point; ne me parlez pas de vos sacrifices, j'en ai horreur. Ce n'est pas d'ailleurs à moi, vous le savez bien, que vous les faisiez, ces sacrifices haïs; j'étais pour vous ce que vous étiez pour moi, la faute, le crime, l'attrait misérable de la perversité. M'eussiez-vous donné votre vie, et vous eussé-je donné la mienne, nous ne devons au passé que l'exécration, ne demandons à l'avenir que l'oubli. Laissez, laissez là le souci de ma destinée. N'y paraissez plus, et que rien de semblable à vous n'y paraisse, elle sera trop belle et j'en aimerai les douleurs. Ne vous préoccupez point de mon bonheur; mon bonheur est dans la poursuite de tout ce que vous avez abjuré. Sur ce chemin si rude à monter, que vous avez descendu si vite, j'irai chercher les fleurs de mon innocence. Elles sont souillées, mais elles sont impérissables; je les baignerai de tant de larmes, qu'elles reprendront un peu de leur ancien éclat : la vertu renaît dans la prière; le repentir est beau comme l'innocence; le parfum de sainte Marie Madeleine fut agréable à Jésus. Hélas! vous avez su toutes ces choses; ne voulez-vous point vous en ressouvenir, et vous repentir aussi, puisqu'il en est temps encore, et retourner à vos devoirs injuriés? Écoutez, je ne vous quitterai point sur un cri de haine. — Ai-je le droit de haïr, hors moi-même, qui que ce soit ici-bas? — Peut-être à ceux qui ne veulent point aimer Dieu ne manque-t-il qu'une douce parole qui leur rappelle sa bonté. Cette parole m'a été donnée, je vous la répète, et la voici : *Dieu pardonne.*

Maintenant silence! maintenant obstinez-vous à rester ce que vous êtes, ou cherchez, comme vous le devez, l'oubli, la poussière et la cendre; — que je n'en sache rien, que je ne sache pas si vous existez. Silence, vous dis-je, vous n'êtes plus!

L

PRIEZ POUR MOI

Un scrupule m'inquiète; je le chasse, il revient. Je veux le confier à mes frères, et je les prie d'écouter simplement ce que je vais leur dire avec simplicité.

Il ne faut pas juger un écrivain, un catholique, sur son livre; il ne faut pas faire honneur à l'homme de ce qui est grâce pure et grâce passagère de Dieu, grâce de la mission que l'on remplit, grâce de l'état de pureté dont on se revêt pour écrire, grâce que l'on reçoit en saisissant la plume, que l'on perd trop vite, hélas! en la quittant, comme un magistrat perd quelque chose de ce qui le faisait si respectable, lorsqu'il dépose les insignes de sa fonction.

J'éprouve cela pour moi à un point qui m'épouvante. Lorsque j'écris, je suis certes sincère; je ne dis rien que je ne pense et que je ne sente profondément. Puis, quand je relis à tête reposée, et que je compare mon cœur à ces accents de mon cœur, je suis étonné, et je m'afflige à bon droit de m'y retrouver si peu.

Assurément je suis loin de ces résolutions, je suis loin de cette ardeur, je suis loin de cette paix et de cet amour! Je les exprime faiblement; que je serais heureux si je pouvais cependant les pratiquer comme je les exprime! Qui me jugerait sur mon livre me croirait meilleur chrétien que je ne suis. Je le dis et pour ceux qui me connaissent et pour ceux qui, m'ayant lu, viendraient à me connaître, afin que, me voyant tel que je suis, ils ne soient point scandalisés.

Ai-je donc voulu tromper Dieu? Je sais qu'on ne le trompe pas.

Ai-je voulu tromper mes frères, surprendre leur estime, feindre la possession de cette paix entière qui n'est assurée qu'à l'entière vertu?

Ou bien cette loi de douceur et d'amour que je vante n'est-elle, en effet, qu'un leurre, puisqu'elle me laisse, à moi qui l'ai embrassée, tant de penchants à mal faire, tant de lâchetés dont je rougis sans les vaincre, et souvent tant de cruelles inquiétudes sur mon salut?

Non, je n'ai point voulu tromper mes frères; non, la loi de Dieu n'est point impuissante à nous donner la paix. Tout ce qu'elle a promis, on le reçoit d'elle avec surcroît. Je le sais; car je vaux mieux depuis que je suis rentré dans le sein de l'Église. Il est beaucoup d'instincts mauvais qui avaient vaincu toutes mes résolutions, et que j'ai vaincus depuis lors avec le signe de la croix. Des avidités et des convoitises renaissantes, insurmontables jadis, maintenant ne me tourmentent plus, ou du moins j'en triomphe sans peine en invoquant Jésus-Christ. Je connais et j'admire autour de moi, tous les jours, bien des exemples de succès plus glorieux, obtenus par des moyens que je sais être infaillibles; des réformes plus entières, accomplies par une vigilance que je pourrais avoir. J'ai la consolation et la douleur de valoir moins qu'une foule de mes amis, tentés comme moi, retirés comme moi de l'abîme; humbles fidèles aujourd'hui, qui ne parlent pas au monde de leur foi, qui n'en écrivent pas des volumes, qui ne souhaitent pas la gloriole d'auteur, et dont je souhaite, moi, bien ardemment la paix et la vertu.

Je sais qu'immenses sont les secours du Seigneur et que sa miséricorde est immense; je le sais, je le sens, et j'en suis souvent la preuve aux yeux des autres comme à mes propres yeux. Je sais que son joug est doux, son fardeau léger.

Si je ne suis pas plus docile à ce joug, c'est que mon ingratitude s'arme contre lui de sa propre douceur; si je chancelle sous ce fardeau, c'est qu'au lieu de me ranimer à la coupe de force et d'amour, je me suis lâchement enivré de quelque reste de lie qu'il fallait renverser à jamais, qu'il fallait jeter sans regret dans le fleuve béni de l'obéissance, et ne pas même suivre des yeux.

Vous m'aviez indiqué le péril, et vous me l'aviez défendu, mon Dieu! je l'ai cherché; c'est ma faute! Vous m'aviez relevé, je suis tombé encore; c'est ma faute! Vous m'aviez rendu ma robe d'innocence, et, lorsque je pouvais la protéger glorieusement dans la voie large et pure qui m'était ouverte au milieu de tous vos enfants, je suis allé la déchirer et la salir aux pierres, aux ronces, à la boue des chemins qui avoisinent Babylone, Babylone que j'aimais encore, et que je croyais mépriser. C'est ma très grande faute, et vous m'avez puni justement! Je ne m'étonne point d'être meurtri, je ne m'étonne point de souffrir.

Si le sang de l'Agneau, toujours généreux et inépuisable, coulant pour la millième fois sur mes souillures, les a pour la millième fois lavées; si j'espère encore qu'au dernier jour Dieu ne me rejettera pas..., je ne dois pas m'étonner aussi d'être faible, m'étant si souvent blessé; je ne dois pas davantage en murmurer, puisque cette faiblesse sera ma force, en m'imposant la prudence que je dédaignais. Et je n'ai pas non plus à beaucoup interroger mon âme pour comprendre que, n'ayant pas mérité d'éprouver cet amour qui est la plénitude de la grâce et la plus enviable des récompenses terrestres comme le plus puissant des recours, Dieu ne me laisse en quelque sorte l'aimer complètement et sans mélange qu'à certaines heures, lorsqu'il veut bien se servir des facultés qu'il m'a départies pour publier sa gloire, réjouir de ce faible parfum quelques bons cœurs, donner peut-être à d'autres le désir de le connaître et de l'aimer aussi.

Mais c'est alors que s'opère un changement étrange, et j'oserais presque dire un prodige. Alors je suis ce que je dois être, ce que doit être un chrétien, ce que sont autour de moi ces chrétiens qui me donnent inutilement tant de saints exemples. Je ne suis plus hésitant ni lâche; j'aime vraiment le sacrifice, vraiment le travail, vraiment tout ce que Dieu me dit d'aimer; je condamne tout ce qu'il condamne; je hais tout ce qu'il m'ordonne de haïr, et moi-même, ce qui me tente, et les choses qu'un instant auparavant j'allais encore désirer; je sens mon bon ange tranquille à mes côtés, je vois la sainte Vierge me sourire dans le ciel; je respire à pleine poitrine, dans la paix de mon âme et dans l'amour de mon Dieu; tout renoncement m'est facile; j'irais sans délibérer, avec joie, au martyre de la croix comme au martyre des soufflets et des crachats. Ce sont mes heures heureuses, mes joies inénarrables; c'est un bonheur que je ne puis peindre. Loué soit Dieu qui me donne ce bonheur; je ne le mérite pas.

Ai-je achevé ma tâche, toute consolation s'efface, et presque toute vigueur. Je redeviens ce que j'étais, plein de songes, plein de paresse à bien faire, plein d'angoisse. Dieu ne se sert plus de moi, je sais à peine le servir. Ma prière est lente; cette flamme, tout à l'heure si vive, vacille, s'égare, et la fumée s'obscurcit. J'étais tout à l'heure un joyeux enfant dans la maison de son père; je ne suis plus qu'un voyageur et presque un banni, faible et inquiet, sur les chemins du monde; l'ancien vaincu du péché, toujours menacé de redevenir sa proie.

Seule ma foi me reste, pleine et entière : menace qui me retient, espoir qui me console, viatique dont mon Père m'a pourvu pour les courses de l'épreuve, et que jusqu'ici (grâces lui en soient rendues!) nul ennemi, nulle faute, n'ont pu me ravir.

Telle est donc ma triste condition; je suis comme le musicien qui fait entendre les accords inspirés d'un autre, et qui reste muet dès que son instrument lui est ôté; je suis comme celui qui sonne la fanfare belliqueuse, et qui souvent reste à l'écart de la mêlée, où il excite les combattants; je suis un fils de roi menacé de perdre son héritage, qui retrouve dans l'occasion les fiers accents de son origine et de sa grandeur, et qui pleure un instant après sur sa misère. J'ai la conscience de toutes ces choses, et je sais qu'elles arrivent justement.

Que ceci soit un enseignement pour vous, mes frères; et si mes paroles vous mènent prrfois à de sérieuses pensées, songez que nul plus que moi ne doit les méditer sérieusement. Hélas! j'écris pour vous être utile ou pour vous distraire, et c'est peut-être ma condamnation que j'écris! Ne dites donc point ni que je suis heureux d'avoir tant de piété, ni que je feins une piété que je n'ai pas; mais veillez sur vous-mêmes, suivez la droite voie, et priez pour moi.

LI

LORETTE

Le miracle de la translation de la maison de la sainte Vierge, — de Nazareth à Tersate en Dalmatie d'abord, en l'an 1201, puis de ce lieu dans la marche d'Ancône, aux environs de Recanati, sur l'autre rive de l'Adriatique, en 1295, et enfin, quelque temps après, sur la colline qu'elle occupe encore aujourd'hui, — est aussi clairement constaté qu'il est possible de le désirer. Sans parler de l'autorité de la tradition et de l'autorité du fait en lui-même, qui laisse difficilement supposer une supercherie, la seconde translation est attestée par un saint canonisé, le bienheureux Nicolas de Tolentino, l'une des gloires de l'ordre de Saint-Augustin, qui demeurait alors à Recanati. Les chrétiens apprécieront la valeur d'un tel témoignage; il n'en est point de valable pour quiconque voudrait le récuser. Ni le temple magnifique où les fidèles vont vénérer et toucher ce miracle, ni le saint sacrifice qu'on y célèbre tant de fois tous les jours depuis tant de siècles, ni la vraie dévotion d'une multitude de saints et de grands hommes, ni le trésor de grâces et d'indulgences que le saint-siège a, presque sans interruption, profusément ouvert en ce lieu béni, ne pourront, je le sais bien, convaincre ces esprits forts (ou faibles) qui vivent au milieu des merveilles de la création sans vouloir reconnaître que le Dieu créateur de toutes choses peut faire encore des miracles que leur intelligence ne s'explique pas. Pour nous, catholiques, l'Église nous laisse sur ce point liberté complète; nous pouvons douter, mais il nous est doux de croire. Oui, cela non seulement nous est doux, mais encore cela nous est aisé. Il ne nous vient pas à l'esprit que Dieu veuille tromper notre piété et notre amour. S'il n'avait point ordonné à ses anges d'apporter au cœur du monde catholique cette maison, qui fut le théâtre du premier mystère de notre salut, il aurait su en faire disparaître la pompeuse image ; et autant il lui serait aisé d'anéantir un vain simulacre, autant sans doute il lui a été facile de donner à notre vénération ces pierres saintes, du moment qu'il entrait dans ses impénétrables desseins d'abandonner aux infidèles le sol autrefois béni qui les avait d'abord portées. Ou la terre s'est créée elle-même, et gravite par sa seule force et sa seule vertu dans l'orbe immense des espaces; — ou Celui qui créa la terre et qui la soutient aussi à sa place parmi les mondes, a bien pu transporter en un instant, du fond de la Judée au milieu de l'Europe, l'humble édifice où la Vierge-Mère fit sa demeure, et où le nouvel Adam fut conçu dans un sein immaculé.

Sans doute, dit-on, Dieu l'a pu; mais l'a-t-il voulu? S'il l'a pu, pourquoi ne l'aurait-il pas voulu? Autant vaudrait s'inquiéter de savoir pourquoi la sainte Maison s'est arrêtée là où elle est plutôt qu'ailleurs. Il fallait bien qu'elle fût quelque part. Dieu a pu nous la donner, aucune tête intelligente n'en fera l'objet d'un doute. Il l'a voulu, des saints nous l'affirment; l'Église, sans nous en faire un article de foi, veut bien nous l'attester, et nous le croyons pleinement.

Un pèlerinage à Notre-Dame-de-Lorette.

Nous le croyons parce que Dieu lui-même honore sa mère, et veut, pour notre bien et notre salut, que nous l'honorions; parce que sa bonté, nous donnant l'occasion d'un grand acte de foi et d'hommage envers Marie, nous donne en même temps le moyen d'obtenir, par l'intercession de cette protectrice de tous les chrétiens, les secours dont nous avons besoin pour acquérir le ciel. Lorette est en quelque sorte une source de grâces, où les âmes pieuses vont puiser abondamment la manne spirituelle que l'on peut garder et qui ne se corrompt point dès le second jour. Nous en appelons à tous ceux qui ont fait le pèlerinage de la *santa Casa :* n'ont-ils pas senti au fond de leur cœur une preuve de son authenticité contre laquelle aucun raisonnement sceptique ne prévaudra jamais? Combien d'entre eux, arrachés au péché ou gardés de ses embûches par ce puissant souvenir, pourraient, comme autant d'aveugles, de paralytiques et de lépreux guéris, se produire en témoignages vivants du miracle auquel ils ont cru !

Ah ! lorsqu'au bout de sa longue route le pèlerin aperçoit enfin, non pas la maison elle-même, mais seulement le temple qui la renferme; lorsqu'on lit au fronton cette inscription qu'y plaça, dans la sainte hardiesse de sa foi, le grand pontife Sixte V : *Deiparæ domus in qua Verbum caro factum est,* — soyez assuré qu'il n'est plus besoin d'attestations, ni de procès-verbaux, ni de raisonnements, pour constater ce qui se constate en ce moment-là de soi-même au fond de l'âme! La sainte Maison paraîtrait au milieu des airs, soutenue sur les ailes des anges, qu'elle n'exciterait pas un sentiment plus profond de conviction. Qu'est-ce donc quand, purifié par la pénitence, le pieux voyageur entre enfin dans cette humble maison qui fut, sur la terre, l'asile de la Reine des cieux, et que, mêlé parmi ses frères, chrétiens comme lui, venus souvent comme lui de tous les coins du monde, les yeux baignés de larmes, le cœur plein de soupirs, ayant reçu le Verbe fait chair devenu le pain de la vie éternelle, il peut dire comme Marie : Le Seigneur est avec moi. *Magnificat anima mea Dominum!...* C'est alors que la volonté de Dieu devient claire, et que l'adorable bonté de ses desseins arrache des cris de reconnaissance au cœur le plus combattu; car souvent ce cœur est changé, la lumière s'y fait, le repos y descend; je ne sais quelle paisible ardeur s'en empare pour tout ce qui est justice, devoir, charité; et tel qui est arrivé languissant et lâche repart plein de force, demandant à Dieu les épreuves qu'il redoutait. Vous voulez des faits, subtiles raisonneurs : en voilà. Puissiez-vous savoir un jour, bientôt, ce soir même, combien sont concluants et positifs ceux que nous donnons ici!

Qui n'a entendu parler cent fois de l'église de Lorette, et qui voudrait en lire une nouvelle description? On sait que les plus habiles artistes ont pris plaisir à travailler le revêtement de marbre qui entoure la sainte Maison; mais ce qu'on ne sait pas généralement, c'est que les pieux sculpteurs ont, pour la plupart, fait offrande à la sainte Vierge de leur travail, refusant d'en recevoir le prix. On a entendu parler de ces sillons tracés à genoux par la prière sur les dalles, tout autour de la chapelle; mais ce qu'on ne se figure pas, à moins de l'avoir vu, et de l'avoir vu en chrétien, c'est l'admirable foi des populations qui ont ainsi creusé la pierre, non pas seulement avec leurs genoux, mais avec leurs fronts, mais avec leurs lèvres; c'est ce concours des habitants des campagnes voisines, qui remplissent toujours l'église et parfois même la ville, faisant souvent de longs voyages pour assister aux grandes fêtes; venant, par tous les chemins et toutes les routes, au chant des litanies, et s'en retournant le chapelet à la main; les enfants, les femmes, dans des chariots, car on ne veut priver personne de ces douces solennités; les hommes à pied, tous priant ou chantant, ce qui pour eux est encore prier.

Des témoignages de la dévotion européenne abondent à Lorette. Les dons du monde catholique ont plusieurs fois enrichi ce sanctuaire, que divers besoins et diverses circonstances ont aussi plusieurs fois appauvri. Ces dons émeuvent le cœur; que de secrets efforts pour le bien, que de bonnes joies, que de douleurs apaisées, que de pieux souhaits accomplis, que d'infortunes secourues ils représentent! L'âme d'un chrétien devine ces touchants mystères; elle associe ses vœux, sa reconnaissance, ses prières, à tous ces objets qui ne sont plus qu'autant de formes visibles données à des sentiments nobles et doux.

Les fondations religieuses de la France égalaient presque le nombre et dépassaient la magnificence extraordinaire de ses dons. Pour n'en citer que quelques-unes, en 1643 il fut fondé à perpétuité une messe quotidienne pour le roi et la famille royale; le premier samedi de chaque mois, la messe est célébrée solennellement en musique; l'illustre chapitre de Lorette doit y assister en corps.

Tous les ans, au 26 août, en l'honneur de saint Louis de France, fête solennelle, l'évêque, le gouverneur, les consuls de la ville doivent y assister. Au *Sanctus* et à l'élévation on tire le canon.

De hauts seigneurs, de pieuses dames envoyaient de l'argent pour secourir les pèlerins pauvres de leur nation. Le cardinal de Joyeuse fit un legs de six mille écus romains, pour que trois aumôniers français fussent chargés de célébrer à perpétuité la sainte messe à Lorette, selon ses intentions, qu'il ne révéla pas. Depuis longtemps, deux de ces aumôniers, ou même tous les trois, n'appartiennent pas à la nation française : ce sont des Italiens qui remplissent, en ce cas et en beaucoup d'autres, les intentions pieuses de nos compatriotes; et je puis dire que les Italiens verraient avec autant de plaisir que nous-mêmes les choses rétablies sur l'ancien pied.

Quand je fais des rêves pour mon pays, autrefois si grand et si catholique, je ne lui souhaite pas de conquêtes; je ne souhaite pas que les plus fortes ni les moindres nations tremblent devant lui; mais je voudrais que la France entretînt dans chaque grande ville étrangère, soit un hôpital, soit au moins quelques lits, pour ses pauvres nationaux malades, et une église ou une chapelle pour satisfaire la piété de ses voyageurs.

Le pèlerinage de Lorette offre de beaux sites, de grands coups d'œil sur les montagnes et la mer; il montre un peuple intéressant. Les femmes ont beaucoup de dignité; il fait beau les voir sortir de l'église, vêtues de leurs longues robes de toile, aux manches longues et plissées, la tête recouverte du voile romain, le corsage enrubanné, les souliers presque en forme de sandale, le front doux, l'air honnête, achevant gravement dans la rue de réciter leur chapelet. Les hommes, serrés dans une étroite culotte qui s'arrête au-dessus du genou, le bas bleu ou blanc bien tiré, le soulier très découvert orné de rubans, des rubans aussi à la jarretière, des rubans encore au nœud de la culotte, sur les reins et autour du chapeau, le long gilet rouge à grands dessins, la manche plissée, la veste sur l'épaule; les hommes ont une allure leste, fière, presque martiale, un regard intelligent, un air pimpant et joyeux, que je voudrais voir un peu plus souvent à nos électeurs municipaux.

Nous avons eu le bonheur de suivre à Lorette la procession de la Fête-Dieu; et, si le souvenir de la France n'avait pas mêlé quelque amertume à notre joie chrétienne, ce spectacle aurait été l'un des plus doux de notre vie, comme il en a été l'un des plus beaux. Tout ce peuple éprouvait un bonheur d'enfants; c'était une immense famille qui fêtait une mère bien bonne et bien-aimée.

LII

DIEU DISPOSE

Des circonstances que nous n'avions point prévues, et qu'il serait inutile de rapporter ici, rendirent impossible ce grand voyage pour lequel Gustave et moi nous avions cru partir; nous y renonçâmes à Lorette, après de longues délibérations. Au lieu donc de nous embarquer pour l'Orient, nous reprîmes la route de France. Ainsi je n'avais quitté famille et pays, et formé de si longs projets quelques mois auparavant, que pour aller à Rome, et je n'étais allé à Rome que pour abjurer soudainement toute ma vie passée, au seuil inconnu d'un nouvel avenir.

Parmi les grandes et douces leçons que j'avais reçues durant ces jours rapides, je fus encore frappé de cette preuve singulière de la vanité de nos desseins. Malgré tout ce que je m'étais proposé, Dieu me renvoyait fouler la cendre à peine refroidie de Gomorrhe. J'en eus d'abord quelque inquiétude : je me rassurai en pensant que Celui à qui je voulais désormais obéir est souverainement bon, souverainement sage, qu'il sait mieux que nous-mêmes ce qui nous convient, et que sa miséricorde envers les hommes éclate surtout par le mépris qu'il semble faire de leurs entreprises et de leurs conseils.

En effet, je n'ai rencontré, partout où je n'ai pas cherché le mal, que tendresse, affection, secours et respect même. Où j'attendais presque des railleries sur mes résolutions nouvelles, je n'ai entendu exprimer que l'honorable regret de n'en pouvoir prendre de semblables, et le chrétien a reçu des témoignages d'estime que l'homme ne méritait pas. Où je prévoyais des difficultés, il n'y avait que de bienveillants secours; où je croyais ne contempler qu'un champ aride, j'ai salué mille espérances de moisson. Je m'étais résigné d'avance à l'isolement, et je fus reçu comme un frère dans une famille immense et empressée; et chaque jour s'accroît cette chère famille, et la faculté d'aimer s'accroît en nous à mesure que nous voyons le cercle s'élargir autour du foyer paternel! O mon Dieu! qui m'aurait fait comprendre naguère la sainte ivresse où nageait mon âme, dans cette Babylone redoutée? Mais au milieu de Babylone vos enfants ont reconstruit Jérusalem.

Intérieur de la sainte Maison de Lorette.

Ils y vivent et n'en sortent point : ils y aiment comme l'on s'aime en vous, sans jalousies, sans trahisons secrètes, n'enviant que le bonheur de ceux qui savent le mieux vous servir, et chérissant plus tendrement, à cause de cela, ceux qu'ils envient. Que cette mystérieuse Jérusalem est belle et douce au cœur de ces heureux citoyens! que de manne y tombe chaque jour, et pour la faim du corps et pour celle de l'esprit! Le riche y partage avec l'indigent, le savant donnant sa science, le saint sa prière, et le pauvre même une part de son pain.

Soyez béni, mon Dieu, de tout ce que vous ordonnez : l'homme qui sous vos lois et sous votre conduite ne devient pas un saint sur la terre, et n'accomplit pas des miracles, c'est qu'il ne le veut pas.

LIII

A UN JEUNE CHRÉTIEN

Doux frère, tu resteras peu parmi nous, tu nous quitteras, tu mourras avec ton printemps, tu mourras avec les lis qui te ressemblent, candide, virginal, et frêle comme eux. Tes désirs, ces parfums de ton âme, s'envolent tous au ciel, et tu les suivras. Tu t'en iras là-haut rejoindre tes chers modèles, saint Louis de Gonzague et saint Stanislas, anges de pureté, que le monde vit la durée d'un jour, et qui retournèrent à Dieu. L'un mourut à vingt ans, l'autre plus jeune. Dieu ne voudra pas te laisser vieillir. Cette fleur du paradis, la chasteté divine, pareille aux plantes d'un sol privilégié, ne peut-elle vivre ailleurs que dans son air natal? On le croirait, si Dieu n'en accordait souvent l'exemple au monde, et l'aimable mérite à ses saints. Mais tel est cependant son prix inestimable, que le Très-Haut s'en montre, pour ainsi dire, jaloux. Prodigue envers elle des honneurs dont la terre est avare, il ne l'expose pas longtemps au souffle des corruptions humaines; il la laisse voir, il la laisse briller un moment, et se hâte aussitôt d'en orner son empire, où, dans la gloire d'une éternelle beauté, elle s'épanouit sous la douceur éternelle des regards divins.

Que t'importe quand viendra ton heure? tu vis, et tu veux vivre comme si elle était venue. Tes yeux ont à peine aperçu les plaisirs du monde, et se sont baissés pour toujours. Entre ces plaisirs, entre ces vanités et ton âme, déjà s'est élevé par tes soins le mur du tombeau. Tu sais où l'on prie, où l'on souffre, où l'on pleure : c'est là que tu vas; mais dans l'arène des joies, des ambitions et de toutes les affaires humaines, tu ne parais jamais : tu n'en sais pas le chemin; et si parfois, suivant les traces d'un malheureux à consoler, tu traverses ces voies de nos ivresses, tu l'ignores; tes pieds y sont fermes, et pas une des ronces qui nous retiennent n'arrête au passage la blanche tunique dont les anges t'ont revêtu. O miracle! sans même avoir eu besoin de combattre, tu as vaincu! Tu triomphes par la seule grâce de ton innocence, toujours conservée, toujours plus forte; et ce facile triomphe te sera plus glorieux que tous nos combats, et la virginale couronne de ton baptême sera plus resplendissante au jour de l'éternité que les palmes et le sang des martyrs!

Mais quoi! n'es-tu pas aussi un martyr? Facile triomphe, ai-je osé dire en parlant de ton humble vie : qu'en sais-je? et qui donc m'a fait lire, hélas! dans l'âme profonde et silencieuse des saints? Parce que tu n'as point, en punition d'un passé funeste, à te rouler chaque jour dans la boue contre cent ennemis infâmes, parce que tu n'es pas meurtri, parce que tu n'es pas chancelant, parce que tu n'es pas flagellé par la crainte, mais saintement exalté par l'amour, que sais-je si tu ne vois pas face à face des adversaires plus nobles en apparence, et par cela même plus dangereux que tous ceux dont nous sommes combattus? Que sais-je si Dieu ne te demande pas des efforts qui nous décourageraient, et que tu fais généreusement, sans autre témoin que lui? O saint, d'où vient ta pâleur? Ai-je compté durant la nuit les heures que tu donnes à la prière, et sous tes vêtements les pointes de la ceinture cachée qui réduit la chair innocente, et les sillons sanglants du fouet qui punit des fautes dont nous ne songeons pas même à nous accuser? Qui m'a dit encore combien de pièges adroits l'esprit du mal tend sans cesse à ta candeur, à ton ignorance, à ton humilité? Je te crois indifférent, parce que tu ne veux pas voir; paisible, parce que tu sais garder le silence; heureux, parce que tu ne te plains jamais. Heureux; tu l'es sans doute : voudrions-nous de ton bonheur? Ai-je pu savoir de combien d'actes sublimes s'accroissent tes mérites, quand toutes nos vanités chantent autour de toi, quand nous te louons, quand nous prétendons te donner des conseils, quand nous nous oublions à des confidences imprudentes, quand nous nous plaisons même à t'adresser des railleries?

Oui, la raillerie; et la raillerie de tes frères, cette tentation subtile et venimeuse, ne t'est pas épargnée. Les uns te reprochent trop de douceur, et les autres trop de sévérité; ceux-ci seraient près de penser que tu joues un rôle; ceux-là, que ton intelligence est faible; et les femmes surtout t'accusent d'avoir peu de bonne grâce et d'esprit. Mais tu laisses parler; tu veux bien que les beaux diseurs, les présomptueux, les chrétiens de mine s'amusent de tes pratiques, de ta retenue, de ta simplicité; de peur que l'orgueil ou l'amertume ne paraisse en tes discours, tu ne réponds pas; frappé par tous ces glaives d'une persécution que Dieu n'oubliera point, tu fais pénitence; si tu les a sentis, tu les tournes humblement vers le maître à qui seul tu veux plaire, et tu vises en silence à la perfection.

Poursuis, ta route est belle; poursuis, cœur vraiment pieux, âme vraiment chrétienne; jusqu'au dernier souffle, accomplis les desseins de ton amour. Sois parmi nous un exemple nécessaire. Humilie toutes les vanités, toutes les convoitises mondaines; couvre-les de cet entier et suprême dédain que nous en devrions faire, et que nous n'en faisons pas. Sois chrétien, pour que nous tous, qui prétendons l'être, nous sachions qu'il est possible, en effet, d'être chrétien. Ah! l'esprit de sacrifice semble mourir, et nul ne veut se dévouer qu'avec pompe, un œil sur le ciel peut-être, mais de l'autre cherchant et appelant tous les dédommagements de la gloriole humaine; — et encore ceux-là sont les héros, que l'on imite peu. Les uns aiment l'argent, les autres le pouvoir, les autres la renommée; tous aiment leur volonté particulière! C'est à qui n'obéira pas; c'est, j'ose le dire, à qui marchandera le mieux pour avoir le ciel à meilleur prix; on ne donne rien à Jésus de ce que l'on croit pouvoir impunément retenir; on laisse au sacerdoce le fardeau des œuvres pénibles; on se paye de mille défaites pour vaquer avant tout aux misérables soins de la fortune, de l'avancement, du bien-être; on se figure que la gloire de l'Église est intéressée à ce qu'on devienne riche, influent, à ce qu'on rie et qu'on se porte bien; on outrage la foi par mille concessions que l'on veut lui arracher chaque jour... Sois la belle image du sacrifice, nous en avons besoin. Tu es jeune et pur : donne à Dieu, qui veut de virginales victimes, et le combat et la gloire du combat. Cache ta vertu, c'est la vertu cachée dont on ne doute point lorsqu'on la découvre, et qui fait des émulateurs. Après t'avoir soumis à nos jugements frivoles, après nous être vantés de connaître plus de choses et de subir plus d'épreuves, il viendra un jour, une heure, où nous recevrons de Dieu, peut-être par la grâce de tes lumières, quelque lumière soudaine qui nous fera rougir et qui nous convertira. Nous comprendrons que la fuite du péché, et de l'occasion du péché, est le plus méritoire des efforts, le plus rude et le plus glorieux des combats; car combien est-il parmi nous de pécheurs qui veulent lutter contre le mal pour avoir un prétexte de l'embrasser et de l'étreindre encore, n'ayant ni assez de force pour le fuir, ni assez d'audace pour aller à lui résolument? Nous comprendrons qu'il faut enfin renoncer à servir deux maîtres, et qu'en dépit des formules nous sommes tout au monde si nous ne sommes tout à Dieu. Nous comprendrons qu'il faut se taire, pour ne pas recevoir et dépenser misérablement en cette vie la récompense de nos plus chrétiennes actions; que ce n'est rien d'immoler la chair sans l'esprit, et que c'est, au contraire, un calcul d'usurier dont Dieu se rira, de prétendre acheter du sacrifice de quelques sensualités grossières l'honneur et le renom des saints.

Alors, mon frère, réellement convertis, et réellement entrés dans la voie du salut, nous ne regarderons plus si la frivolité fardée de dévotion, si le cœur plein de convoitises mondaines sous le manteau du renoncement, se scandalisent de notre ferveur; nous nous occuperons peu de savoir si les gens d'esprit nous improuvent, si les faux docteurs ont de bonnes raisons pour nous dispenser du jeûne, de la retraite, du travail et de l'humilité; si les femmes nous signalent comme dépourvus d'agrément et de savoir-vivre : nous nous occuperons de devenir parfaits *comme notre Père est parfait*, et, sans prétendre y parvenir, nous ne laisserons pas cependant de le tenter; nous nous occuperons de ramener sans cesse sur notre cœur, sur nos volontés, sur nos désirs, le cilice caché d'une humilité véritable; nous serons martyrs de toutes nos passions domptées, méprisées, foulées aux pieds; nous prierons, nous souffrirons, nous renoncerons, pour Dieu seul, et Dieu seul le saura, nous irons chercher les pauvres, les ignorants, les affligés, les coupables; et quand nous passerons près des heureux, nous leur ferons l'aumône d'une prière, sans le leur dire et sans les blâmer. Nous aimerons tendrement les heureux.

Voilà ce que tu verras du haut du ciel, où le Seigneur te fera place dans le virginal cortège de l'Agneau. Ravi de notre conversion, tu voudras élever la voix pour en glorifier le Tout-Puissant. Tu rencontreras alors le regard charmé de ta reine et de ta mère, la sainte Vierge Marie; et ce regard ineffable célébrera devant l'assemblée des élus la noble part de tes sacrifices, de tes souffrances et de ta chasteté, dans ce grand ouvrage qui réjouira le ciel.

LIV

POLITIQUE

A UN ANCIEN COLLABORATEUR

Tu désires savoir si mon esprit a gardé quelques restes des passions politiques dont nous faisions les graves hochets de notre jeunesse, occupée à se créer un culte et des adorations. Quand je te parle de ton âme et de tes devoirs envers Dieu, tu refuses de m'écouter : que t'importe donc ma pensée sur de moindres choses? D'où te vient aujourd'hui ce désir? Je vais te révéler un secret que tu voudrais te cacher à toi-même : Dieu te fatigue. Aux prises avec la vérité, qui harcèle ton cœur, tu cherches un terrain où tu puisses la combattre; tu la sollicites de t'offrir des lumières qu'il te soit possible d'éteindre, pour avoir ensuite une bonne raison de ne point suivre celles qui brillent toujours. Si je te présente des idées politiques (des *idées*, car des passions je n'en ai plus), tu affecteras de les prendre pour des dogmes de ma foi; tu les combattras..., et, facilement vainqueur de ces dogmes de fantaisie, tu croiras peut-être avoir défait les dogmes sacrés et véritables à l'ombre desquels veulent se tenir toutes mes pensées. Quelle folie est la tienne! Dieu nous ordonne d'être sincères, doux, patients, d'aimer nos frères; de leur faire le plus de bien que nous pourrons, d'obéir aux lois, de respecter les supérieurs : c'est tout, et voilà ma politique. M'est-il interdit, si je le veux, d'avoir de l'affection pour telle théorie de gouvernement plus que pour telle autre? Suis-je forcé d'aimer ceci, de rejeter cela? d'être à Apollo, d'être à Céphas? Nullement. Je suis forcé d'être à Jésus-Christ, d'aimer mes frères comme il les a aimés, d'être soumis aux lois comme il s'y est soumis. Et du reste je suis libre; je prends, sans engager la foi, sans enfreindre un seul de mes préceptes, le parti qui me convient, dans les choses abandonnées à la libre dispute des hommes.

Maintenant te plaît-il encore de connaître à quel parti j'ai pu m'arrêter, moi qui nais à tout, comme je viens de naître à la foi? — Enfant des derniers et des plus ignorants du pauvre peuple, j'étais certes sans engagements d'aucune espèce. Je ne dois rien à la monarchie, rien à la république, rien à la charte; je ne dois rien à la société. Sous aucun régime, et dans aucun lieu du monde, je ne pouvais naître plus sauvage, je ne pouvais vivre plus abandonné que je ne suis né et que je n'ai vécu. En naissant, mes parents et moi, nous avons, il est vrai, reçu le baptême; est-ce par le soin des hommes, ou par la miséricorde de Dieu? Ce baptême, notre unique bien, la société nous en avait laissé perdre la grâce; la seule clémence de Dieu nous l'a rendue. Dieu, lorsqu'il envoie un missionnaire baptiser quelque idolâtre aux confins du monde, ne fait pas pour ce prédestiné un miracle plus grand que celui dont moi et les miens devons le bénir. Que j'aie appris à écrire dans mon jeune âge, au lieu d'apprendre, comme un enfant de l'Orénoque, à scalper un ennemi vaincu, je n'en fais aucune différence; seulement, dans mes mains, le couteau, c'était l'art d'écrire. Je prétends que je ne connaissais point Dieu; j'étais moins civilisé que le dernier paysan de Bretagne, qui se confesse et qui sait son *Pater*. J'étais exposé à commettre mille forfaits dont ce paysan ne conçoit pas même la pensée; j'allais par le chemin littéraire, ou par le chemin politique, ou par mille autres, il n'importe, j'allais par le grand chemin de la vie et par la route battue de la société : où? A la fortune, au plaisir peut-être, mais plus certainement à la damnation éternelle. Voilà mes obligations envers le monde. Non, je ne dois rien qu'à Dieu, — et je ne suis aussi que du parti de Dieu.

Mais enfin j'ai une patrie... Oui, Dieu m'a fait naître dans un pays dont je parle la langue, dont j'admire la beauté, dont j'aime l'honneur. A cette France, qui est belle, qui fut glorieuse, et pour laquelle je prie, je ne refuserais ni mon travail ni mon sang, si elle le demandait. Mais je ne lui donnerai pas ma conscience et mon âme; je ne serai pas l'approbateur de ses folies, le panégyriste de ses hontes, le complaisant de ses crimes. Je la verrais entreprendre une guerre injuste, que je ne prierais pas Dieu de donner la victoire à l'injustice. Je ne l'aime ni ne l'aimerai jamais de ce bas et grossier amour, qui serait moins de l'affection pour elle que de la haine pour le reste des nations. Il m'importe bien, après tout, qu'un caporal français ait le plaisir d'être caporal dans la première armée du monde, s'il n'en résulte que la désolation du genre humain, et, comme nous l'avons vu, l'Europe entière mise à feu et à sang, le déshonneur et la ruine portés dans les familles, les temples dévastés, les monastères dépouillés, et la sainte

Église de Dieu temporairement asservie aux caprices d'un homme d'épée.

Tout Français que m'a fait ma naissance, et que je suis par mon cœur, je veux, partout où je verrai la justice, faire des vœux pour elle; partout où je verrai les mauvaises passions et l'impiété, les haïr; partout où je rencontrerai une belle et chrétienne intelligence, la saluer et l'honorer. Est-il aujourd'hui une nation plus amie de l'Église que la France, à cette nation-là je souhaite l'empire du monde, parce qu'avant tout je suis citoyen de l'Église; l'Église est ma patrie, et plus que ma patrie : elle est ma tendre et glorieuse mère. C'est en elle que j'ai une famille dont je suis fier, un titre dont je suis jaloux, des frères qui m'aiment véritablement, un berceau près duquel ont veillé les anges, un patrimoine qui ne me sera point ravi; c'est en elle encore que j'aurai une tombe, toujours visitée par le souvenir et par la prière; c'est en elle que je suis né, que je vis, que je ne mourrai pas.

Et quant à vos opinions, quant à vos querelles, quant à vos projets, — auxquels vous ne croyez pas vous-mêmes, que veux-tu maintenant que j'en pense, et que me fait tout ce vain bruit? Où trouverai-je une bonne raison de me donner à quelqu'une de ces idées, de ces haines? Je puis juger le passé, je puis chercher à deviner l'avenir; mais j'ai beau contempler le présent, je n'y vois rien qu'un chaos où je ne puis consentir à me plonger. Qui me dira si ce bruit confus et lamentable, dont mon âme s'épouvante, est le dernier cri d'une société qui meurt, ou le premier vagissement d'un monde qui naît, ou si même ce n'est pas à la fois tout cela? car la société est comme une femme qui se lamente, et qui expire dans les douleurs d'un monstrueux enfantement. Mais parmi ce trouble et ces cris, je n'ai rien à choisir, que la vieille vérité de Dieu, toujours claire, toujours douce et sûre, inébranlable, éternelle.

L'esprit de l'homme n'a bien à lui que le passé, et c'est en mesurant le passé qu'il calcule l'avenir. Mais tandis qu'il s'épuise pour ranimer ce qui n'est plus, Dieu prépare des choses nouvelles. Vous disputez sur la république et la monarchie : Dieu cependant fait son œuvre, et j'attends.

Certes, si j'avais entre mes mains le destin de la France, et qu'il me fallût prononcer, les yeux sur l'histoire, je vous donnerais un roi. La théorie du gouvernement monarchique, c'est-à-dire de l'autorité préexistante, immuable, et par cela même placée en dehors de toutes les discussions, avec de grands corps se partageant les fonctions sociales, tout en laissant à la capacité ce droit de monter et d'arriver (qu'elle a d'ailleurs possédé toujours, qu'elle tient de Dieu et qu'on ne peut lui ravir); avec un clergé riche, qui étudie, qui enseigne, qui moralise, qui construit, cultive et donne; cette théorie, dis-je, permet plus d'essor à la grandeur humaine que la théorie républicaine du *laisser faire,* cri d'impuissance des démolisseurs sommés enfin de bâtir. Car, sous ce dernier régime, le génie de l'homme, lorsqu'il tend à s'élever, se trouve aux prises avec le contrôle accablant de la médiocrité, qui se croit son égale, parce qu'on le lui dit, et qu'elle aime à se le prouver tous les jours. De l'égalité des droits on conclut aisément l'égalité des forces, et du niveau des positions sociales, celui de l'intelligence. Il en résulte que cette égalité, tant poursuivie, n'existe même pas : l'homme supérieur, forcé d'assujettir ses plans hardis à l'approbation des esprits bas, jaloux et timides, les subordonne, en effet, à leur étroit jugement. Ainsi le bien se fait de la façon la plus mesquine, lors même que les petites et misérables passions individuelles, qu'il faut sans cesse combattre et sans cesse respecter, ne l'empêchent pas tout à fait.

Mais le grand intérêt qui me déciderait pour la monarchie si je ne consultais que le passé, c'est l'intérêt de la religion, le seul intérêt véritablement universel, véritablement populaire. La religion est mieux établie, mieux enseignée, entourée de plus de respects, dans une monarchie que dans une république, où parmi les libertés que l'on réclame figure de toute nécessité, au premier rang, la liberté de secouer le joug religieux, qui gêne toutes les passions, toutes les convoitises, toutes les avidités. La religion rend les sujets plus faciles à gouverner, les princes plus justes et meilleurs. Elle apaise doucement, par la pensée des réparations et des récompenses divines, beaucoup de ferments qui sans elle feraient explosion; elle oblige le prince à des vertus, à des soucis, à des craintes qui protègent puissamment ses peuples; elle lui répète à chaque instant qu'il devra, tout roi qu'il est, rendre compte à Celui qui sait tout, qui n'oublie rien, qui ne pardonne point au succès, qui ne pardonne qu'au repentir et à l'amendement. Quel orateur d'opposition dira jamais au prince ce que Bourdaloue disait à Louis XIV devant toute sa cour? et quelle charte renfermera jamais pour un peuple ces garanties que Fénelon exigeait au nom de Dieu même, dans l'écrit trop peu connu qu'il intitule : *Direction pour la conscience d'un roi?* Sans doute le prince peut mépriser pour lui-même ces terribles enseignements : eh bien! c'est un homme qui s'égare. La religion reste debout et honorée; la chaire continue de retentir pour l'instruction de tous; le clergé continue d'élever les enfants. Tandis qu'un Louis XV déshonore sa couronne, il s'élève un Bridaine, dont la voix éloquente va partout en liberté ranimer la foi, et qui convertit des villes entières aux sublimes vertus que le prince ne craint pas d'outrager. A Louis XV enfin succède un âge de piété qui veut rétablir l'Évangile sur le trône, et l'on peut dire : *Morte la bête, mort le venin.*

Mais si c'est le peuple qui gouverne, et qu'il devienne impie, — chose facile, chose à peu près immanquable, — quel contrepoids? quel remède? La religion est attaquée ouvertement, ou persécutée à petit bruit et sans relâche; les institutions religieuses sont affaiblies; les fondations sont dépouillées, supprimées; mille concurrences, mille avidités demandent à vendre ce que les ordres monastiques donnaient pour rien; les lois ferment ces sources de charité que la confession et le remords ouvraient, aux approches de la dernière heure, dans les cœurs chargés de crimes. Par mille séductions, par mille dégoûts, par mille menaces, on cherche à faire du sacerdoce une carrière d'abjection, et l'on s'efforce à murer la porte de ces pieux asiles où des âmes tendres et pures voudraient se consacrer à la prière et au travail sous une règle plus forte que toutes les tentations; le missionnaire n'a plus la liberté de sa rude parole ; la sœur de Charité même n'a pas la liberté de son dévouement. Et comme une génération ne quitte pas tout d'un coup le pouvoir pour faire place à une génération nouvelle; comme d'ailleurs l'enseignement religieux manque à ces nouvelles générations, — la haine fait place au préjugé, au parti pris, à l'indifférence; les iniquités et les tyrannies se perpétuent : la religion mourrait... si elle pouvait mourir. Mais, pour la rétablir dans sa gloire, c'est-à-dire pour rendre aux peuples avilis et misérables les secours qu'elle leur prodiguait, il faut que Dieu intervienne, et qu'il pulvérise à coups de foudre les forteresses de l'impiété.

Je me trompe peut-être; mais il me semble que c'est là que nous en sommes, et ce que nous attendons. Nos pères habitaient un édifice vaste, magnifique, admirable : ils l'ont démoli pour se parquer mal à l'aise, et nous parquer après eux au milieu des décombres. La société, telle qu'elle s'était assise en France au sortir du moyen âge, offre en théorie l'idéal d'une société chrétienne et d'une société policée : tous les éléments de durée, tous les moyens de grandeur ; une liberté d'autant plus large qu'elle n'était point définie ; une autorité d'autant plus douce qu'elle s'appuyait sur les mœurs ; partout la voie ouverte au mérite, partout la protection à côté du besoin, enfin la stabilité des institutions s'accordant avec le mouvement des esprits : n'était-ce point l'apogée de la civilisation ? Il n'en reste rien : à qui la faute ? je n'accuse personne, il faudrait peut-être accuser tout le monde; ceux qui devaient protéger et perfectionner ce bel ordre ont été aussi infidèles à leur mission que ceux qui l'ont attaqué et renversé ont souvent peu compris les conséquences de leur entreprise terrible. Louis XIV lui-même a été l'indigne acteur du grand rôle que Dieu lui avait destiné. Ce n'eût pas été trop de saint Louis sur ce trône où l'amant des la Vallière et des Montespan allait faire place à l'amant des Pompadour et des Dubarry, où des révolutions vengeresses allaient faire passer sitôt et si vite, comme des ombres funestes, les Robespierre et les Barras, — pour n'y plus placer enfin qu'un fantôme, autour duquel s'agiteraient incessamment des passions folles et furieuses : terrible effet du péché, qui livre au gré des colères divines tantôt les rois à de tels peuples, et tantôt les peuples à de tels rois !

Mais aujourd'hui que faire ? Qui dira au temps : Recule de deux siècles ? Quelle main effacera l'histoire, et quelle main plus puissante changera les esprits ? Le vieil arbre est frappé dans ses racines, il ne reverdira plus. Celui qui donne aujourd'hui tant de fruits amers est défendu par de trop rudes écorces, et le souffle de quelques vains soupirs qu'exciterait le passé ne l'abattera point. Il faut donc travailler à nouveau. Qui saura se mettre à l'œuvre, et quand s'y mettra-t-on ?

Nous ne voyons accomplir que des ruines; s'il est un reste encore debout des antiques débris, c'est à le détruire entièrement que se dirigent tous les efforts. Pourtant voici bientôt le sol tout à fait déblayé; rien ne s'élève, et il faut que la société s'abrite quelque part. Où sont les ouvriers? Les hommes, depuis cinquante ans, ne se sont légué que la science des destructions, et n'ont d'autres traditions que celles des haines qui les divisent. Comment construiront-ils? On ne construit que par l'accord; et cette lyre symbolique du dieu grec, c'est l'union des citoyens. L'édifice social a son point d'appui sur les cœurs : que pourra-t-on établir de ferme sur des cœurs vides et mouvants? Quelle obéissance imposer à ces orgueilleux ? Quel repos obtenir d'un peuple qui n'a plus de consolation que dans ses rêves de révolte et de chaos ? — Il n'y a qu'un élément assez puissant pour tout vaincre; c'est la religion; il n'est qu'un ouvrier assez fort, assez hardi, assez désintéressé, assez pur, pour tout entreprendre et pour tout accomplir : c'est l'Église, sans laquelle rien ne s'est fait de beau, d'intelligent, de solide, depuis le jour où elle a inauguré, dans un bourbier semblable à celui qui nous épouvante, l'action universelle de la foi, de l'espérance et de la charité.

Laissons agir l'Église. Ou Dieu a condamné le monde, et le monde va périr, — ou l'Église saura discipliner l'excès du savoir, comme elle a discipliné l'excès de la barbarie. — Avec ces vieilles vérités, elle saura faire des choses nouvelles. L'homme qu'elle aura la tâche d'instruire, de consoler, de diriger, est le même homme qu'autrefois; les circonstances extérieures n'ont rien changé à son âme; il porte le poids des mêmes désirs, les mêmes souffrances; la même lumière doit dissiper chez lui les mêmes erreurs. Qu'importe ce progrès, faux ou réel, dont nous sommes vains? Il n'y a qu'une seule vérité d'où l'homme s'éloigne par mille routes de mensonge. Sur quelque route qu'il s'égare, — que l'Église parvienne à le tourner vers la vérité, il sera sur la voie.

Voici la charte de Dieu, où l'Église veut nous conduire, où il faut que nous arrivions si nous voulons sortir enfin de nos misères : « AIMEZ-VOUS LES UNS LES AUTRES. » Et saint Paul, développant ce précepte, y montre aussi bien le fondement de la société humaine que l'accomplissement des lois de Dieu. Je t'en conjure, ami, écoute bien :

Les commandements de Dieu, dit l'Apôtre : *Vous ne commettrez point d'adultère, Vous ne tuerez point, Vous ne convoiterez point;* et s'il a quelque autre commandement, tous sont compris dans cette parole : *Vous aimerez le prochain comme vous-même.* L'amour du prochain ne souffre pas qu'on lui fasse aucun mal, et ainsi l'amour est l'accomplissement de la loi.

C'est le fondement de toutes les théories sociales actuelles. Toutes veulent partir de là ou arriver là; tous les réformateurs et tous les rénovateurs cherchent la fraternité, c'est-à-dire l'amour.

Mais ils cherchent une fraternité en dehors de l'Évangile : ils ne la trouveront pas.

Ils ne veulent pas la chercher dans l'Évangile, parce que la fraternité évangélique est le fruit précieux d'une foule de vertus également redoutées d'eux et du monde.

Voyant donc que les hommes refusent de s'aimer de la façon que Dieu l'a prescrit, et ainsi qu'il est ordonné en ses commandements, c'est-à-dire chacun en s'abstenant de porter aux autres le dommage qu'il craindrait pour lui-même, les réformateurs cherchent d'autres moyens. Ils croient, dans la stupidité dont le Ciel frappe justement leur orgueil, que la loi divine n'est pas tout entière connue, que Dieu n'a pas su la donner une fois pour tous les temps, qu'ils suppléeront à l'œuvre incomplète du divin législateur ! Et ils veulent, par des combinaisons d'intérêt personnel, obtenir ce que Dieu n'a voulu donner qu'à la charité et à l'amour, c'est-à-dire au dévouement, c'est-à-dire à la condamnation et au mépris de cet intérêt dont ils font bassement le mobile de l'humanité.

Inutile de suivre leurs déceptions et de les discuter, ce qu'ils cherchent n'existe pas.

Le Créateur ne peut pas permettre que la créature, isolément ou en société, trouve le repos et le bonheur dans une voie autre que celle qu'il lui a tracée lui-même. La voie tracée divinement aux hommes, c'est la pratique des vertus évangéliques. Or saint Paul nous fait parfaitement comprendre qu'il n'y a dans l'Évangile qu'une vertu, qui comprend toute la loi ; celui donc qui méprise un commandement les méprise tous, et n'a point cette vertu ; il se consume vainement à la poursuite des biens qu'elle promet. L'individu peut trouver, il est vrai, quelques joies sensuelles et grossières, parce qu'en dehors de cette vie l'attend une justice à laquelle il devra répondre, et qui saura le punir ; mais la société n'a d'existence qu'ici-bas : elle est punie ici-bas. Ordre admirable, qui tout ensemble lie et sépare, distingue ce qui doit être distingué, confond ce qui doit être confondu, permet à Dieu de frapper le membre sans toucher le corps, de foudroyer le corps sans dommage pour les membres; en sorte que toute limite de responsabilité est scrupuleusement observée, et toute mesure de justice souverainement accomplie.

Dans l'état où Dieu a bien voulu nous faire vivre, chacun de nous comporte, pour ainsi dire, deux existences : l'existence privée, l'existence sociale. Le monde incline à séparer entièrement ces deux manières d'être d'un même individu : il agit comme si elles n'étaient pas soumises aux mêmes obligations, aux mêmes devoirs ; il crée une morale publique, qui permet ce que défend la morale privée. De là vient ce chaos où se débattent dans l'angoisse les sociétés humaines. Mais pour les chrétiens, mais dans la volonté de Dieu, il n'y a qu'une loi, qu'un devoir ; et le monde souffrira par jour mille morts, tant qu'il ne l'aura pas compris.

Eh bien ! encore une fois, irons-nous prendre parti dans ces misérables querelles? Irons-nous donner nos pensées, notre force, notre âme, à ces hommes qui dans leurs combinaisons oublient la loi chrétienne, et, républicains ou monarchistes, font toujours passer avant l'Église ou leur république ou leur monarchie ? Non, laissons-les se débattre, dirai-je à mes frères, et faisons parmi eux une société à part, qui les supporte, qui les aime, mais qui ne leur appartienne pas. Lorsqu'ils seront las de se déchirer, de se haïr, nous voyant doux et tranquilles et dignes de leur respect, ils viendront à nous. Tant pis pour eux s'ils n'y viennent pas, tant pis pour eux s'ils nous persécutent, parce que, nous soumettant à leurs lois dans tout ce qu'elles n'ont pas de contraire à de plus saints devoirs, nous refusons d'ailleurs d'épouser leurs vaines colères et de concourir à leurs misérables projets; tout l'effort de leurs persécutions ne peut jamais aboutir qu'à nous mieux assurer le ciel, qu'à nous y envoyer plus tôt : et qui sait? en mourant sous leurs coups nous sauverons peut-être l'avenir. Quand Dieu met le fer aux mains de ses ennemis, c'est que leur chute est prochaine. Ce sera comme aux jours de l'empire : combien y a-t-il aujourd'hui dans le monde de fervents chrétiens qui battaient des mains, hier encore, sur les gradins de l'amphithéâtre, et que voici prêts à paraître dans le cirque à présent ? Qu'on les y traîne, qu'on les y couvre d'avanies et de blessures : quel que soit leur destin, ils peuvent être tranquilles; d'autres spectateurs viendront après eux, qui auront aussi des successeurs; il en viendra encore après ces derniers..., jusqu'au jour où tous ces vaincus glorieux et obscurs, à force de défaites, se trouveront avoir triomphé. Avec le sang des martyrs, Dieu convertit les bourreaux.

Telles sont mes idées, telles sont mes espérances. La foi me les indique; elle ne défend pas d'en avoir d'autres, elle ne défend que la violence et le mensonge. Elle permet, elle ordonne les saintes rébellions de la conscience ; elle interdit celles de l'intérêt privé, de la colère, de l'orgueil. Les lois sous lesquelles nous vivons, lois d'injustice et d'impiété à beaucoup d'égards, autorisent cependant le combat contre elles-mêmes. J'userai, s'il me convient, de cette faculté, dont la religion doit le bénéfice aux mauvaises passions irritées contre elle. J'en userai légalement, je n'irai pas plus loin ; j'en userai pour des intérêts sacrés et légitimes, j'en userai pour l'ordre, et je laisserai à d'autres d'en user contre la paix. Mais, encore une fois, que j'épouse n'importe laquelle de vos passions, après que je les ai toutes répudiées..., ne me le demandez pas, je ne le puis. C'est à vous de vous haïr, de vous déchirer pour le triomphe de tant de plans misérables, dont vous ne voudrez plus dès que vous en verrez le succès ; car alors vous en verrez l'impuissance. Quant à nous, il ne nous appartient que de garder intact le dépôt sacré des croyances ; et si nous devons combattre et mourir, c'est seulement pour la gloire et l'honneur de ces croyances, qui nous ordonnent de vous aimer et de prier Dieu qu'il vous donne la prière et la paix.

LV

LA PRÉDICATION DES CHOSES

Il y a des heures d'abattement et de tristesse où toute la nature semble gémir au fond de notre cœur brisé. Ni fleurs, ni soleil, ni sourire, ni aucun spectacle agréable ne peut nous distraire de cette mélancolie. Les projets d'avenir, comme les souvenirs du passé, n'y apportent que des teintes plus sombres; toute pensée qui s'éveille dans l'âme se plaint, et tout bruit qui frappe l'oreille ressemble à l'accent d'une grande douleur ! O nature, punie par le péché de l'homme ! si tu portes le poids de mes fautes, que de fois aussi j'ai porté le poids de tes misères ! Vagues éternellement plaintives, soupirs du vent, cris aigus des pauvres créatures condamnées à la souffrance, au travail, à la guerre, à la destruction, — que de fois, en vous contemplant, je me suis senti coupable ! combien de fois je vous ai demandé pardon, et avec quelle effusion de désir j'ai prié Dieu d'abréger ma course dans la *vallée de larmes*, où tant de splendeurs ne paraissent plus que les débris d'une pourpre déchirée !

De nouveau j'étais loin, bien loin de tous ceux que j'aime; une vague inquiétude, un désir de curiosité, ou plutôt, je l'espère, un dessein de Dieu, m'avait jeté sur ce sol de douleurs, qui pouvait être un sol de bénédiction et de gloire : j'étais à Alger, seul au bord de la mer; et là, parmi cent choses nouvelles, inattendues, extraordinaires, je ne rêvais qu'à la noire tristesse de mon cœur. Quel spectacle cependant ! Je contemplais l'étendue des flots ; je voyais à gauche les murs dentelés et les minarets de la ville, à mes pieds le mouvant faubourg de Babazoun; autour de moi les collines vertes de Sahel, semées de blanches maisons; un peu plus loin, à droite, un vaste espace de la plaine de la Métidja, en vain arrosée de sang et de sueurs; les premières collines de l'Atlas s'y élevaient comme une sombre muraille, et les crêtes neigeuses des monts Jurjura, les dominant de leur hauteur sublime dans un lointain immense et magnifique, fermaient une moitié de l'horizon. Certes, la mer était bleue et douce au regard, et ne donnait rien à craindre aux petites nefs qu'elle berçait, quoique un peu de vent accrût, ce jour-là, son mouvement sur la rive; le souffle chaud de l'été promenait dans l'air toutes les suaves émanations du printemps; jamais, à l'époque où les orangers fleurissent, nos jardins de France ne m'avaient laissé respirer sous leurs beaux ombrages une plus exquise harmonie d'enivrants parfums. Comme on distingue chaque instrument dans une symphonie où leurs voix diverses forment un ensemble parfait, je reconnaissais dans ce muet concert les fleurs des champs, la senteur des haies, l'amandier, ce messager impatiemment attendu qui vient clore nos tristes hivers; le poirier, ce vieil ami d'un autre séjour, ce cher ornement du pauvre enclos où mon grand-père aimait à cultiver de modestes plantes, dont ses filles, les sœurs de ma mère (qui sont, hélas! mortes aujourd'hui; et l'une d'elles était ma marraine), se faisaient d'humbles bouquets. Je reconnaissais aussi l'oranger, qui me rappelait de moins innocentes émotions et des jours plus longtemps regrettés. Et que cette nature embaumée était belle! Çà et là, sur le versant des coteaux, dans le creux des ravins, les oliviers sauvages, les caroubiers, dont les feuilles luisantes bravent l'hiver, les lentisques frêles, odorants et gracieux, les platanes, les trembles et les saules pleureurs se couvraient d'une tendre verdure. Tous ces arbres charmants, les uns fils du sol, les autres implantés comme moi, semblaient comme moi s'arrêter immobiles, se pencher, pour songer, pour entendre et pour voir.

Sur les chemins, bordés de robustes aloès et quelquefois entièrement murés par ces immenses figuiers de Barbarie dont on ne se lasse pas de contempler le bizarre enchevêtrement, passaient des êtres aussi variés, et pour la plupart non moins étranges à mes yeux que les lieux où je me trouvais. C'étaient des Européens, serrés dans leurs vêtements étroits; des dames vêtues au dernier goût de Paris, des Juives enveloppées du sarrau antique, et traînant leurs sandales; des femmes de Malte, coiffées du petit châle aux couleurs éclatantes qui couvre toujours leurs cheveux noirs et luisants; des Mauresques masquées de leurs voiles; des Arabes enveloppés des pieds à la tête d'un ample haillon; des Kabyles à peine vêtus. Un marchand maure, gravement buché sur son chameau, dont il ne cherchait point à hâter le pas risible, paraissait à côté d'un jeune officier qui faisait caracoler son joli cheval de Tunis. Souvent, parmi ces paisibles promeneurs, passait au grand trot, dans la poussière, une ordonnance allant au camp voisin. Un détachement de cavalerie maure, après avoir battu la plaine, rentrait fatigué, mais joyeux: il rapportait, ainsi que je devais l'apprendre le soir, une demi-douzaine de têtes coupées dans une embuscade à quelques lieues d'Alger.

J'étais triste, et pourtant ce curieux spectacle me rendait, par une foule d'images mystérieuses ou frappantes, une foule de lieux connus et chéris. Le faubourg de Babazoun est un village de France; je trouvais des traits, mutilés mais encore charmants, du golfe de Naples, dans la forme des rivages que battait la mer; les neiges du Jurjura représentaient cette cime du Moléson que j'avais si souvent contemplée de ma fenêtre, à Fribourg, lorsque dans la paix de la retraite, de la prière et de l'innocence, je me promettais, hélas, de ne jamais m'arrêter qu'au seul projet de bien servir Dieu.

Je me demandais pourquoi j'étais triste, et je ne m'apercevais pas que depuis une heure, dans l'aspect de tous les objets, dans toutes les formes, dans tous les parfums, dans tous les murmures, je lisais l'histoire de mon passé..., cette histoire sombre et douloureuse pour tout homme en ce monde, et même pour les saints; car de combien de bonnes résolutions mal suivies ou tout à fait abandonnées, de combien d'erreurs, de combien de fautes et de misères n'est-elles pas remplie! Arbres, flots et montagnes, et le vent, et l'herbe, et la fleur, me parlaient de tout cela, me le reprochaient doucement.

Alger.

Eh bien! me disait la cime neigeuse, cet homme purifié par un effort des miséricordes divines, qui jurait naguère, en regardant les montagnes, de veiller à son cœur et de le maintenir inébranlable sur les chastes hauteurs de l'obéissance et de la foi, s'est-il depuis souvenu de ses serments? et, s'il s'en est souvenu, les a-t-il respectés? Quels combats a-t-il livrés pour résister à l'attrait des choses mortelles? Quel mépris a-t-il fait de la vaine gloire et des vaines espérances, et de toutes les vanités, qu'il sait pourtant si méprisables? Les bons conseils, il les a écoutés d'une oreille soumise, mais d'un cœur à demi révolté; il n'a fermé ni ses yeux ni son âme; en s'éloignant, il a fui lentement, il s'est retourné dans sa fuite, comme la femme de Loth, non pour voir brûler le lieu de ses fautes, mais pour l'embrasser d'un regard tout chargé de lâches regrets !

Je baissais la tête et je regardais la mer; et la mer me disait : Insensé! insensé ! tu joues comme moi sur l'obstacle, et tu ne le franchis qu'avec le secours de la tempête; et quand, par un grand secours que t'envoie le souffle de Dieu, tu l'as franchi, tu ne tardes pas à revenir à ton indolence première. Ce sont quelques grains de sable qui me bornent, et ce sont mille futilités qui t'arrêtent. Mais c'est la volonté de Dieu, qui retient dans leur lit mes flots prêts à tout envahir, et toi, tu combats contre l'esprit de Dieu, qui te pousse à vaincre le monde, à submerger sous les effusions de ta foi toutes les barrières que t'opposent la coutume et tes lâches désirs.

Ainsi me parlait la mer, pendant que ses flots battaient la rive, se retirant et revenant toujours sans avancer jamais.

Et les parfums, à leur tour, semblaient emprunter une voix à la brise : Peu de richesses ont passé par tes mains; mais pourtant tu n'as pas toujours été pauvre : qu'as-tu fait de tes richesses ? L'humble fleur des champs livre à tous les regards sa beauté, donne à tous les vents ses odeurs; elle ne se cache pas pour n'être vue que de ceux qui lui plaisent; elle ne se forme pas quand le vent souffle du côté de la solitude et du désert; elle n'envie point la parure de ses compagnes plus rares et plus belles, ni le lieu plus favorable où elles sont placées. Sur le bord du chemin, dans la poussière, sous les buissons épineux, parmi les grandes herbes des prairies, partout où Dieu l'a mise, elle croît, elle s'épanouit, elle est contente, elle ne demande pas un destin plus magnifique : as-tu fait ainsi ? As-tu donné généreusement tout ce que tu pouvais donner ? N'as-tu pas sacrifié au plaisir la part sacrée de l'indigence ? Plus jaloux d'être applaudi que d'être utile, n'as-tu pas réservé pour ceux qui pouvaient t'honorer d'une approbation stérile ce peu de mérite dont il fallait user pour quiconque, sans le connaître, en aurait cependant profité ? O toi ! que la grâce de Dieu avait placé parmi les pauvres, es-tu resté vraiment le frère des pauvres ? Contemplant les puissants et les riches, n'as-tu senti pour eux que de l'amour, et point de haine ? que de la pitié lorsqu'ils s'égarent, et point d'envie ? Lorsque la tige si frêle a pris quelque force, lorsque la lumière de Dieu a prêté quelque éclat aux pâles fleurs de ton esprit et leur a fait répandre quelque bonne odeur, en as-tu renvoyé la gloire à Dieu seul, évitant l'orgueil d'un bien qui ne t'appartenait pas ?...

A toutes ces pensées, je gardais le silence; mon cœur m'abandonnait; je n'osais plus lever les yeux vers le ciel. — Et pourtant, semblait reprendre l'arbre qui avait fleuri dans le pauvre jardin de mon aïeul, et pourtant que de bons exemples t'ont été donnés ! As-tu donc oublié ceux de qui tu sors, et perdu le souvenir de leurs vertus ? Tu as vu ces âmes simples et rudes contentes dans le labeur, résignées dans l'infortune, et généreuses encore au milieu de la misère et des privations. Ta mémoire a gardé quelques vers des chansons qui étaient la seule joie de leur travail, et tu sais maintenant ce que leur coûtait ce morceau de pain noir qu'ils savaient toujours partager au mendiant. Par quel prodige le chrétien inondé de faveurs et de lumière a-t-il moins d'âme et moins de vertu que l'indigent sous le poids de l'ignorance et du besoin?

L'oranger me disait : Ces parfums que je t'envoie, tu te les rappelles. Jadis, en d'autres lieux, ils ont bercé dans ton cœur les funestes songes et l'orgueil de la vie. Sous des ombrages embellis par l'art et la richesse, fréquentés par les mortels les plus fiers et les plus heureux, tu t'abandonnais à l'égoïsme de tous les désirs, et tu rabaissais le spectacle saint de la nature à n'être plus qu'une de tes misérables voluptés! Tu t'en souviens! et pour cela fais-tu pénitence? Demandes-tu seulement pardon à Dieu de l'usage coupable où tu réduisais tant de choses créées par lui?

Chrétien! semblait à son tour crier la foule des passants, par où te distingues-tu de tant d'impies et de tant d'infidèles à qui Dieu n'a pas fait les mêmes grâces qu'à toi? Comment te montres-tu plus réconnaissant que tant de misérables qu'il semble abandonner à l'immensité de leurs maux? Quels biens te voyons-nous poursuivre autres que tous ceux qui nous tentent? Comment pouvons-nous voir en toi une âme que Dieu a voulu sortir de nos ténèbres, un cœur qu'il a pris la peine de transformer?

O mon Dieu! sous le poids de ces reproches et de ces anathèmes, que je me sentis indigne de vos miséricordes, et que je compris bien la profondeur incalculable de mon abaissement! Mais vous me frappez..., donc vous songez à moi; vous ordonnez que je me relève. Je me relève, Seigneur, et j'embrasse mes devoirs. Cependant aidez-moi toujours par ces coups et par ces menaces qui ont commencé ma conversion. Il faut que je sois sous le fléau, sous la meule, et que je m'épure au feu.

Et vous qui m'avez parlé, choses en apparence insensibles, — et pourtant saintes, car vous êtes les œuvres de mon Créateur, et vous ne l'offensez point, — ô vents, ô mer, ô feuillages, ô merveilles! parlez-moi toujours; épouvantez le coupable de la même voix dont vous charmez les saints!

LVI

INSTRUCTION FAMILIÈRE

A E. L***, mon très cher ami, que Dieu le reçoive en grâce! — Je viens, sans que vous m'ayez appelé, vous parler de choses auxquelles vous ne pensez pas, auxquelles vous refusez de penser peut-être. Vous savez que je veux servir Dieu, que c'est l'emploi de ma vie, mon but souverain, devant lequel tout autre s'efface et n'est point considéré; cependant, quand je vous vois, le monde est la seule matière de toutes nos causeries; et, s'il faut le dire, je me plais trop au sel que votre gracieux esprit y répand. Je me reproche ces entretiens d'où, malgré moi, Dieu s'absente, et où je ne songe pas à le rappeler. Souffrez donc, mon ami, que je vous occupe au moins une fois des grandes pensées que vous me faites négliger. Si je suis indiscret, pardonnez-le-moi, pour tant de prières où vous avez place, et dont je ne vous dis rien; pardonnez-le-moi, car c'est une mission que je dois remplir : il nous est ordonné d'exhorter nos frères, de les presser à temps et à contre-temps. Vous voyez donc, je suis en règle; et je n'y serais pas que je me sentirais tranquille encore, sachant quelle bonne amitié plaidera pour mon zèle au fond de votre cœur.

Je le connais délicat, noble et tendre, ce cœur; j'incline à penser qu'il n'a pas d'objection contre la foi dans ce qu'elle prescrit de plus dur à la masse des hommes, et que tout obstacle vient de votre raison, troublée par les jugements du monde. C'est à votre raison que je vais m'adresser. Comme tant d'autres, vous vous êtes laissé prévenir en gros contre les dogmes, contre les mystères. Tout cela vous a paru ténébreux, extravagant et mensonger peut-être; et, sans vous enquérir davantage des fondements d'une croyance dont la foule des parleurs aime d'ailleurs à dire qu'*elle a fait son temps*, laissant là ces obscurités, ces disputes, vous avez donné votre intelligence et vos jours à la religion plus claire de vos goûts, qui sont élevés et calmes, et de vos plaisirs, où les plus rogues professeurs de la morale courante n'auraient rien à blâmer. Si tout ne succède pas, dans le cours de la vie, au gré de vos projets et de vos vœux; si la réalité est moins belle que le désir; si la fatigue est dans les fêtes, si le vide est dans la satiété; si même à l'écart des tempêtes, et loin du soleil des ardentes passions, la couronne d'illusions se fane cependant sur votre front paisible, et si vous en comptez les fleurs en les voyant, feuille à feuille, tomber à vos pieds, cela, quand vous daignez y songer, vous paraît l'ordinaire accident de l'existence; quelque chose de triste sans doute, mais enfin sans remède, — sauf un seul, dont vous usez, qui est de ne pas s'y arrêter, de poursuivre, de rêver, de dormir jusqu'à la mort, qui viendra peut-être tout terminer demain. — Jaser là-dessus est affaire aux philosophes, qui vous semblent, autant qu'il vous plaît d'en juger, n'y pas connaître grand'chose; qui peuvent bien, dites-vous, avoir de la science, mais qui plus certainement délayent un jargon barbare, où vous ne consentirez jamais à reconnaître le digne vêtement de la vérité. — Quant aux philosophes, à leur science et à leur jargon, qu'un autre les défende, mon ami; je n'y aime et n'y entends rien, non plus que vous. Mais néanmoins cette indifférence est-elle digne de votre âme et de votre pensée? Si l'on vous pressait sur ce chapitre, ne trouveriez-vous pas bien étrange que, vous occupant de vingt études et de mille curiosités, vous n'ayez jamais eu la curiosité de vous étudier un peu vous-même; que, vivant avec vous, et même (comme tout le monde) à peu près uniquement pour vous, vous vous soyez cependant accepté, autant dire, comme vous feriez d'un compagnon de diligence, de qui l'on désire ne savoir ni d'où il vient, ni en quels lieux il se rend, si sa conduite est réglée par des principes sûrs ou incertains, s'il est galant homme ou non, s'il est fou, s'il est sage, rien enfin; à qui l'on demande seulement de n'être point incommode, et qu'on se plie à supporter, s'il gêne, sans entreprendre de le corriger? Plus particulièrement encore, ne seriez-vous pas étonné d'être homme d'honneur sans savoir ce que c'est au fond que l'honneur, ni aucune des vertus que vous aimez, et pourquoi il se rencontre tant de gens qui n'offrent pas la moindre trace de ces vertus, tandis que vous en avez vu d'autres qui les ont, et qui les pratiquent à un degré excellent? Pourriez-vous sans surprise approfondir pourquoi vous estimez et recherchez ces derniers, pourquoi vous méprisez et repoussez les autres, souvent plus agréables dans leurs propos et plus gais compagnons? — Vous prêtez, dans vos moments perdus, une certaine attention aux faits de la politique; vous avez dit, avec moi, que le monde paraissait jouer à colin-maillard au milieu de tous les fléaux possibles... Et vous ne vous êtes point demandé quel bandeau couvre ses yeux, ni pourquoi il ne l'arrache pas! Dans ce dédale de tant de problèmes qui vous frappent malgré vous, quel problème n'êtes-vous pas vous-même, de n'en vouloir résoudre aucun, — et de ne pas seulement l'entreprendre, sous le prétexte que le style des philosophes actuels est par trop mauvais! — Convenez que cela n'est pas à la mesure de votre intelligence, et que vous mériteriez bien votre petite part des fines railleries que vous distribuez à tous ces philosophes (ineptes, j'en conviens, pour le plus grand nombre), de ne prétendre, en les raillant, qu'à mieux tourner une phrase et mieux goûter un bon auteur. Non, cet abandon n'est permis à personne, et moins encore aux esprits de trempe et de choix. Ce n'est pas seulement un soin de dignité qui vous défend de dormir ainsi dans l'ignorance de votre âme et des besoins du monde; c'est Dieu même qui ne le veut pas. Écoutez-moi, je vous parle au nom d'une religion qui vous impose le devoir méconnu de vous étudier, de vous connaître, de connaître Dieu et de le servir; elle vous l'impose absolument, elle n'admet ni excuse ni retard; et je vous annonce, en son nom, qu'elle prétend sur votre vie, sur vos œuvres et sur votre amour, que vous ne lui échapperez point, dussiez-vous la fuir jusqu'à votre dernière heure; qu'elle vous saisira quand vous aurez franchi le seuil de la vie pour entrer dans l'éternité, et que dans cette éternité suprême elle jugera sévèrement vos refus, et les jugera pour l'éternité.

Apprenez donc à connaître Dieu; par là vous apprendrez à vous connaître vous-même. Connaissant Dieu, vous voudrez le servir, et vous en posséderez le moyen. C'est la religion.

Mais cette religion vous propose à croire sur Dieu des choses incompréhensibles, dites-vous; et dès l'abord vous vous trouverez ainsi dégagé de toute obligation. La religion ne se peut comprendre, donc nul n'est tenu de l'embrasser; donc, logiquement, elle n'est pas.

Je dis aussi que Dieu est incompréhensible, et je conclus, vous le savez, tout autrement que vous. Il faut donc nous entendre sur ce mot.

Vous comprenez que ce qui est *incompréhensible* n'est pas. Vous niez-vous donc vous-même, parce que vous ne vous comprenez point? Prenez garde que je ne fais pas ici de puériles subtilités de mots. Vous ne vous comprenez point : vous avez des besoins qui sont des mystères incompréhensibles, et cependant manifestes; que vous ne sauriez expliquer, mais que vous savez très bien entendre; que vous cherchez à satisfaire, et qui deviennent la règle de mille actions, de mille pratiques, accomplies avec un soin scrupuleux, je dirai presque superstitieux. J'en pourrais faire un long détail, je ne vous cite que le besoin d'aimer; et si vous trouvez à celui-là des raisons d'organisation physique (raisons, quant à moi, que je contesterais fort), je vous citerai encore le besoin d'apprendre, et celui de croire, le plus étrange de tous. Réfléchissez-y, voyez ce qu'il vous commande : le comprenez-vous? le niez-vous? Eh bien! si les mystères incompréhensibles de la religion sont cependant manifestes et palpables en quelque sorte, comme les mystères incompréhensibles de votre âme; si, ne les pouvant pénétrer, vous pouvez encore moins nier qu'ils existent, qu'ils *sont;* et si votre raison en a des preuves dans le monde entier, mais surtout en vous-même, nos devoirs envers Dieu, source et but de tous ces mystères (devoirs très compréhensibles d'ailleurs), ne naissent-ils pas de là, et de là aussi la religion?

Il est un premier point que vous admettez : c'est l'existence de Dieu. Je veux vous montrer que la doctrine catholique est une conséquence droite et rigoureuse de l'existence de Dieu. Nombre de pieux et célèbres écrivains dont vous ne contesterez ni la science ni la vertu, et dont vous aimez certainement le style, ont fait, mieux qu'il me sera possible, ce que j'entreprends. Mais vous lirez peut-être une lettre amicale, tandis que vous refuseriez, comme tant d'autres en ces jours-ci, de lire, malgré leur génie, les beaux traités qu'ont écrit ces grands hommes. Leurs titres de prêtres et d'évêques effrayent encore plus que leur talent sublime n'attire et ne séduit. On redoute, on hait aujourd'hui la voix de l'Église ; et que n'êtes-vous chrétien, pour entendre quel effrayant et compréhensible prodige est celui-là !

Quiconque admet l'existence de Dieu admet l'existence d'un être surnaturel, au delà, si l'on peut s'exprimer ainsi, du surnaturel même, et admet donc, par ce seul fait, la possibilité de tous les miracles et la nécessité de tous les mystères. L'être surnaturel se manifeste surnaturellement, et il est simple que pour le connaître nous soyons obligés de nous élever hors des choses que nous voyons, hors des choses que nous pouvons. Lorsque nous obtenons quelque connaissance de lui, c'est un miracle qu'il fait en notre faveur. Prononcer son nom seulement, c'est déjà une grâce qui nous est accordée ; ce grand nom est un premier miracle, qui facilite l'intelligence de tous les autres. Car qui a pu donner aux hommes l'idée de Dieu, si ce n'est la volonté même et le pouvoir de Dieu? Je n'ai pas besoin de m'étendre ici ; vous savez que cette idée n'est pas le fait d'un homme : on ne connaît pas l'inventeur de Dieu ; elle n'est pas la croyance d'un peuple, tous les peuples l'ont eue. La révélation de Dieu, prouvée par le témoignage universel du genre humain, constate à son tour l'unité de la race humaine, et justifie ainsi l'autorité de la Bible d'une de ces démonstrations scientifiques et écrasantes que le savoir, malgré qu'il en ait, sera bien forcé de lui fournir en tout et partout.

On admet que Dieu existe ; on admet donc qu'il a créé le monde ; on admet donc qu'il l'a créé de rien ; car quelque hypothèse que l'on fasse à cet égard, — que Dieu ait formé le monde spontanément, ou qu'il ait d'abord formé la matière, pour l'organiser ensuite en un plus ou moins grand nombre de siècles ou de jours, ou qu'il ait jusqu'à un certain point laissé la matière s'organiser elle-même, après y avoir semé les germes et lui avoir donné l'impulsion, — toujours faut-il que la matière, le germe, l'ordre, l'impulsion, qui se révèlent en toutes choses d'une manière si éclatante, si belle, si irréfragable, toujours faut-il que tout cela ait été créé, créé de rien.

Dieu a pu faire cet ouvrage, il l'a fait, et, après l'avoir fait, il y a placé l'homme. Où mettrons-nous maintenant les bornes de sa puissance? Qu'avons-nous à objecter contre le possible de la sainte Trinité, contre l'incarnation du Verbe, contre la chute, contre la Rédemption, contre la vie éternelle, contre l'enfer, contre le paradis, enfin contre la révélation développée, qui nous apprend ces choses ; et ce qu'est Dieu, et ce que nous sommes, et notre dépendance à son égard? Rien de tout cela ne reste impossible ; mais plus cela est haut, et naturellement inimaginable à l'homme, plus éclate la certitude d'une révélation qui l'en a instruit. Dieu, qui a créé l'homme comme toutes choses, mais qui, lui donnant de l'intelligence, a par là révélé la créature à elle-même, et lui a donné l'impérieux instinct de ses devoirs envers le Créateur, ne l'a pas sans doute abandonnée avec cet instinct à la recherche d'un créateur, qu'elle n'aurait pu imaginer, puisqu'elle ne peut rien faire de ce qu'il a fait. Dieu s'est donc révélé. Ainsi, la connaissance de Dieu, c'est la science de Dieu lui-même. Qu'avons-nous à objecter contre la science de Dieu?

Allons plus avant : Dieu nous a créés à son image. Dans une image si inférieure, et encore dégradée par le péché, qui est en nous et qui n'est pas en Dieu, cherchons quelques linéaments de cette ressemblance auguste. Je ne parle ici, vous le concevez, que de l'homme immatériel.

Sans pouvoir l'exprimer peut-être, nous avons des preuves, et je ne sais quelle connaissance intérieure de la sainte Trinité. Nous trouvons en nous, en une seule âme, en un seul sentiment, la volonté, l'intelligence, l'amour. Eh bien! ce qui en nous est obscur et confus, est en Dieu à l'état de perfection souveraine, *infinie* : pesez ce mot, qui est le mot de Dieu. La Volonté est créatrice et peut tout; l'Intelligence est sans bornes et sait tout; elle se sait elle-même, degré de lumière où n'arrive pas l'intelligence humaine, qui tout au plus se devine et ne fait que s'apercevoir; l'Amour est sans réserve, il pardonne tout, il accorde tout; — et ces trois qualités suprêmes se confondent en une essence sublime, qui est Dieu. L'état de Dieu dans le ciel, son œuvre de chaque instant et de l'éternité, là-haut, sont inénarrables; mais nous voyons ici qu'il conserve le monde après l'avoir créé; qu'il le gouverne, sans que nous puissions le détruire, à travers des crimes dont nous répondrons; qu'il prépare enfin de toute éternité, comme il saura maintenir dans l'éternité tout entière, l'éternelle félicité des saints, but final que Dieu nous inspire de poursuivre sans cesse, et qu'il s'est lui-même proposé.

Ainsi nous comprenons un pouvoir surnaturel, qui conçoit, veut et crée; qui règle, maintient et ordonne; qui récompense, punit par conséquent, et termine : c'est Dieu, Père, Fils, et Saint-Esprit : trois manifestations distinctes, toutes-puissantes dans une seule intelligence; trois personnes dans un seul Dieu.

Ces trois personnes sont égales et coéternelles, car Dieu n'a pu être un seul instant imparfait; il n'a pas eu à se compléter; il n'a jamais en rien été inférieur à lui-même. Il n'a jamais été sans sa puissance, sans son intelligence, sans son amour. Il a eu de toute éternité toute sa force, toute sa tendresse et tous ses desseins. Il ne lui est pas venu un jour l'idée de faire le monde, un autre jour l'idée de former et d'animer l'homme, un autre jour l'idée de s'incarner, pour souffrir et racheter par ses souffrances l'homme déchu. Il a voulu tout cela de tout temps, et, au moment qu'il s'était marqué, il l'a fait. On peut dire que, dans sa pensée, le monde et l'homme sont incréés et éternels comme lui, quoique l'un et l'autre aient été faits et doivent périr. Quant à l'opportunité de son action manifeste et visible, il ne nous convient pas de demander pourquoi le moment choisi arrive plus tôt ou plus tard. Ce serait puéril : cette connaissance n'importe nullement à notre bonheur ici-bas, ni à notre salut éternel. Dieu sans doute peut bien avoir des secrets que nous ne connaissons pas; il ne nous doit aucun compte de ses volontés. Ce qu'il nous permet d'en découvrir est grâce pure qu'il nous fait.

Nous lisons dans notre symbole que le Fils de Dieu, personne de la très sainte Trinité devenue visible et palpable dans un but de miséricorde, est engendré, non fait, *genitum, non factum,* pour exprimer qu'il existait avant de naître sur la terre, et constater notre inébranlable croyance en sa divinité. Engendré, non fait, car il est Dieu de toute éternité. Sa naissance *pour nous,* hommes, date du jour où il est apparu ici-bas, afin de nous sauver.

Or comment Dieu a-t-il incarné ce Fils, par lequel il a sauvé le monde? Comme il a créé le monde, c'est-à-dire par un acte tout-puissant de sa volonté. Il a dit au monde une parole de bonté merveilleuse; il a fait un miracle d'amour aussi grand par-dessus les miracles de la puissance que ces miracles sont eux-mêmes au-dessus des œuvres de l'homme, et cette parole immortelle nous a fait voir désormais en Dieu, à la place d'un maître irrité, un père tout rempli de clémence et de miséricorde. Il était le juge du monde, il en est devenu le Sauveur compatissant; il n'a point changé pour cela. Sa miséricorde était en lui comme sa justice. Seulement il manifestait hier sa justice, et c'est sa miséricorde qu'il manifeste aujourd'hui.

La bienheureuse et très pure vierge Marie a porté dans ses flancs chastes et bénis le Verbe Dieu fait homme; mais elle n'a point été épouse et mère dans le sens borné que l'ignorance grossière pourrait attacher à ces mots. Elle a été l'épouse du Saint-Esprit : elle a conçu, elle a enfanté, elle a allaité, elle est restée vierge, par la volonté paternelle et suprême qui accomplissait en elle cette œuvre de salut. Une parole descend sur elle : la voilà mère; elle ne cesse pas d'être pure. Ce mystère ineffable inspire au grand évêque d'Hippone deux mots... qui foudroient tous les doutes, et ne laissent plus dans l'esprit qu'une lumière du ciel : Si un Dieu devait naître, il ne pouvait naître que d'une vierge; si une vierge devait enfanter, elle ne pouvait enfanter qu'un Dieu [1].

Oui, un Dieu devait naître! — Le Créateur, dans le secret d'une tendresse dont le prince des anges fut jaloux, fit à l'homme, lorsqu'il l'anima, le don sublime de la liberté. C'était la condition de l'amour

[1] Le plan et quelques idées premières de cette lettre, il est peut-être à propos d'en avertir ici, ont été tracés en Afrique, après une conversation où l'on désirait donner à un jeune musulman d'Alger une idée approximative de la religion chrétienne, — que les Maures, même ceux qui nous fréquentent et qui parlent français, n'ont pas encore appris à connaître depuis douze ans que nous vivons au milieu d'eux, les prêtres n'osant le faire, et les laïques, à qui l'on ne saurait le défendre, ne le sachant pas, n'y songeant pas, ou même ne le voulant point. Double honte pour la France de nos jours : elle n'enseigne pas aux infidèles vaincus la religion de Jésus-Christ; et ce qu'un chrétien voulait en apprendre a un musulman d'Alger se trouve tout aussi nouveau, tout aussi inconnu pour un lettré de Paris! Il faut chercher les mêmes preuves, et il en faut de plus nombreuses; il faut faire les mêmes raisonnements, justifier de la même façon les plus adorables mystères. Et bien heureux serions-nous si les lettrés de Paris se montraient aussi simples, aussi naturellement religieux que l'était le musulman d'Alger, Ahmed-Ben-Bou-Gandoura, qui écoutait avec respect, et qui admirait pieusement. (*Note de l'auteur,* 1re *édition.*)

intelligent qu'il voulait en obtenir, et sans lequel la création n'aurait point offert de but. En lui donnant cette liberté, il élevait la créature si haut, qu'il en faisait en quelque sorte son égale, puisqu'il lui permettait ainsi d'éprouver un amour qu'il accepterait en échange du sien... Je prie Dieu d'affermir mon esprit; car ces pensées, lorsqu'elles passent devant la pauvre intelligence humaine, l'éblouissent : comment dire ce que l'on voit dans ces éclairs? la nuit revient, et l'on sait seulement qu'on a vu! — Dieu, formant l'homme, l'aimait donc par un acte éternel de sa toute bonté, et voulait que l'homme, à son tour, l'aimât par le conseil libre et souverain de son intelligence et de la volonté dont il l'investissait. Mais par là aussi, Dieu, obéissant aux lois immuables promulguées dans sa sagesse avant l'origine des temps, faisait l'homme faillible et punissable. L'intelligence et la volonté, attributs magnifiques, attributs divins, concédés à la créature pour lui faciliter l'unique et douce obligation de l'obéissance et de l'amour, devaient nécessairement imprimer à sa révolte un caractère d'offense formidable. Il fallait que cette révolte l'éloignât de Dieu autant que la soumission l'en rapprochait, et que, comme l'homme avait l'éternité du ciel pour récompense, il eût pour châtiment l'éternité de l'abîme. L'ouvrier brise ou jette à l'écart, sans colère, l'instrument qui, après avoir coûté de longs soins, ne remplit pas son but; il oublie cette œuvre morte : il l'avait façonnée de ses mains, non pas de son sang et de son âme, pour s'en servir, non pas pour en être aimé. Mais le père maudit son fils qu'il aime, quand ce fils ingrat, après avoir reçu de lui mille preuves de tendresse, lui refuse son amour et son respect. Il le maudit, il ne l'oublie pas; il le maudit parce qu'il l'a aimé, parce qu'il l'aime encore, et l'offense qui subsiste dans son amour blessé fait subsister sa malédiction. Il le frappe sans cesse, lui refusant sa vue et ses secours; il le frappe jusqu'en sa postérité, le rejetant et le privant de son héritage..., peut-être dans un secret dessein de l'exciter au repentir, afin de pouvoir pardonner. L'homme fut ce mauvais fils, et Dieu, si ce n'est point un crime qu'une comparaison semblable, fut ce père irrité. L'homme, qui pouvait ne point faillir, usa de sa liberté pour la désobéissance; il fut puni. Le voilà sous le poids de la vengeance céleste; le voilà soumis à la mort; et la mort et le péché sortent de ses flancs avec le troupeau lamentable des générations. Comment se relèvera-t-il de cet anathème? Il ne s'en relèvera pas! Ni sa raison, ni sa science, ni sa volonté, ni la terre qu'il possède, ni la puissance de son bras, ni l'effort de son cœur, rien ne peut détruire son crime, et tout ne peut, au contraire, que l'aggraver. Mais il lui reste ses souffrances et la pitié de Dieu! Bénissons la colère implacable du Seigneur : il frappait toujours, il se souvenait donc, et voici qu'il pardonne! Sa justice attend encore une satisfaction que l'homme ne peut donner; sa clémence va la fournir. Il enverra sa victime sans tache, qui saura tant aimer, tant obéir, et qui souffrira tant, quoique innocente, qu'elle pourra, par le prix *infini* de ses mérites et par l'infinité de ses douleurs, racheter l'homme coupable, le rétablir dans ses privilèges originaires, qu'il a perdus. Quel sera ce rédempteur? d'où viendra-t-il? S'il sortait de l'homme, il ne serait pas assez pur : l'homme n'enfante que le péché! et cependant, s'il n'est point homme, à quel titre pourra-t-il souffrir comme homme, et satisfaire au nom de l'humanité?... Pour remplir ce but céleste, pour porter ce fardeau terrible, pour être digne d'aimer Dieu dans ses splendeurs, pour consentir, en vue peut-être des saints qui sortiraient de la loi nouvelle, à aimer l'homme dans sa dégradation présente, — certes, un Dieu devait naître.

Un Dieu! En est-il donc plusieurs? Y a-t-il un Dieu qui hait et se venge, un autre qui aime et qui pardonne? Ou bien va-t-il se former un Dieu nouveau et inférieur, destiné à souffrir pour contenter la justice du Dieu éternel encore irrité? — Ainsi l'incrédule et le faux sage vont chercher, dans les abîmes les plus honteux de la folie et de la déraison, des blasphèmes pour nier l'amour du Créateur et la gloire de l'humanité. — Le Dieu qui devait naître, et qui est né, était le Dieu unique, tout-puissant et éternel. Il est né, ou plutôt il s'est incarné dans le sein d'une vierge, fille sainte et sans péché dès l'instant de sa conception, lavée elle-même, par le prodige d'une autre grâce, de la tache originelle imposée à la descendance d'Adam. Le Verbe de Dieu contracte avec l'humanité déchue une alliance nouvelle et plus étroite; Dieu pardonne en père et pardonne en Dieu, rendant à l'humanité plus qu'elle n'avait perdu; et si l'on s'inquiète d'où vient que la race de l'homme n'a pas été anéantie dans la personne du premier pécheur, voici pourquoi : c'est qu'au fond des secrets de l'amour divin elle était réservée à cette gloire inénarrable de produire Marie, et d'être, par Marie, parente de Jésus! — Jésus! ô grâce du Seigneur, ô splendeur du ciel, ô miracle des miracles, ô mon Dieu, ô mon âme! J'ai prononcé le nom de Jésus! ma voix s'éteint dans les larmes... J'ai prononcé le nom de Jésus, je l'ai prononcé dans une langue que parle aussi celui qui m'écoute, — et je n'ai pas tout dit! et nous ne sommes pas prosternés tous les deux en prière, en pleurs, en transports de foi, en extase de reconnaissance et d'amour!

Mon frère, vous n'en êtes pas moins racheté si vous voulez l'être. Jésus, Fils de Dieu, né de Marie, Verbe divin fait chair pour paraître dans le monde, afin de le sauver et de l'éclairer; Jésus, vrai Dieu, coexistant et coéternel avec le Père et le Saint-Esprit, vrai homme, revêtu de notre chair, et souffrant dans cette chair toutes nos douleurs; Jésus, votre créateur; Jésus, votre rédempteur; Jésus, Dieu tout-puissant, qui s'est soumis pour vous à la vie du monde, aux souffrances et à la mort; Jésus, par cette vie, par ces souffrances, par cette mort, vous a fait un don qui ne peut périr, qui vous a été donné déjà, que vous avez méprisé, qui vous est offert encore, et qui vous attend toujours. Fils rebelle, votre père vous a tant aimé, qu'il semble, malgré sa toute-puissance, ne plus pouvoir que vous aimer encore; il vous a tant pardonné, qu'on croirait qu'il refuse et qu'il redoute de punir. Vous vivez dans l'enivrement de vos longues offenses, il ne vous frappe pas; il attend. Vous l'oubliez, il se rappelle à vous. Il va, parmi vos tendres amis, en chercher un qui le connaisse, et lui inspire doucement de vous parler de lui. — Toi, me dit-il, à qui j'ai fait grâce, et qui sais ce que vaut mon amour, va dire à ton frère que je l'aime, tandis qu'il m'oublie; va lui dire qu'il se repente, qu'il le peut maintenant, et qu'il ne sait pas s'il en sera temps encore plus tard. Peins-lui comme tu le pourras les merveilles de ma tendresse, qu'il sentira plus douces et plus belles dans son cœur; presse-le par sa raison, par sa dignité, par son bonheur ici-bas, par son éternité dans l'autre vie; presse-le par tes prières, afin qu'un jour aussi il prie pour toi.

N'en doutez point; ce n'est point une forme du langage, et il est vrai que c'est Dieu qui m'ordonne de venir à vous. Il est vrai que vous l'avez offensé, vrai qu'il ne veut pas que vous l'offensiez, que vous l'ignoriez davantage, vrai qu'il est prêt à vous pardonner. Il est vrai que tous les jours il naît et meurt dans le sacrifice de l'autel, pour racheter incessamment les crimes du monde, et les vôtres en particulier; il est vrai que l'homme, tombant sans cesse dans la disgrâce du Seigneur, sans cesse aussi, par le mérite du sang divin répandu sur la terre comme l'eau des cieux, est rétabli dans son amour. Qu'avez-vous à faire? Quelle que soit l'ignorance où vous ait laissé votre éducation, où vous ait enfoncé le monde, vous le savez cependant, car (et c'est encore un miracle) tout homme en est averti. De ce libre arbitre, conservé à l'homme et visible en toutes choses, comme en toutes choses aussi est visible la Providence de Dieu, si le mal peut sortir, le repentir aussi peut naître, et élever une voix aux accents de laquelle Dieu n'est jamais sourd. — Repentez-vous, c'est là ce que vous avez à faire; suivez l'attrait de votre cœur, qui vous le conseille; suivez l'attrait de la grâce, qui vous y invite, car il est impossible que vous n'ayez point senti le désir d'aimer Dieu; suivez, dirai-je encore, l'enseignement de votre péché lui-même, puisque vous n'êtes pas de ceux que le courroux céleste a condamnés à l'odieuse joie du mal. Je ne connais point les secrets de votre âme; mais vous êtes pécheur, donc, en dépit de toutes les apparences, vous êtes malheureux. Vous avez cherché des plaisirs, ce que le monde appelle d'honnêtes plaisirs, donc vous avez trouvé des amertumes; et pourquoi cela? Vous en avez accusé le monde, et la vie et le *destin!* O pauvre frère, recevez les vérités que je vous annonce, et bénissez Dieu de la douleur qu'il attache au péché, afin que cette mauvaise et sombre douleur vous arrête pourtant dans la poursuite des ivresses humaines, vous fasse douter des promesses de la vie, vous fasse songer à votre âme, vous fasse chercher une autre voie, et vous mène enfin à la véritable douleur, à la sainte angoisse, qui n'est plus une pénitence, mais une grâce; à la radieuse affection du repentir, qui est accablante, qui est terrible, et cependant qui est pleine d'espérance et de paix. Repentez-vous, faites pénitence et soyez sauvé.

Mais, pensez-vous encore, peut-être plus épouvanté que consolé des prodiges de Dieu! après tant de choses que le souverain Maître de tout a faites pour moi, qui m'assure que mon repentir suffira, et qu'ayant méprisé ces miracles d'amour, je ne suis point irrémissiblement condamné? — Qui vous l'assure? C'est Dieu, c'est son Église, aux mains de laquelle il a remis les clefs de l'éternité bienheureuse. Ce que je viens de dire des immenses tendresses de la Divinité pour vous, c'est le faible crayon et l'ombre d'une parcelle des enseignements de l'Église catholique. Je ne vous ai rien dit d'elle-même, et de son pouvoir, je ne vous en dirai rien : la tâche n'est pas à ma mesure. Faible écho de quelques-unes des adorables vérités qu'elle a mission de proclamer, je ne saurais vous exposer, même en abrégé, comment, par des règles divines comme ces vérités d'où elle les tire, elle embrasse toute la vie, tous les besoins, toutes les inquiétudes, toutes les misères de l'homme et de son âme, dans un réseau de merveilles, de consolations, de secours et de lumières, qui ne laisse sans sauvegarde aucune de nos faiblesses, et sans satisfaction aucune de nos pensées. Concevez seulement que, Dieu ne voulant pas rester visiblement et corporellement parmi nous, afin que nous puissions avoir le libre mérite de la foi, de l'obéissance et de l'amour, il a dû instituer sur la terre, pour y enseigner sa loi, pour y représenter sa puissance, pour soutenir et guider l'esprit de l'homme parmi tant de mystères, et pour relever son âme toujours abattue sous tant de péchés, un pouvoir de science et de sainteté, une magistrature paternelle, suprême, infaillible, qui tiendrait sa place, qui lierait et délierait sur la terre et dans les cieux. Ce corps miraculeux et impérissable, c'est l'Église. Comme Jésus, elle est divine et humaine; elle a la lumière, elle a le pardon, elle a la vie. Comme une autre Marie, elle est, sur la terre, l'épouse fidèle de Dieu, dont elle est aussi la fille, et c'est en elle qu'enfants du mal par nos crimes, nous renaissons enfants de Dieu.

Je m'arrête; je crains, — et peut-être déjà ce malheur m'est-il arrivé, — qu'à force de chercher, pour vous instruire, des similitudes aux choses de Dieu dans les choses mortelles, je n'affaiblisse la hauteur des mystères dont j'ai voulu parler. Quelle présomption détestable à l'homme de vouloir tout comprendre en Dieu, comme s'il était Dieu lui-même, et de ne consentir en quelque sorte à reconnaître son Créateur qu'autant qu'il s'égale à lui! Tous les jours cependant nous lui faisons cette injure, et nous ne la faisons pas à un nombre infini des objets de sa création qui passent sous nos yeux, dont notre esprit reconnaît l'existence, auxquels il se soumet sans se mettre en peine de les expliquer. Que Dieu me pardonne de téméraires regards : ce n'est pas pour satisfaire ma curiosité que j'arrête ainsi ma vue sur l'abîme radieux de ses desseins et de son insondable profondeur. J'ose le dire, j'ai cru sans voir; j'ai compris seulement que je ne pouvais pas comprendre, et que mon Créateur, offensé au delà de toute mesure, me pardonnait au delà du possible. C'est par la faiblesse de mon âme, et non par la force de mon esprit, que j'ai connu Dieu. J'adore les mystères de sa loi sainte; j'ai peu désiré de les pénétrer, et je ne le souhaite plus. J'adore en eux un honneur que Dieu fait lui-même à ma raison. Je le remercie de daigner me demander de la foi; je sens digne de lui et de sa charité que nous ne le comprenions pas. Sa loi nous semblerait moins respectable si nous en avions le secret tout entier. Si l'homme pouvait expliquer Dieu, il croirait aisément qu'il a pu l'inventer : et je trouve plus glorieux d'être aimé de l'infini dans ma petitesse, que de pouvoir dans cette petitesse mesurer l'infini.

Vous, mon ami, lisez cependant cette esquisse imparfaite, ce faible aperçu de quelques-unes des vérités que vous devez croire, et que le malheur du temps me condamne à vous développer avec trop peu de science et de respect. Peut-être maintenant n'écouteriez-vous pas un enseignement meilleur, et c'est là-dessus que je compte pour obtenir de Dieu le pardon de mon audace. — Si mon langage est trop clair et rabaisse trop ces matières élevées, si la pauvreté de mon esprit n'a point su vous exposer ces raisons convaincantes dont ma foi surabonde, la faute n'en est pas à moi tout seul, vous y êtes pour quelque chose : ce n'est que dans l'accomplissement de la loi de Dieu qu'on en trouve l'intelligence. Vous comprendrez ceci, et vous l'admettrez comme je vous le dis, sans amertume, oh! non, certes! et avec charité. Les vrais chrétiens ne sont pas tous capables de donner de leur foi même l'obscure raison que je vous en offre ici; mais tous sauraient mourir pour elle, et mourir avec joie. Telle fut la prédication de ces humbles martyrs qui ont terrassé la sagesse des païens. Quelle que soit l'influence de mes pauvres arguments, j'en espère au moins ce fruit, de vous avoir conduit à sentir qu'il y a là quelque chose à connaître et à étudier; que l'Église, dépositaire de la parole divine et d'une si grande part de pouvoir divin, ayant mission du Créateur pour diriger vers lui la créature, prétend avoir d'assez grandes vérités à vous apprendre pour que vous lui demandiez de vous en instruire. Faites cela seulement (et pouvez-vous ne pas le faire?), je serai bien tranquille sur vous.

Il faut une religion, je vous l'ai entendu dire; mais s'il en faut une, il faut qu'elle soit vraie; et, s'il la faut pour un seul homme, il la faut pour tous, — comme il faut à tous une loi, comme il faut à tous du pain. Enquérez-vous de cette vraie religion; sondez et remuez, pour la trouver, le monde des idées humaines. Les systèmes n'y manquent pas, et tous prétendent à l'honneur d'être la vérité. La vérité est *une* cependant : comment la reconnaîtrez-vous? Vous la reconnaîtrez à ses fruits. Là où l'on vous donnera une plus haute idée de la grandeur, de la toute-puissance, de la dignité, de la justice et de la bonté de Dieu; là où, vous proposant de plus hauts mystères, on vous donnera aussi plus de raison d'avoir de la foi; là où l'on vous montrera plus de lumières pour scruter votre cœur, plus de force pour le dompter, plus de douceur pour le consoler, plus d'inflexibilité à vous faire rentrer dans la ligne de ces devoirs austères... qu'un instinct divin de votre âme cherche et voudrait remplir, lors même que vos passions vous en éloignent et veulent vous les rendre odieux; là où il se fera plus de miracles pour vous donner la paix dans le combat de la vertu, la honte et le remords dans la sujétion du vice, là aussi sera la vérité.

Quant aux obscurités, quant aux dogmes qui sont de croyance et non pas de compréhension, n'aspirez point à n'en pas rencontrer. Il y a une chose que la science dans son orgueil, que l'impiété dans sa rage, n'a pu inventer, et que Dieu ne permettra pas aux hommes d'inventer jamais : c'est un système religieux sans mystères. L'athéisme même a les siens, qui sont les plus ténébreux de tous, s'il est quelque chose de plus ou moins ténébreux en dehors de l'incompréhensibilité lumineuse de la foi. Dieu porte avec lui le mystère, il l'habite, il l'exhale; le mystère est son essence; et soit qu'on nie tout ou partie de sa vérité révélée aux hommes, soit qu'on le nie lui-même, le mystère est là, toujours là, plus épais, plus terrible et plus accablant à mesure qu'on en veut sortir; il crie à celui qui ferme les yeux pour ne le point voir : Par quel mystère me nies-tu? — Par quel mystère tu nies Dieu..., tu le sais, ô misérable! et le ciel et la terre, au jour du jugement, le sauront par ton supplice éternel. Ce mystère qui te fait nier le mystère de vérité et de grâce, c'est le mystère d'iniquité.

Allez, cher frère, allez à l'Église de Dieu lui demander quel est Dieu. Vous verrez que le mensonge n'a pu lui donner des caractères dignes de lui, et que partout où on l'a dépouillé d'un seul des mystères au milieu desquels son Église le représente, on en a fait du même coup un fantôme, où l'âme humaine ne peut retrouver le maître qu'elle veut adorer et servir. Là on le montre dédaigneux pour les hommes, dont il semble ne pas s'occuper, abandonnant le faible au fort, et le malheureux au malheur, et le pécheur au péché; en sorte que la force, le malheur et le crime seraient les vrais dieux. Ailleurs on le fait cruel pour tous, condamnant l'ensemble des êtres à souffrir sans consolations toutes les douleurs, à porter sans pouvoir s'en défaire toutes les iniquités, à subir sans repentir efficace tous les remords. Ici il n'est pas méchant, il veut même le bien des hommes; mais il est impuissant à les conduire, il ne sait leur donner ni conseils pour le bon usage de la vie, ni secours qui les dispensent de ses conseils. Plus loin il a détruit la liberté de l'homme, il a détruit le bien, le mal, et sans doute l'homme lui-même, car tout s'est terminé par les souffrances de Jésus; tous les péchés ont été pardonnés à jamais; par conséquent toutes les bonnes actions sont vaines, tous les crimes ne sont plus crimes, et probablement l'humanité n'est qu'une illusion qui parait vivre, attendre, s'agiter, pleurer, prier, souffrir. Chez ceux-ci, Jésus-Christ n'est pas homme, et chez ceux-là il n'est pas Dieu. En voici qui, pour couper court aux difficultés, nient les passages les plus clairs des Écritures, font dire à l'Esprit-Saint ce qu'il n'a pas dit, ou prouvent qu'en tel lieu il a exagéré, et qu'en tel autre il n'a pas su s'exprimer, en sorte que voilà l'auteur de la vérité qui ne sait pas enseigner les hommes, ou qui les trompe de dessein formé. Enfin j'en entends d'autres (et ce ne sont pas les musulmans seuls) qui, reconnaissant Dieu, le relèguent dans un rang inférieur, au-dessous de je ne sais quel dur et inique pouvoir préexistant à lui, dont les arrêts, écrits de toute éternité dans l'avenir, doivent malgré tout recevoir leur exécution. Voilà quelques-unes des moins absurdes folies que le mystère d'iniquité fait adorer aux gens de son empire.

Au milieu de ces sectes divisées, hostiles, ennemies, l'Église catholique présente une immense assemblée de frères, dans le sein de laquelle Dieu a promis d'habiter éternellement. Ces hommes, qui s'aiment en lui, le glorifient sans cesse, disant qu'il est souverainement sage, bon, juste, qu'il a tout créé, qu'il ne peut faillir; qu'il est parfait enfin, d'une perfection infinie, et rien de ce qu'ils en disent ne dément ces hymnes de leur reconnaissance. Dieu s'occupe d'eux sans cesse, comme de ses enfants; il a voulu qu'ils l'appelassent leur père. Lorsqu'il était parmi eux visible et mortel, Jésus les nommait ses frères; de sa bouche divine il les instruisait et les exhortait à s'aimer; de ses divines mains il guérissait leurs maux; il leur recommandait l'aumône, la modestie, la justice, la prière, mais surtout de s'aimer; et, donnant lui-même un sublime exemple, il a poussé l'amour jusqu'à mourir pour eux..., pour eux, quoiqu'ils fussent coupables, et même parce qu'étant si coupables, ils ne pouvaient être sauvés que par son amour. Parlent-ils de leurs devoirs dans la vie? c'est d'aimer leur prochain comme eux-mêmes; c'est d'imiter Jésus, et d'user pour ce but des secours surnaturels qu'il a institués divinement. Parlent-ils des joies qu'ils goûtent? c'est l'attente de Dieu; c'est le combat et le triomphe contre tous les instincts du mal; c'est l'amour du beau, du bon et du bien par excellence; c'est le mépris des convoitises humaines; c'est le repos et la sécurité de la tempête; c'est l'inébranlable espérance au sein des plus noires afflictions; c'est la sainte ivresse de souffrir. Parlent-ils des récompenses qu'ils obtiendront? c'est l'éternité d'une pureté sublime, dans la présence, dans la contemplation et dans la possession de Dieu.

Que peut-on imaginer qui réponde mieux à l'idée que l'on doit se faire d'une Divinité et d'un culte digne d'amiration? Cette religion, qui mieux que toute autre fait connaître Dieu et dirige vers lui les efforts de l'homme, est donc la religion véritable. Et combien je vous en dis peu de choses, à côté de la réalité, que connaissent et adorent tous les chrétiens!

Je termine. Mais permettez qu'avant de vous quitter pour aller parler à Dieu et de moi et de vous, je finisse ce long discours par répéter ici, pour la satisfaction de ma conscience, des paroles que le grand évêque de Meaux nous donne à méditer sur le propos des recherches et des curiosités en matière de mystères. Après avoir essayé d'éclairer votre ignorance, il est bon que je vous montre comment nous autres chrétiens nous croyons; et c'est ici, à cet égard, ma profession de foi, que j'emprunte à la plume immortelle d'un des plus fiers et des plus pieux génies qui aient jamais envisagé les choses de Dieu.

« C'est encore s'abandonner à cette concupiscence que saint Jean réprouve, que d'apporter des yeux curieux à la recherche des choses divines, ou des mystères de la religion. *Ne recherchez point*, dit le Sage, *ce qui est au-dessus de vous*. Et encore : *Celui qui sonde trop avant les secrets de la divine Majesté sera accablé de sa gloire*. Et encore : *Prenez garde à ne point vouloir être sage plus qu'il ne faut. Soyez sage sobrement et modérément*. La foi et l'humilité sont les guides qu'il faut suivre. Quand on se jette dans l'abîme, on y périt. Combien ont trouvé leur perte dans la trop grande méditation des secrets de la prédestination et de la grâce, voulant juger de tout par leur propre esprit, et rendre raison de tout en s'élevant superbement au-dessus des docteurs et des apôtres même !

« Il faut en savoir autant qu'il est nécessaire pour bien prier et s'humilier véritablement, c'est-à-dire qu'il faut savoir que tout le bien vient de Dieu, et le mal de nous seuls. Que sert de rechercher curieusement les moyens de concilier notre liberté avec les décrets de Dieu? N'est-ce pas assez de savoir que Dieu, qui l'a faite, la fait mouvoir, et la conduit à ses fins cachées sans la détruire? Prions-le donc de nous diriger dans la voie du salut et de se rendre maître de nos désirs par les moyens qu'il sait. C'est à sa science, et non à la nôtre, que nous devons nous abandonner. Cette vie est le temps de croire, comme la vie future est le temps de voir. C'est tout savoir, dit un Père, que de ne rien savoir davantage. *Nihil ultra scire, omnia scire est* [1]. »

LVII

DU TRAVAIL LITTÉRAIRE

AUX JEUNES ÉCRIVAINS CATHOLIQUES [2]

L'heureux vaincu de la grâce, le très glorieux apôtre saint Paul, que nous invoquons spécialement parmi les possesseurs de l'éternité céleste, prononce, dans son Épître aux Romains (chapitre douzième), des paroles qui sont pour nous un titre précieux. Je cite la judicieuse paraphrase de Picquigny : « Puisque nous avons des dons différents, selon « qu'il a plu à Dieu de les distribuer à chacun de nous par sa grâce, « employons-les comme chacun de ces dons le demande, et usons-en

[1] *Traité de la concupiscence*, chap. VIII.

[2] Ce morceau a été publié dans le Recueil littéraire de la *Société de Saint-Paul*, qui a bien voulu admettre l'auteur au nombre de ses membres.

« avec modestie, nous renfermant dans les bornes du don que nous « avons reçu... Que celui qui a le talent d'enseigner les autres, les « enseigne avec application et modestie... Que celui à qui Dieu a donné « la grâce d'exhorter les autres aux bonnes mœurs et à la piété, le « fasse pareillement avec humilité, et qu'il se défie de la vanité, qui « ne se glisse que trop souvent dans ces sortes de fonctions. »

Voilà ce qui nous permet d'écrire, c'est-à-dire de parler à nos frères, de les enseigner, de les exhorter. Il est de droit, il est de devoir pour nous d'user des dons du Seigneur; car il n'en fait pas de mauvais ni d'inutiles. Néanmoins l'Église, prévoyant un abus trop ordinaire à la faiblesse humaine, vient, par de sages préceptes, régler l'emploi de ces richesses divines. Les préceptes sont ici la modestie et l'application. Écrivons, si Dieu nous y appelle; mais ne le faisons pas avec vanité, ne le faisons pas négligemment non plus.

Ne le faisons pas avec vanité : Dieu ne le veut point, et la simple raison nous le défend. Pour être excellent, ce don est-il, après tout, si extraordinaire? Beaucoup le possèdent, peu savent en tirer pour eux-mêmes un vrai profit. Je ne parle pas des impies, qui le souillent; je parle des chrétiens. Il ne suffit pas de bien parler pour penser juste; mais surtout il ne suffit pas de savoir donner de sages conseils pour agir sagement. Souvent, au contraire, nos hymnes à la vertu ne sont que l'aveu de nos faiblesses et le cri de nos remords. Tel qui exhorte fort à propos ses frères aurait, plus que tout autre, besoin d'écouter ses propres exhortations. Celui-ci, pour tracer aux justes le chemin, contemple son cœur fourvoyé dans mille voies coupables; celui-là trace le portrait d'un humble saint, qu'il voit à l'œuvre; il l'excite, il le reprend, il l'encourage, il le dirige, et se désole en même temps de ne savoir jamais l'imiter. Ainsi Dieu le règle dans sa sagesse, ne voulant pas que les éloquents puissent s'enorgueillir de leur éloquence, préservant les vertueux du subtil contentement de leur vertu, perfectionnant l'humilité par le secours de l'intelligence, convertissant l'intelligence par le doux exemple de l'humilité.

Ne le faisons pas négligemment : nous rendrons compte à Dieu de ce don, qu'il nous accorde pour lui, pour le prochain, plus encore que pour nous. Que notre esprit ne devienne pas le figuier de l'Évangile et le talent enfoui sous la terre. Le meilleur moyen de nous sanctifier nous-mêmes par ces dons, qui sont le bien de Dieu et le bien de nos frères, c'est de nous appliquer constamment à les faire fructifier.

Il ne s'agit pas de multiplier les œuvres : cela dépend de la nature de notre esprit, et particulièrement des choses dont nous voulons traiter. Je dis que nous devons viser à faire de notre mieux tout ce que nous faisons, donner à nos écrits toute la solidité et même tout l'agrément possible, afin que la beauté du vase fasse au moins accepter un breuvage dont la vertu compensera d'ailleurs l'amertume. Et pour y parvenir, quels moyens? Premièrement, c'est de nous livrer à notre vocation, non pas à cause de l'attrait qu'elle nous inspire, mais parce qu'elle nous vient de Dieu, et que le travail où elle nous pousse est le vrai travail qu'il attend de nous. Si c'est à quoi Dieu nous appelle, soyons des écrivains, ne souhaitons que cela ; faisons même, au besoin, de grands sacrifices pour n'être que cela. Acceptons, dans le travail des lettres, une sorte de sacerdoce ; n'en usons pas plus pour l'avan-

Bossuet.

cement de notre fortune que pour la satisfaction de notre vanité. Dieu saura nous faire vivre d'un labeur que nous lui consacrerons ; et notre vie, comme elle en sera soutenue, en sera bien assez occupée. La sagesse humaine ici nous rappelle encore que celui qui a le don de conseil a rarement le don d'action. Nous nous mêlerons suffisamment des affaires du monde en donnant à ceux qui les mènent des avis désintéressés, qu'ils sauront peut-être mieux appliquer que nous ; notre parole aura plus de salutaire autorité, quand le public verra que nous n'en faisons pas l'instrument de nos petites ambitions.

Secondement, étudions, étudions sans cesse. N'en croyons pas une imagination qui semble, au nombre et à la fougue de ses premiers jets, ne pouvoir jamais s'épuiser. On pense, au début de la carrière, qu'un siècle ne suffirait pas pour produire tout ce que l'on se sent en germe d'inventions, d'idées, de merveilleux discours; mais, dès le second ouvrage, on s'aperçoit qu'on répète le premier, et que cette imagination intarissable n'est elle-même qu'une imagination. Le terrain le plus riche, lorsqu'il n'est pas remué, retourné, arrosé de continuelles sueurs, ne produit que des ronces, des plantes folles et vaines : pompeux étalage, qui dissimule mal une stérilité réelle et bientôt irrémédiable. Étudions : nous ne sommes que le champ; l'étude est le soc qui défriche, est la semence qui féconde, est la pluie qui développe et le soleil qui mûrit. Elle fortifie ce qui existe, elle renouvelle ce qui s'épuise, elle crée ce qui n'est pas. Étudions : pour nous, chrétiens, l'étude est si douce, si belle, si facile même! Par la grâce de la foi, par l'effet de ses faveurs dont le Seigneur se plaît à récompenser la bonne volonté et la prière, nous savons naturellement, si j'ose le dire, bien des choses que de plus capables et de moins heureux, après de longues années de recherches, ne voient point et ne soupçonnent même pas. Armés de fausses lumières, ils courent sans cesse après des fantômes fuyants, qui s'évanouissent dans leurs mains quand ils ont cru les saisir. Mais nous, c'est conduits par Dieu même que nous cherchons Dieu. Humbles enfants de l'Église, le premier mot que notre sainte mère nous apprend à prononcer est le mot de cette grande énigme du monde sur laquelle ont pâli avec angoisses des générations de savants. Combien de mystères inflexiblement clos aux investigations de la sagesse humaine, dans l'histoire, dans la philosophie et dans toutes les branches du savoir, s'ouvrent devant ce mot que nous bégayons!

Étudions : nous sommes assurés de n'entreprendre pas un travail stérile. Si nos labeurs ne nous servent point devant les hommes, ils nous serviront devant Dieu. Ici-bas ils nous révéleront mieux sa gloire; dans le ciel ils seront l'objet des récompenses impérissables; car Dieu nous demande de travailler, il ne nous demande pas de réussir. Le travail est notre lot; Dieu donne ensuite le succès ou le refuse : peu importe! Nous voulons le ciel, le reste est un surcroît dont nous pouvons nous passer. En agissant pour remuer le monde, peut-être n'éveillerons-nous pas même un écho; ainsi plaît-il à Dieu, ainsi soit-il! Travaillons cependant, et jusqu'à la dernière heure du dernier jour.

Voilà notre vie donnée à sa vocation; voilà, dans l'emploi de nos jours et de nos veilles, la grande part faite à l'étude; voilà des connaissances acquises, des matériaux rassemblés : est-ce assez? non! Le temps où nous sommes nous impose de plus hauts devoirs, à nous chrétiens, qui devons, petits ou grands, forts ou faibles, travailler selon nos moyens à rétablir tant de choses de l'ordre intellectuel et moral, aujourd'hui misérablement délabrées, ou qui gisent tout à fait abattues. Parmi ces ruines il en est une entre toutes à laquelle il faut que nous nous efforcions de remédier ; c'est la ruine du langage. L'improvisation a tué le style, et, pour ainsi dire, la grammaire. On n'entend, on ne lit plus qu'une langue nouvelle, ou plutôt qu'un jargon déshonoré. L'écrivain le plus négligé d'il y a cent ans serait épouvanté s'il pouvait voir ce qui s'imprime partout, écouter ce qui se dit à toutes les tribunes et souvent même à l'Académie. Nombreuses sont les causes de cette décadence. L'habitude de la presse périodique y compte sans doute pour beaucoup ; mais soyez persuadés que l'absence de morale et de croyance y figure pour une plus grande part. Tout se tient, dans le bien comme dans le mal ; et l'Église est sage lorsqu'elle ne veut pas de ces louvoiements, de ces demi-résolutions, de ces vieilles et traînantes attaches que l'on entretient encore avec le péché. Un jour vient où ces liens, qu'on a négligé de rompre, se raidissent ; et l'on sent alors autour de son esprit et de son cœur mille entraves de l'enfer. Il faut *rompre tout pacte avec l'iniquité ;* il faut que tout soit bon, pour que tout ne devienne pas mauvais ; que le fond soit entièrement pur, pour que la forme à son tour soit pure entièrement. Le style est comme ces ornements magnifiques qui n'ont jamais leur vraie beauté et toute leur splendeur, à moins d'être portés par un pontife ou par un roi. Quand la pensée n'est pas digne, elle se débarrasse d'une noble forme, qui la gêne et qui ferait ressortir son abaissement ; elle prend le manteau vulgaire et l'allure des rues ; elle s'y fait, et bientôt elle ne sait plus revêtir l'insigne illustre de sa primitive majesté.

Nous ne serons jamais, nous ne pouvons pas être de ceux qui abaissent l'honneur de leur intelligence à tracer, pour réjouir la grossièreté du peuple ou la grossièreté plus repoussante de l'impie, ces récits odieux, ces tableaux funestes, qui sont aujourd'hui l'occupation presque générale des artistes et des écrivains. Nous ne ferons pas notre complaisance de peindre et d'excuser les plus hideuses fureurs de ce vice deux fois réprouvé dans les commandements, et dont l'Apôtre nous a dit : *Que le nom n'en soit pas même prononcé parmi vous !*

De même, — tout en demandant, s'il le faut, à notre travail le pain de chaque jour, — nous ne deviendrons pas de ces mercenaires qui ne veulent qu'être en un instant lus, applaudis, payés, oubliés ; qui déclinent toute responsabilité pour des ouvrages auxquels ils refusent tout soin, tout amour, tout respect ; dont la gloire, c'est-à-dire le profit, n'est pas de bien écrire, mais de beaucoup écrire, n'importe sur quel sujet, n'importe comment, et qui, travaillant à la toise, croiraient se faire tort de consacrer du temps à leur œuvre, d'en épurer la diction, d'en perfectionner la forme, surtout d'en retrancher les longueurs ; faisant consister l'art, — qui naguère s'efforçait de renfermer en une phrase ce qu'on aurait dit en deux pages, — à délayer en beaucoup de pages ce qui pourrait se dire en peu de mots.

Dieu veut que nous ayons plus de conscience et plus d'égard pour les matières que nous traitons. Dépositaires de la vérité, nous la trahirions en quelque sorte, si nous l'exposions au milieu du monde revêtue, ou plutôt indignement affublée de haillons qui ne serviraient qu'à exciter la risée de ses ennemis. Comme nous devons nous appliquer à bien savoir, il faut nous appliquer à bien dire. Hé quoi ! la probité la plus commune obligera le défenseur de la moindre cause à préparer son discours : non seulement il rassemblera les preuves, les autorités, il les disposera dans un ordre plein d'art, mais encore il s'efforcera de les faire valoir par les paroles les plus habiles, les plus fortes, les mieux choisies ; il prendra garde de rien oublier, et cependant il cherchera par tous les moyens à ne pas fatiguer l'attention des auditeurs, à leur plaire même, à leur donner enfin une haute idée de l'intérêt qu'il défend, tant par le soin qu'il y apporte que par l'impression, toujours avantageuse, que son propre mérite peut produire sur eux ; il le fera : sa conscience, sa réputation, l'y obligent. Et nous, à qui Dieu a confié la cause la plus sainte et les intérêts les plus précieux, nous ferions moins ! Nous avons notre âme et d'autres âmes à sauver, et nous y mettrions de la négligence ! et nous ne passerions pas des jours et des nuits sur un seul chapitre, sur une seule page, destinée à défendre la cause éternelle du prochain ! Ah ! Dieu nous en ferait un reproche. Nous savons ce que vaut cette parole ; songeons-y.

Cherchons le style : je m'attache à cette pensée, parce qu'elle est essentielle. Que la modestie et l'étude (c'est-à-dire, en ce dernier cas, la probité) nous soient imposées, toute conscience chrétienne en conviendra, ne pouvant là-dessus élever un doute ; mais quelques jeunes croyants regardent comme médiocrement important d'écrire avec plus ou moins de correction, d'agrément ou d'adresse. Et moi, je dis qu'après la foi et l'instruction, rien ne nous est plus nécessaire ; c'est par là que nous serons lus ; c'est par là que nous conquerrons l'attention et l'estime du monde, succès qu'il nous faut absolument obtenir, — non pour nous (à Dieu ne plaise que nous nous recherchions personnellement en ceci), mais pour les vérités que Dieu nous donne à proclamer et à maintenir ; mais pour le monde, qui a besoin d'aimer ces vérités secourables et de se réfugier à leur foyer divin.

Et d'ailleurs, l'art sublime qui bâtit des palais impérissables à la pensée humaine, LE STYLE, n'est-ce pas pour nous, catholiques de France, une gloire de famille, qu'il nous appartient de remettre en honneur ? Je considère notre histoire littéraire, et j'y vois que les lettres nationales, dans ce qu'elles ont de plus magnifique et de plus élevé, sont filles de l'Église. Un coup d'œil sur le spectacle qu'elles présentent saura mieux que mes raisonnements vous exciter à devenir de fait, comme vous l'êtes de droit, les héritiers du passé glorieux que je vais dérouler rapidement.

Avant l'invasion des philosophes matérialistes, des orateurs politiques, des journalistes, des traducteurs, des écoliers qui l'ont troublée entièrement, la majestueuse littérature française coulait dans son lit comme ces fleuves qui sont formés de deux eaux. L'on y voyait distinctement le cours gaulois et païen, le cours français et catholique. Les flots gaulois semblaient d'abord sourdre du sein même de la nation, dont c'était, à proprement parler, le vrai et original génie qui se manifestait dans les pages nettes, vives et élégantes, mais funestes et réprouvées, des fondateurs du langage, de Rabelais, de Bonaventure Despériers, de Clément Marot et de leurs disciples, beaux diseurs de philosophie et d'érudition, railleurs, chansonniers, plaisants sournois et implacables, — particulièrement habiles à réveiller les instincts mauvais du cœur, pour les pousser à la révolte contre l'ennemie de

Massillon.

toutes les concupiscences, contre l'Église de Dieu, que l'on ne pouvait plus combattre par le fer et par les persécutions. Ils étaient forts, nombreux et agréables; ils voulaient envahir tout entière la langue qu'ils avaient formée : mais, comme le char d'un vainqueur, qui force tout le monde à lui laisser le chemin, à se serrer sur les bords et à se découvrir devant lui, l'éloquence sacrée, suscitée de Dieu, pleine et puissante des inspirations divines, s'était précipitée avec le bruit du tonnerre dans la voie de ces moqueurs, de ces sceptiques et de ces amoureux. Elle avait parlé à la fois par la bouche, par l'âme, par la science, par le génie et par la vertu de ces grands hommes, Bossuet,

Fénelon, Bourdaloue, annonçant que, comme des évêques et des prêtres avaient jadis formé la monarchie, des évêques et des prêtres allaient aussi former la littérature. Ils la formèrent, en effet. Quel beau spectacle de les voir, l'Écriture en main et les yeux fixés sur la croix, contraindre au silence, contraindre au respect et aux chastes discours, les lascifs héritiers des troubadours et des trouvères; et cela sous le règne même de ce roi voluptueux qui pouvait bien se faire adorer par ses courtisans et leur faire adorer encore ses maîtresses, mais non pas empêcher ses poètes, ses adorateurs, ni lui-même, à la fin, de trembler devant les respectueuses admonitions des prédicateurs; qui voyait souvent, au contraire, et courtisans, et poètes, et maîtresses le fuir, au bruit des anathèmes fulminés dans la chaire sacrée; et Molière, son domestique, n'obtenir que par grâce une sépulture chrétienne, et la Fontaine étonner Paris de sa pénitence; et Corneille abriter sa conscience sous le manteau des casuistes; et Racine condamner dix chefs-d'œuvre, dont il se défendait de parler à ses enfants, et tant d'autres se repentir, longtemps avant la mort, d'avoir amusé le public ou Louis! Que serait devenu le *grand roi*, — grand encore dans l'histoire et dans la vérité, malgré les fautes qui chargent sa gloire, — si, contre-pesant son cortége de galants et de badins, son paganisme effréné, sa luxure pompeuse et magnifique, et toute la fastueuse abomination de ses commencements, tant d'illustres prêtres n'étaient pas venus protéger sa couronne contre lui-même et contre la marotte des bouffons et des flatteurs? Ce fut là (je ne parle pas des autres belles choses qu'ils firent et qu'ils inspirèrent, et dont le détail serait infini) l'œuvre glorieusement politique de cette littérature sans précédents, sans modèle, sans rivale, qu'ils créèrent spontanément, qui s'éleva comme un hymne radieux du cœur de la France très chrétienne, et qui retentit assez haut, pendant la durée de près d'un siècle, pour tenir dans une sorte d'effroi le vieil esprit gaulois et rabelaisien, malgré la cour et la ville, qui voulaient l'entendre fredonner. On ne peut dire tout ce que la langue dut alors à l'Église; car ce ne serait point assez de compter ce que l'Église produisit elle-même, il faudrait compter tout ce qu'elle empêcha; il faudrait étudier son influence, directe ou indirecte, sur ces esprits puissants et redoutables, gaulois dans le fond de l'âme, païens encore par le goût, qui pouvaient donner aux lettres profanes une prédominance si funeste, et qu'elle sut, par l'autorité de son chaste et vigoureux génie, ramener à la soumission, obliger au respect, façonner à la décence, quoique son pouvoir sur tous n'ait pu être ni assez prompt ni assez entier.

Mais ce qui éclate aux yeux, c'est que de l'influence dont nous parlons naquirent véritablement ces beaux ouvrages où l'esprit de l'homme, et non pas sa dépravation, où nos faiblesses, et non pas nos débauches, où le cœur enfin, et non pas la chair, sont proposés à notre étude, sont relevés, enseignés, — sont flagellés souvent, — mais surtout ne sont jamais offerts, dans ce qu'ils ont de mauvais, de bas et de condamnable, à nos louanges et à notre admiration. Alors vraiment la langue française fut dans le monde comme un flambeau ; elle jeta au fond de toutes les ténèbres des lueurs durables ; elle régna par sa force, par sa clarté, par sa délicatesse, et plus encore par le don qu'elle avait reçu, que l'Église lui avait imposé, de louer noblement Dieu et de peindre chastement l'humanité.

Si cette langue transfigurée, qui, après avoir eu pour type Rabelais et Marot, avait pu montrer avec un légitime orgueil, comme ses maîtres et ses docteurs, Bossuet et Racine, et, derrière ces deux noms splendides, une suite si belle de noms fameux..., aujourd'hui déchue, n'offre plus ni sa majesté du grand siècle, ni même la grâce, la prestesse et la fraîcheur dont l'école gauloise, d'ailleurs détestable, l'avait cependant parée ; si elle n'est plus qu'obscure et fade chez les uns, lourdement et brutalement libertine chez les autres, dévergondée, bâtarde et sans lois chez la plupart ; si ce grand et beau fleuve, à la fois profond et limpide, répandu maintenant sur les terres, n'est plus qu'un marais pestilentiel ; s'il nous faudra bientôt étudier le français de Bossuet comme une langue morte, et celui des journaux comme on étudie l'allemand, — plus ce malheur est déplorable, plus il nous touche, plus nous devons glorifier la foi chrétienne, qui l'a retardé et rendu moins amer en inspirant tant de chefs-d'œuvre impérissables pour nous consoler. Plus nous devons aussi, — lorsque Dieu nous permet, à nous, pauvres et indignes, d'élever la voix sur les miracles et sur sa bonté, chercher à nous rapprocher de ce beau langage, qui fut dans notre France celui de ses fidèles et de ses saints.

Je le dis surtout pour vous qui n'avez pas contracté la lèpre de l'époque, qui n'avez pas communiqué avec le siècle et qui ne vous laissez pas entraîner à son cours. Parmi vous se trouvent ceux qui seront plus tard les bien-aimés ouvriers de Dieu, ceux qu'il emploiera pour la reconstruction chrétienne de la France, si cette malheureuse France n'est pas condamnée à jamais. Vous vous partagerez le travail, et, réunis sous la poudre des débris qui divisent encore vos aînés, vous n'aurez qu'un esprit, comme ils n'ont déjà qu'un même cœur.

Vous donc qui avez particulièrement la vocation d'enseigner et d'écrire, je vous en conjure, appliquez-vous à restituer au langage sa vieille orthodoxie et son ancienne dignité. Lisez, étudiez les écrivains du XVIIe siècle ; soyez-en pénétrés, — non pour vous montrer leurs imitateurs serviles, mais pour être leurs légitimes continuateurs. — Outre le profit que vous tirerez de cette étude, vous y trouverez les plus excellents plaisirs de l'esprit. Je promets surtout de véritables jouissances à ceux qui voudront lire, dans les écrits religieux, ce que volontiers j'appellerais les *œuvres inédites* de ces grands hommes ; car qui s'inquiète aujourd'hui de connaître tout ce qu'ont écrit Bossuet, Fénelon, Bourdaloue, Massillon, et généralement tous les maîtres si peu fréquentés de notre littérature chrétienne ?

Et ne craignez nullement par là de vous trop éloigner de la connaissance des disputes actuelles du monde, qu'il ne faut pas, en effet, que vous ignoriez. D'abord vous n'aurez pas perdu votre peine si vous parvenez à vous forger, dans le commerce intime des écrivains du grand siècle, les armes les plus solides avec lesquelles on puisse aborder ces disputes, je veux dire un sens nourri de la saine interprétation des divines Écritures, qui sont la sagesse même; une clarté parfaite et une admirable vigueur d'expression; un ordre irrésistible et une sûreté majestueuse dans les discours, mérite particulier de ces puissants orateurs, nommément de Bourdaloue, qui n'y a point de pair. Mais ensuite il faut bien apprendre que les problèmes dont se tourmente aujourd'hui la société ne leur sont point inconnus; qu'ils les ont, au contraire, traités dans leurs livres; et, comme ils le savaient faire de tout ce qu'ils entreprenaient, avec une supériorité de vue et de conseils dont pourraient s'étonner ceux qui les méprisent, si ce mépris n'allait pas jusqu'à dédaigner de connaître leurs sentiments sur ces matières, et même jusqu'à vouloir ignorer qu'ils y aient touché. Tel discours de Bourdaloue pour le jour de Noël renferme plus de lumières sur la question de la pauvreté que n'en présenteront jamais tous les économistes charnels, qui se contredisent à ce propos. Voilà un exemple; j'en citerai vingt, et cela est tout simple: sous des noms nouveaux, l'humanité souffre et se plaint de ses maux anciens, moins anciens pourtant que ses crimes. Le monde, depuis bien longtemps qu'il offense le Ciel, n'invente plus un seul péché; il n'a donc pas, de nos jours, inventé une seule douleur, il ne peut donc gémir d'une seule plaie dont les hommes versés dans la connaissance des choses de Dieu n'aient sondé la cause et indiqué le remède. Quelle que soit la maladie, c'est le péché. Ceux qui le savent, savent aussi où chercher la guérison et le salut. — Vais-je dire que l'économie politique est dans l'Évangile? Certainement, je le dirai. Et quelle est donc la chose dont se puissent préoccuper les hommes sur laquelle l'Esprit-Saint n'ait point donné ses infaillibles règlements? Dans quelles angoisses et dans quelles ténèbres peuvent-ils se plonger où ne les suivrait point la lumière et la miséricorde de Dieu, s'ils l'appelaient? où elle ne les ait même précédés, s'ils le voulaient voir? Non, les impies, vaincus et détruits dans tous leurs systèmes sur l'homme, ne se relèveront pas par ce doute, que, si Dieu règle l'homme en son particulier, il abandonne pourtant les sociétés sans guides dans leurs misères, et que ce que l'on appelle aujourd'hui les *questions sociales* sont inventions nouvelles, auxquelles l'Éternel n'aurait pas songé, qui le surprennent merveilleusement, qui ne sont point de sa compétence, qu'il laisse enfin décider à la mécanique, au charbon de terre et aux journaux. Tout cela est bien digne du style constitutionnel et phalanstérien dont on se sert pour l'exprimer. Laissons déraisonner ces docteurs, et demandons aux livres saints le rayon de salut. Là où notre esprit cherche, s'inquiète, se trouble, se désespère, Dieu sait, Dieu voit, Dieu éclaire, et sa parole a toutes les solutions. L'idéal réalisable d'une société heureuse est dans les Écritures... Et où donc serait-il, s'il n'était là? Et quel serait donc l'Évangile, si le plus haut secret de la conduite des hommes se trouvait ailleurs?

Je m'arrête : j'irais plus loin qu'il ne convient ici. C'en est assez d'ailleurs pour vous, à qui je m'adresse ; et pour d'autres, qui m'écouteraient par aventure, que leur dirais-je, s'ils trouvent que Dieu lui-même a trop peu dit? Je reviens à la pensée qui me domine, et je répète que nous devons, mes frères, dès aujourd'hui, nous appliquer,

Fénelon.

— si nous voulons que l'on nous écoute, et que l'on nous écoute longtemps, — à nous former au noble style qui parle si dignement de Dieu et de l'homme, dont nous aurons à parler aussi. Je ne promets pas que nous deviendrons de grands écrivains ; il y a un degré d'élévation dans l'art où ni l'étude, ni la volonté la plus assidue, ni les efforts les plus constants ne sauraient pousser ceux que Dieu n'y pousse pas par l'octroi de certaines qualités rares dans l'histoire de l'esprit humain ; mais, à force de travail, on devient un écrivain pur, clair, correct, élégant même ; on sait manier un langage qui ne plie sous aucune pensée grande, qui ne fait défaut à aucune idée; et lorsque, avec un pareil instrument, c'est la vérité de Dieu que l'on chante, on trouve des accents que toute oreille humaine écoute et que peut envier le génie. Certes, les écrivains du XVIIe siècle, religieux ou profanes, n'étaient pas tous comme Bossuet, comme Fénelon, Racine, Pascal, de ces esprits tout à fait hors ligne, dont les facultés supérieures éclatent, pour ainsi dire, à chaque mot; mais partout, mais chez tous, et même chez les gens qui n'en faisaient pas métier, quel ordre, quelle clarté, quelle élégance, quel choix et quelle noblesse dans l'expression! quel talent, on dirait presque aujourd'hui miraculeux, de rendre avec concision les pensées les plus délicates et les plus profondes, de relever par la diction les choses les plus communes! Lisez à haute voix une page écrite alors, lisez ensuite une de celles qu'on écrit maintenant (et choisissez cette dernière parmi les plus brillantes), vous comprendrez, mieux qu'on ne peut l'exprimer, la décadence effrayante de la pensée et de l'art.

Un seul danger existait dans le goût très vif que l'on peut prendre pour cette belle littérature, et il n'est plus. Je parle du paganisme singulier qu'elle affectait à l'extérieur, quoique chrétienne de fait, et souvent si chrétienne! Mais enfin, puisqu'il n'arrive point de mauvaise chose au monde dont quelque petit avantage ne ressorte par la grâce du Seigneur, tout ce vieil Olympe, qui a tant célébré Louis XIV, est tombé avec sa monarchie. Non seulement nous en avons fini avec les héros, les demi-dieux, dieux bâtards, tritons, nymphes, sylvains, qui se voyaient partout dans les livres, comme dans les bosquets de Versailles; mais encore c'en est fait de Jupiter, de Vénus, d'Apollon, de Minerve et du reste. Toutes ces statues-là ont été descendues du piédestal littéraire; et, à l'exemple des Goths de Totila, lorsqu'ils s'emparèrent de Rome, d'autres espèces de Goths en ont de nos jours fait de la chaux et du plâtre. Ce qu'on a nommé le *romantisme,* et qui fut d'ailleurs une chose si grossière, si barbare et si véritablement païenne, dans le sang, dans la chair et jusque dans la moelle des os, a servi du moins à consommer cette ruine salutaire, et l'a fait (Dieu merci toujours) à la manière de la peste, qui, après avoir enlevé ce qui est chétif, meurt en quelque sorte devant les forts tempéraments qui peuvent lui résister. Les vieux modèles sont restés debout, et les barbares se sont retirés après avoir accompli leur œuvre de justice, ou, pour parler comme eux, « leur rôle providentiel, » en détruisant le peu que ces modèles offraient de défectueux. Le sol est libre, il n'y a plus à vaincre, il ne s'agit que d'édifier; et le plan d'une littérature magnifique, nationale et nouvelle, existe pour une part dans le passé, pour une plus grande part dans l'Église et dans la foi. C'est là surtout qu'on le trouvera, quand on voudra l'y chercher; il y est, comme toutes les belles et durables choses y sont. Qu'on aille seulement avec un même désir s'inspirer au pied des autels, qu'on embrasse fermement la même orthodoxie de croyance et de langage, et qu'ensuite, sous la protection de la prière, on travaille selon les pentes et les qualités diverses de l'esprit : il naîtra une littérature qui sera, comme les cathédrales du moyen âge, variée à l'infini dans son ensemble imposant.

J'aurais à ajouter, chers frères, beaucoup de choses à ce discours; mais déjà peut-être me suis-je trop longuement abandonné au cordial plaisir de contempler avec vous une partie de l'immense étendue de nos devoirs. Car il est doux au chrétien d'avoir à remplir de grands devoirs; il y puise la certitude des grandes grâces que Dieu lui donnera pour en venir à bout. En effet, tout nous encourage : si nous examinons l'état présent de la littérature catholique dans notre pays, nous y reconnaîtrons avec joie que l'inspiration de l'Église est, comme toujours, la plus forte, la plus élevée, et que les maîtres du style en ce temps-ci, bien qu'éloignés de la perfection des anciens modèles, sont encore les chrétiens. Puissions-nous assez nous rapprocher d'eux pour espérer d'élever un jour, entre leurs monuments splendides, quelques humbles maisons parmi celles qui formeront la grande cité dont les plans, dit M. de Maistre, sont déjà visiblement arrêtés pour l'avenir!

Et nous y parviendrons. — Je l'affirme, quoique nous ne soyons rien encore, — nous y parviendrons si nous le voulons chrétiennement; si, fermes sous les rayons fécondants du soleil de vérité, unis d'esprit et de cœur, et nous donnant tout entiers à cette entreprise, nous n'y demandons à Dieu que sa gloire et notre salut.

LVIII

EN PAIX

Au nom du Père, et du Fils, et du Saint-Esprit. Ainsi soit-il.

Mon Dieu, ne me donnez ni la richesse, ni le repos, ce rêve de ceux qui ne croient point à leur immortalité.

N'écoutez point des vœux insensés, des plaintes involontaires, qui s'échappent de mon cœur, choses vaines comme le bruit que fait un arbre tourmenté par le vent! Laissez mon âme s'abattre dans la fatigue; laissez-la tressaillir aux cris de joie des petits enfants, et faire ainsi chaque jour mille demandes. Dans ma force, dans ma paix, dans ma raison, que je tiens de votre miséricorde et dont je vous glorifie, je n'avoue nullement pour mes vrais désirs ces produits de l'inquiétude humaine. Je les accepte comme une épreuve et un affront trop mérités, je les prends à mesure qu'ils renaissent; je les arrache à pleines mains de ce cœur fécond en œuvres stériles, et les jette à vos pieds. Ce sont, ô mon bon Maître, les plantes folles de la terre d'exil; je ne puis les empêcher de croître et de grandir; mais j'y porterai le feu. Je sais que je suis dans l'exil, et j'y veux bien rester longtemps; je veux bien, si vous le voulez, qu'à l'exil s'ajoute la solitude, je veux bien n'avoir pas de famille; je veux bien que jamais une émotion paternelle ne fasse trembler mes mains étendues pour bénir sur la chevelure soyeuse d'une tête de chérubin. Qu'importe au chrétien son désir! L'homme ignore ce qu'il souhaite, et vous, mon Dieu, vous savez ce que vous lui donnez. Celui qui n'a rien considéré dans la vie ni dans son âme arrangera le plan de sa destinée terrestre; il vous demandera de conformer à ses rêves d'un jour vos desseins éternels; mais, par pitié pour lui, vous ne l'écouterez pas.

Quant à moi, puisque, par une autre de vos miséricordes, je n'ai point perdu tous les enseignements que vous m'avez prodigués, je veux uniquement ce que vous voulez, — ou du moins je veux le vouloir. Certes, je ferai d'indiscrètes demandes; peut-être tout à l'heure m'entendrez-vous désirer de faux biens, gémir après des souffrances que vous m'épargnez. Mais, voyant que vous ne donnez pas, je me consolerai saintement; car je sais que nous demandons souvent des choses qui seraient nuisibles à notre félicité véritable.

Oh! que vous êtes bon, mon Dieu! Combien ai-je souhaité, depuis que je prie, de choses que vous m'avez refusées, et qui me seraient aujourd'hui des supplices?

Vous ne me laissez aucun mérite à vous remettre mes vœux, me faisant voir sans cesse avec quelle sagesse prévoyante et tendre vous travaillez, contre moi-même, à l'œuvre de ma paix sur la terre et de mon éternité. Vous ne me laissez aucun mérite, et soyez-en béni, car vous accroissez d'autant la confiance et l'amour.

Voilà donc à quel point vous êtes clément et père! Vous ne m'exaucez point quand je m'égare; troublé, je vous demande le trouble, et vous me donnez la paix; mes yeux, effrayés il n'y a qu'un instant parmi de si nombreux périls, se reposent sur vous; mon cœur se calme, et se retrouve tout près de votre cœur; et de cette voix qui délirait vous voulez bien que je vous entretienne à loisir de mes regrets, de mes résolutions. Vous me laissez dire, vous ne m'interrompez pas, vous m'écoutez, vous êtes tout à moi. — Mon Dieu, je comprends bien que cela ne peut être ainsi toujours sur la terre. Vous nous ranimez de la sorte quand le combat nous a trop fatigués; mais le combat doit durer jusqu'à la mort. Il va recommencer, et j'y consens. Avant cependant qu'il recommence, daignez permettre, Père, que je prenne auprès de vous quelques sûretés contre moi-même. Hélas! dans un instant serai-je maître de mes vœux?

Refusez-moi la renommée si je la souhaite, et faites que l'autorité m'échappe si je la poursuis. Tout homme, lorsqu'il paraîtra devant vous, reconnaîtra qu'il s'est trop considéré dans le monde; et je n'ai pas besoin d'accroître encore cette estime insolente et ridicule de moi-même, d'un misérable bruit que pourrait faire mon nom. Quant à gouverner les autres, le désir m'en viendra sans doute; mais je n'ai pu encore apprendre à me gouverner moi-même. Ayez pitié de moi;

plongez-moi plus avant dans l'obscurité, dans la faiblesse, dans l'ignorance; et quand vous m'inspireriez, pour instruire le monde, ces conseils que vous savez mettre au besoin dans la bouche des plus vils animaux, daignez ne me donner la force d'action que d'une main parcimonieuse, et à la juste mesure de mes nécessités.

Que je sois humble d'esprit et de cœur comme de fortune. Attentif à dire la vérité, que je ne mette point d'orgueil à la faire prévaloir. Car la vérité est à vous; vous nous la donnez moins que vous ne nous donnez à elle. Vous demandez des cœurs qui l'aiment plus que la vie; mais vous condamnez ceux qui, après l'avoir défendue, la regardent comme leur création, se souciant plus de l'imposer que de l'observer eux-mêmes, et, lorsqu'elle triomphe, ne s'applaudissent que de leur succès.

Si parmi les vœux que je forme il en est de légitimes et d'innocents, mais qui ne regardent que moi, je les abandonne, et ne vous demande de voir réussir aucun de mes desseins les plus chers, non pas même ceux que vous bénirez. Et ce n'est pas un grand sacrifice que je fais, puisque j'en jouirai saintement dans l'éternité de votre satisfaction.

Ce que je vous supplie de m'accorder, Dieu puissant, c'est de n'être plus désormais languissant à vous servir; c'est de brûler d'une ardeur incommensurable, de l'ardeur qui a dévoré les saints, pour le salut des âmes et pour la gloire de votre nom; c'est d'être toujours prêt, toujours dévoué dans ce but unique, y employant mes forces, mon temps, ma pensée, ma vie.

Comme le travail du laboureur, comme la pluie et le soleil concourent à faire mûrir le fruit sur l'arbre et le grain sur la terre, que toutes choses dans ma vie, jours mauvais et jours prospères, joies et angoisses, veilles, études, voyages, sentiments, répugnances, tendresses, — mes bonnes actions si j'en fais, et mes fautes elles-mêmes, — me servent à instruire mes frères, à vous glorifier, à vivre dans votre service, à mourir dans votre amour. Amen! amen!

LAUS DEO

TABLE

26970. — Tours, Impr. Mame.

COLLECTION FORMAT GRAND IN-8° — 2e SÉRIE

CHAQUE VOLUME EST ORNÉ DE PLUSIEURS GRAVURES

AGNÈS DE LAUVENS, ou MÉMOIRES DE SŒUR SAINT-LOUIS, par L. Veuillot.
ALSACE (L'), Souvenirs de la guerre de 1870-1871, par Guy Delaforest.
ART ANCIEN (L'). Orient, Athènes, Rome, par A. Pellissier.
A TRAVERS MADAGASCAR INSURGÉE, par Léo Dex et M. Dibos.
AUTOUR DE LA MEUSE ET DE L'ESCAUT, par Lucien Vigneron.
AUX PYRÉNÉES ET AUX ALPES, par M. l'abbé Victor Martin.
BERTRAND DU GUESCLIN (HISTOIRE DE), d'après Guyard de Berville.
BRUNO, ou LES CHASSEURS D'OURS, par le capitaine Mayne-Reid.
CHATELAINES DE ROUSSILLON (LES), par Mme la Csse de la Rochère.
DERNIER DES MOHICANS (LE), par A.-J. Hubert.
DUCHESSE-ANNE (LA), HISTOIRE D'UNE FRÉGATE, par Olivier Le Gall.
EN CAPTIVITÉ CHEZ LES PIRATES TONKINOIS, par H. Méhier de Mathuisieulx.
EN FAMILLE, livre de lecture, par MM. Victor Coupin et Albert Renout.
ENFANTS DE PARIS (LES). Esquisses d'après nature, par le marquis de Ségur.
ENFANT SANS NOM (L'), par Marie de Grandmaison, officier d'Académie.
EN MER, RÉCIT POUR LES JEUNES GARÇONS, par le capitaine Mayne-Reid.
ÉPREUVES DE BERNARD, (LES), par le comte Morrys.
ÉTATS-UNIS ET LE CANADA (LES), par M. Xavier Marmier.
EXILÉS DANS LA FORÊT (LES), par le capitaine Mayne-Reid.
GAULOIS NOS AIEUX (LES), par M. Moreau-Christophe.
IMPRESSIONS ET SOUVENIRS D'UN VOYAGEUR CHRÉTIEN, par Xavier Marmier.
JACK LE PATRIOTE, par Sylva Consul.
JEUNES CHASSEURS DU NORD (LES), par le capitaine Mayne-Reid.
JOSEPH HAYDN, traduit de Franz Seebourg par J. de Rochay.
MADEMOISELLE DE LA GUETTIÈRE, par Marguerite Levray.
MARÉCHAL PÉLISSIER (LE), duc de Malakoff, par P. F., professeur d'histoire.
MÉMOIRES D'UN MANDARIN, par Eugène Muller.
MES PRISONS, par Silvio Pellico.
MINA, ou LES ÉPREUVES D'UNE VIE D'ENFANT, par J. de Rochay.
NAUFRAGÉS AU SPITZBERG (LES), par L. F.
NINETTE BURATON, par Mlle Jeanne Ferrier.
ORPHELINE DE MOSCOU (L'), ou LA JEUNE INSTITUTRICE, par Mme Woillez.
PATRICE HERROLD, par Charles Legrand.
PAUL ET VIRGINIE, par Bernardin de Saint-Pierre, édition revue.
PÈLERINAGES DE SUISSE (LES), par Louis Veuillot.
PERDUS EN MER, imité de l'anglais, par Mme la Csse Drohojowska.
PERSONNES ET CHOSES, par le marquis de Ségur.
PERVENCHE LENOIR, Nouvelle, par M. l'abbé J. Dominique.
PEUPLES ÉTRANGES, par le capitaine Mayne-Reid.
PORTRAITS ET NOTICES HISTORIQUES, par Mme Bourdon.
PROMENADES DANS LES PYRÉNÉES, par M. Jules Leclercq.
PUPILLE DE SALOMON (LA), par Mlle Marthe Lachèse.
ROBINSON DES ANTILLES (LE), par Marie Guerrier de Haupt.
ROME ET LORETTE, par Louis Veuillot.
SAINT VINCENT DE PAUL (VIE DE), par Jean Morel.
SERMENT (LE), ou L'AMBITION STÉRILE, imité de l'anglais par Adam de l'Isle.
SIAM ET LES MISSIONNAIRES FRANÇAIS, par Adrien Launay.
TRÉSOR DU PIRATE (LE), par Mlle Henriette Teillard.
TROIS LOUPS DE MER (LES), Roman historique, par Lucien Darville.
TUEUR DE DAIMS (LE), par A.-J. Hubert.
UNE FAMILLE DANS LE DÉSERT, par le capitaine Mayne-Reid.
UN FRANÇAIS DANS LA FLORIDE, Notes de voyage, par Edmond Johanet.
UN GRAND CHANCELIER (PIERRE DES VIGNES), par le Dr Mathias Hobler.
UNE TOURNÉE PASTORALE EN NORVÈGE, par Mgr Fallize.
VOYAGE A CEYLAN, par Franz Hoffmann; traduit par Mlle A. Simons.
VOYAGE AU PAYS DES KANGAROUS, par Bénédict-Henry Révoil.

www.ingramcontent.com/pod-product-compliance
Lightning Source LLC
LaVergne TN
LVHW020557230826
846091LV00002B/515